2024 年第七届
中国盾构工程技术学术研讨会论文集

7 TH PROCEEDINGS OF 2024
CHINA SHIELD ENGINEERING TECHNOLOGY
ACADEMIC SYMPOSIUM

主　编　/　袁大军
副主编　/　桂轶雄　金大龙　高辛才

U0330330

人民交通出版社
北京

内 容 提 要

本论文集共收录论文 36 篇，内容涉及盾构机设计与制造、盾构隧道施工技术、盾构隧道监控量测技术等与盾构工程各领域有关的理论和实践问题。

本论文集可供从事盾构设计、施工、工程管理、教学、科研等相关工作的专业技术人员参考。

图书在版编目（CIP）数据

2024 年第七届中国盾构工程技术学术研讨会论文集 / 袁大军主编. — 北京 : 人民交通出版社股份有限公司, 2024. 9. — ISBN 978-7-114-19782-6

Ⅰ. U455.43-53

中国国家版本馆 CIP 数据核字第 2024H36H48 号

2024 Nian Di-qi Jie Zhongguo Dungou Gongcheng Jishu Xueshu Yantaohui Lunwenji

书　　　名：	**2024 年第七届中国盾构工程技术学术研讨会论文集**
著 作 者：	袁大军
责任编辑：	李　梦
责任校对：	赵媛媛
责任印制：	刘高彤
出版发行：	人民交通出版社
地　　址：	（100011）北京市朝阳区安定门外外馆斜街 3 号
网　　址：	http://www.ccpcl.com.cn
销售电话：	（010）85285857
总 经 销：	人民交通出版社发行部
经　　销：	各地新华书店
印　　刷：	北京印匠彩色印刷有限公司
开　　本：	787×1092　1/16
印　　张：	18
字　　数：	461 千
版　　次：	2024 年 9 月　第 1 版
印　　次：	2024 年 9 月　第 1 次印刷
书　　号：	ISBN 978-7-114-19782-6
定　　价：	128.00 元

（有印刷、装订质量问题的图书，由本社负责调换）

编写委员会

主　　编
　　　袁大军

副 主 编
　　　桂轶雄　　金大龙　　高辛才

编　　委（按姓氏笔画排序）
　　　于文超　　王义盛　　王体广　　毛家骅　　方江华
　　　尹清峰　　白建军　　吕　亮　　乔国刚　　祁文睿
　　　许亚斋　　孙国蓉　　李安云　　李建旺　　李　健
　　　李　辉　　李磊磊　　余　乐　　邱　健　　张自太
　　　张志刚　　张勇智　　陈建福　　陈　健　　陈　鹏
　　　杨慧林　　罗维平　　姚占虎　　贾德华　　康洪信
　　　梁　超　　韩冰宇　　程盼盼　　焦　雷

前　　言

自 2010 年以来，由北京盾构工程协会发起主办的中国盾构工程技术学术研讨会已先后在北京、广州、杭州、武汉等地区成功举办了六届。研讨会每两年举办一届，汇集了盾构隧道领域众多学者和技术专家，已成为隧道领域重要的学术研讨、技术交流和信息共享平台，有力推动了我国盾构技术的创新与发展。第七届中国盾构工程技术学术研讨会暨全领域多元化绿色智能盾构技术国际论坛即将于 2024 年金秋十月在美丽泉城济南召开，旨在推动盾构技术在"双碳"目标下的绿色化、智能化发展。

随着国家高质量发展战略的实施以及"交通强国"战略和"一带一路"倡议的持续推进，我国盾构技术不仅持续在铁路、公路、轨道交通等领域发挥着至关重要的作用，而且在市政、水利、电力、环保、能源、通信以及物流等诸多领域逐步显示出其极大的优势，发挥着不可替代的作用。当前，盾构行业的新技术、新材料、新设备、新工艺大量涌现，盾构隧道建造运维正朝着数字化、智能化的方向快速发展，为我国高质量发展作出巨大贡献。更令人欣喜的是，今年 9 月底刚刚始发的济南市黄岗路穿黄隧道工程标志着世界直径最大水下盾构隧道开启穿越黄河的历史性旅程。同时，世界最长海底公路隧道工程——青岛胶州湾第二海底隧道工程的盾构机正在海底深处顺利掘进。我们坚信，第七届中国盾构工程技术学术研讨会的举办，将进一步推动我国乃至世界范围盾构工程技术的创新发展。

本次论文集共收录论文 36 篇，内容涵盖了盾构机设计与制造、智能施工、智能维护等方面，既展示了近年来的重大工程实践案例，也涉及了盾构工程的新理论、新材料、新技术和新工艺的深入探讨，学术价值高、创新观念多，对于盾构隧道设计与施工具有很好的指导和借鉴作用。

在此，我们向所有为本论文集撰稿的专家学者、技术人员表示衷心感谢，向严谨审稿的各位专家表示真诚敬意，同时也要向长期对北京盾构工程协会予以支持和关怀的广大同仁表示诚挚的感谢！

《2024 年第七届中国盾构工程技术学术研讨会论文集》编委会

北京盾构工程协会理事长：袁大军

2024 年 9 月

目　录

设 备 篇

设 计 篇

施　工　篇

设 备 篇

大断面矩形顶管机关键参数分析与设计计算

刘曙光　李淑磊　朱振鹏

（济南重工股份有限公司　济南　250109）

摘　要： 矩形顶管机是大断面顶管施工的关键设备。本文通过对管节外形尺寸为 9100mm × 5500mm 的矩形顶管机顶进力、推进液压缸的配置和选型、刀盘开挖直径及布置、刀盘需求扭矩、驱动装置扭矩、螺旋输送机转速及排土量等主要参数的典型设计计算，为类似使用大断面顶管机工程的设计、施工提供参考。

关键词： 大断面；矩形顶管机；设计计算

1　引言

随着经济社会的发展以及城市化进程的加快，我国城市地上空间日趋拥挤，对于城市地下空间建设的需求日趋迫切。其中，顶管法是一种构筑大型地下空间常用的暗挖施工方法，相对于明挖及盾构等地下空间施工方法，顶管法不仅可以最大限度地减少开挖路面、封闭交通、噪声和尘土污染等情况的发生，还能大大节省施工成本，降低工人施工时的安全风险，尤其在穿越水体、交通干线、地上及地下建（构）筑物密集区的市政工程领域发挥着重要作用。矩形顶管机是顶管法中常用的关键设备，使用矩形顶管机施工后的断面为矩形。相对于圆形断面，矩形断面具有较高的空间利用率、较小的土方开挖量，且后期运营和维护相对容易，在地下设施联络通道、综合管廊、地下通道、雨水管渠、地下物流通道、地下停车场、地铁车站及应急通道等地下空间开发领域有着广泛的应用前景。

2　矩形顶管机发展趋势

近年来，顶管法施工的隧道断面尺寸呈快速增大趋势，其中，大断面矩形顶管工程发展极为迅速，矩形顶管机向大断面方向发展的趋势日趋明显。贾连辉从矩形断面开挖形式选型分析、超宽矩形薄壳体强度和刚度研究、顶推机构电液比例集成控制、矩形断面渣土改良技术四个方面介绍了大断面矩形盾构顶管设计的关键技术研究，并提出矩形隧道施工将会成为最经济、安全和快捷的工法。马鹏等对矩形顶管技术的发展历程及其国内外研究现状进行了调研，介绍了当前矩形顶管技术主要的应用场景，并结合顶推力预测、注浆减阻、背土效应演化机制和控制对策、顶进过程中的地层响应模式和沉降计算、工作面稳定性评估等关键技术问题，对矩形顶管的理论研究进展进行了回顾和讨论。彭立敏介绍了矩形顶管的优越性和适用环境条件，以及矩形顶管理论研究现状，并从理论设计及施工方面介绍了矩形顶管当前面临的难题。张荣等从设备、工程设计、施工角度介绍了矩形顶管法在隧道工程技术的发展情况，阐述了矩形顶管法施工技术的发展趋势，指出矩形顶管技术

作者简介：刘曙光（1987—），男，硕士研究生，高级工程师，目前主要从事全断面隧道掘进设备的研发设计工作。电子邮箱：liushuguang1021@126.com。

将不断向大断面、长距离、复杂环境等方向发展。因此，针对大断面矩形顶管机关键参数的设计计算是非常必要的。

3 大断面矩形顶管机关键参数计算

大断面矩形顶管机关键参数主要包括顶管机顶进力、推进液压缸的配置和选型、刀盘开挖直径及布置、刀盘需求扭矩、驱动装置扭矩、螺旋输送机转速及排土量等。下面针对适用于管节外形尺寸为 9100mm × 5500mm 的土压平衡矩形顶管机，在平均覆土深度 10m 的粉质黏土地层掘进条件下的关键参数进行分析与设计计算。

3.1 顶管机顶进力的计算

矩形顶管机的顶进力由迎面阻力和管道的摩擦力两部分组成，即：

$$F = K(F_1 + F_2) \tag{1}$$

式中：F——总顶进力（kN）；

K——安全系数，取 1.5；

F_1——开挖面的迎面阻力（kN）；

F_2——管道摩擦力（kN）。

$$F_1 = \gamma\left(H + \frac{D_b}{2}\right)K_a D_a D_b \tag{2}$$

式中：γ——土层的重度（kN/m³），粉质黏土的重度取 26kN/m³；

H——覆土深度（m）；

D_a——顶管机开挖面宽度（m）；

D_b——顶管机开挖面高度（m）；

K_a——主动土压力系数，$K_a = \tan\left(45° - \frac{\varphi}{2}\right)$；

φ——土壤的内摩擦角（°），粉质黏土取 30.5°。

经计算可得：$F_1 = 9608.87$kN。

$$F_2 = 2(L_a + L_b)Lf \tag{3}$$

式中：L_a——管节高度（m）；

L_b——管节宽度（m）；

L——顶进长度（m）；

f——单位面积的管壁与土体的摩擦力（kN/m²），见表 1，本文取 8kN/m²。

不同种类地质 f 取值（单位：kN/m²） 表 1

土的种类	管节材质	黏性土	粉土	砂土	碎石土
触变泥浆	混凝土管节	2.0~5.0	5.0~8.0	8.0~11.0	11.0~16.0
	钢管节	2.0~4.0	4.0~7.0	7.0~10.0	10.0~13.0

注：1. 玻璃纤维增强塑料夹砂管可参照钢管乘以系数 0.8。

2. 当管壁与土之间能形成稳定连续泥浆套时，不论土质均取 $f = (0.2\sim0.5)$kN/m²。

3. 采用新型减阻泥浆的摩阻力通过试验确定。

4. 遇软黏土时，可取黏性土的下限。

由式(1)~式(3)可以得到顶管机顶进长度与顶进力对照表，见表 2。

顶进长度L（m）	1	10	20	30	40	50	60	70	80	90	100
顶进力F（kN）	14764	17918	21422	24926	28430	31934	35438	38942	42446	45950	49454

3.2 推进液压缸的配置和选型

推进液压缸的选型和配置由顶管施工的操作性、管节顶进施工方便性等确定，根据管节受力点布置各液压缸的最佳位置。推进液压缸选型、布置时，必须满足下列要求：推进系统要考虑满足设备在掘进中推力的需要；推进液压缸的推力和数量应根据顶管机外径、总推力、管节结构和隧道路线等因素确定；推进液压缸应选用质量轻、耐久性好、结构紧凑的液压缸，一般选用高压液压缸；推进液压缸一般等间距配置在始发井里边的推进液压缸支架上，确定推荐液压缸位置时要兼顾管节的强度；推进液压缸配置时，应使推进液压缸轴线平行于顶管机的中心轴线。

（1）推进液压缸的配置

顶管施工推进时，推进液压缸力的传递路径是：推进液压缸→U形顶铁→环形顶铁→管节，因此推进液压缸的布置主要考虑管节的结构形式、受力点布置、管节顶管施工方便性等方面的因素。

根据顶管机顶进力的计算结果，考虑到顶管机外径、总推力、管节结构和隧道路线等因素，最终确定推进液压缸数量总计为24根。为使管节轴向受力均匀，推进液压缸的推力作用点位于管节厚度方向的中心位置，推进液压缸采用左右对称、等间距布置方式。顶管机推进液压缸的最终布置结果如图1所示，左、右、顶、底部的液压缸数量分别为6根、6根、6根、12根，如图1所示。

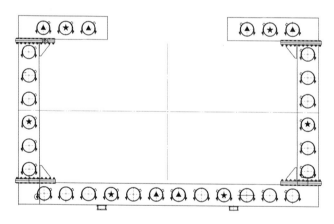

图1　推进液压缸布置图

（2）推进液压缸选型

顶管施工中推力必须留有足够的余量，以满足现场保证施工和安全的需要，一般取：

$$F_T = 1.3F \tag{4}$$

单个推进液压缸的推力为：

$$F_0 = \frac{F_T}{n_T} \tag{5}$$

同时

4

$$F_0 = P_T \times \frac{\pi D_T^2}{4} \tag{6}$$

式中：P_T——液压系统的工作压力（MPa），设计为 31.5MPa；

$\quad\quad D_T$——推进液压缸的内径（缸径）（mm）；

$\quad\quad F$——总顶进力（kN）；

$\quad\quad F_0$——单个推进液压缸的推力（kN）；

$\quad\quad n_T$——推进液压缸数量，由上一小节可知，推进液压缸数量 $n_T = 24$。

计算得，$D_T \approx 320\text{mm}$。

设计液压缸壁厚为 35mm，则推进液压缸的最大外径为 390mm；杆径 d_T 计算公式为：

$$d_T = 0.8 D_T \tag{7}$$

取整后选型为 250mm。

推进液压缸行程 S_T 为管节宽度 L_s、预留间隙 a 之和，即：

$$S_T = L_s + a \tag{8}$$

式中：a——满足顶管机转弯时两侧行程差及安装管节空间需要而预留的间隙，取 650mm。

经计算得到 $S_T = 2150\text{mm}$。

综上所述，推进液压缸选型为 $\phi320/\phi250\text{-}2150$，工作压力为 31.5MPa。

3.3 刀盘开挖直径及布置

因矩形顶管机的开挖尺寸为 9140mm × 5540mm，为保证刀盘的开挖直径比前盾壳体的外径大 25mm，同时避免彼此产生干涉，所以设计大刀盘的开挖直径为 4300mm，中刀盘的开挖直径为 2980mm，小刀盘的开挖直径为 2190mm，最终布置图如图 2 所示。

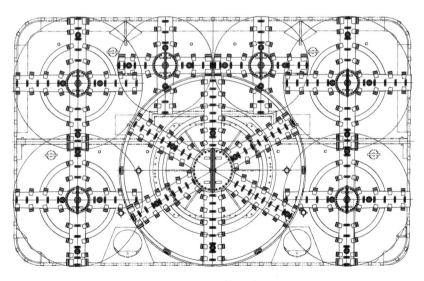

图 2　刀盘开挖直径及布置

3.4 大刀盘的扭矩计算

矩形顶管机刀盘的扭矩 T 主要由以下 4 部分组成：

$$T = T_1 + T_2 + T_3 + T_4 \tag{9}$$

式中：T——刀盘的扭矩（kN·m）；

$\quad\quad T_1$——切削土体的阻力扭矩（kN·m）；

T_2——刀盘面板摩擦阻力扭矩（kN·m）；

T_3——刀盘搅拌阻力扭矩（kN·m）；

T_4——机械损失阻力扭矩（kN·m）。

（1）切削土体的阻力扭矩 T_1

$$T_1 = \frac{1}{8} \times D^2 \times \frac{V_0}{2N_c} \times Q_{u1} \tag{10}$$

式中：D——大刀盘开挖直径（m）；

V_0——顶管机掘进速度（mm/min）；

N_c——刀盘转速（r/min）；

Q_{u1}——周围土体的单轴抗压强度（MPa）。

代入公式计算得：$T_1 = 39.17$ kN·m。

（2）刀盘面板摩擦阻力扭矩 T_2

$$T_2 = \frac{\pi}{12} \times D^3 \times T_{au1} \times (1 - R_{ou}) \tag{11}$$

式中：D——大刀盘开挖直径（m）；

T_{au1}——作用于刀盘前面的土的摩擦阻力（kN）；

R_{ou}——刀盘间隙开口率，$R_{ou} = 65\%$。

代入公式计算得：$T_2 = 414.82$ kN·m。

（3）刀盘搅拌阻力扭矩 T_3

$$T_3 = T_{31} + T_{32} \tag{12}$$

式中：T_{31}——刀盘辐条的搅拌阻力扭矩（kN·m）；

T_{32}——搅拌棒搅拌阻力扭矩（kN·m）。

$$T_{31} = B_{sp} \times \frac{L_s^2}{2} \times N_{sp} \times Q_{u2} \tag{13}$$

式中：B_{sp}——刀盘辐条的平均厚度（mm）；

L_s——刀盘辐条长度（mm）；

N_{sp}——刀盘辐条数量（个）；

Q_{u2}——周围土体的剪切强度（MPa）。

代入公式计算得：$T_{31} = 400$ kN·m。

$$T_{32} = Q_{u2} \times N_k \times B_k \times L_k \times R_k \tag{14}$$

式中：N_k——刀盘搅拌棒数量（个）；

B_k——搅拌棒厚度（mm）；

L_k——搅拌棒平均长度（mm）；

R_k——搅拌棒平均安装半径（mm）。

代入公式计算得：$T_{32} = 60$ kN·m，从而可以得到 $T_3 = 460$ kN·m。

（4）机械损失阻力扭矩 T_4

$$T_4 = T_{41} + T_{42} + T_{43} \tag{15}$$

式中：T_{41}——径向滑动轴承负荷扭矩（kN·m）；

T_{42}——轴向滚动轴承阻力扭矩（kN·m）；

T_{43}——刀盘密封阻力负荷扭矩（kN·m）。

$$T_{41} = \mu_2 \times \pi \times W_1 \times \frac{D_D}{2} \quad\quad (16)$$

式中：W_1——刀盘转动装置的总重量（kN）；

μ_2——滑动轴承的静摩擦系数；

D_D——径向滑动轴承安装半径（m）。

代入公式计算得：$T_{41} = 0.73\text{kN} \cdot \text{m}$。

$$T_{42} = \mu_3 \times \frac{\pi}{4} \times D_c^2 \times P_F \times \frac{D_T}{2} \quad\quad (17)$$

式中：P_F——正压力（MPa），$P_F = E$；

μ_3——轴承滚子与滚道的摩擦系数；

D_c——刀盘外径（m）；

D_T——推力轴承滚子中心直径（m）。

代入公式计算得：$T_{42} = 0.11\text{kN} \cdot \text{m}$。

$$T_{43} = \frac{1}{2} \times \mu_4 \times \pi \times P_s \times \sum D_{si}^2 \quad\quad (18)$$

式中：P_s——表面密封的压力（MPa）；

D_{si}——轴承密封的安装直径（m）；

μ_4——密封和钢板直径的摩擦系数；

代入式(18)计算得：$T_{43} = 0.23\text{kN} \cdot \text{m}$。

代入式(15)计算得：$T_4 = 1.06\text{kN} \cdot \text{m}$。

（5）大刀盘扭矩计算

将以上所求的数值代入式(9)得：$T = 915.06\text{kN} \cdot \text{m}$。

3.5 中刀盘的扭矩计算

中刀盘的开挖直径$D = 2980\text{mm}$，转速$N_C = 1.68\text{r/min}$，刀盘间隙开口率$R_{ou} = 60.46\%$，刀盘辐条的平均厚度$B_{sp} = 260\text{mm}$，刀盘辐条长度$L_{sp} = 1189\text{mm}$，刀盘搅拌棒的数量$N_k = 8$，搅拌棒的平均长度$L_k = 240\text{mm}$，搅拌棒平均安装半径$R_k = 900\text{mm}$，刀盘转动装置的总重量$W_1 = 42.77\text{kN}$，径向滑动轴承的安装半径$D_D = 567\text{mm}$，推力轴承滚子中心直径$D_T = 340\text{mm}$，根据大刀盘的计算方法，同理可得中刀盘的扭矩$T = 265\text{kN} \cdot \text{m}$。

3.6 小刀盘的扭矩计算

小刀盘的开挖直径$D = 2190\text{mm}$，转速$N_C = 1.98\text{r/min}$，刀盘间隙开口率$R_{ou} = 67.31\%$，刀盘辐条的平均厚度$B_{sp} = 204.66\text{mm}$，刀盘辐条长度$L_{sp} = 971.75\text{mm}$，刀盘搅拌棒的数量$N_k = 4$，搅拌棒的平均长度$L_k = 459.60\text{mm}$，搅拌棒平均安装半径$R_k = 700\text{mm}$，刀盘转动装置的总重量$W_1 = 35945.8\text{N}$，径向滑动轴承的安装半径$D_D = 504\text{mm}$，推力轴承滚子中心直径$D_T = 340\text{mm}$，根据大刀盘的计算方法，同理可得小刀盘的扭矩$T = 143.84\text{kN} \cdot \text{m}$。

3.7 驱动装置主要参数计算

矩形顶管机主驱动采用的是变频电力驱动，传递路径为电机减速机→小齿轮→大齿轮→主轴→刀盘。

（1）大刀盘主驱动主要参数计算

设计大刀盘主驱动的驱动电机数量为 6 台，每台电机额定转速$n_0 = 1475\text{r/min}$，额定功率为$P = 45$kW，减速机速比$i = 317$，小齿轮齿数$z_1 = 19$，大齿轮齿数$z_2 = 52$，大刀盘的转速和扭矩可由以下公式计算，

$$n_1 = n_0 \times \frac{1}{i} \times \frac{z_1}{z_2} \tag{19}$$

经计算可得$n_1 = 1.18$r/min。

大刀盘的额定扭矩可由以下公式计，

$$T = 9550 \times \frac{P}{n} \tag{20}$$

经计算$T = 2187469$N·m ≈ 2187kN·m。

大刀盘的所需扭矩为915.06kN·m < 2187kN·m，所以符合要求。

（2）中刀盘主驱动主要参数计算

设计刀盘额定转速$n = 1.68$r/min，中刀盘主驱动的驱动电机数量为3台，每台电机额定转速速为$n_0 = 1470$r/min，额定功率为$P = 30$kW，减速机速比$i = 320$，小齿轮齿数为$z_1 = 19$，大齿轮齿数为$z_2 = 52$。

代入式(19)，可得中刀盘的转速为1.68r/min。

代入式(20)，可得中刀盘的额定扭矩为512kN·m。

中刀盘的所需扭矩为265kN·m < 512kN·m，满足要求。

（3）小刀盘主驱动主要参数计算

设计刀盘额定转速$n = 1.98$r/min，小刀盘主驱动的驱动电机数量为2台，每台电机额定转速为$n_0 = 1470$r/min，额定功率为$P = 30$kW，减速机速比$i = 320$，小齿轮齿数$z_1 = 19$，大齿轮齿数为$z_2 = 44$。

代入式(19)，可得小刀盘的转速为1.98r/min。

代入式(20)，可得小刀盘的额定扭矩为288.9kN·m。

小刀盘的所需扭矩为143.84kN·m < 288.9kN·m，满足要求。

3.8　螺旋输送机主要参数计算

顶管机单位小时内开挖土方的体积为：

$$V_W = SL \tag{21}$$

式中：S——顶管机的截面积（m²）；

L——顶管机单位小时内推进距离（m）。

经计算可得：$V_W = 121.53$m³。

单位小时内开挖土方膨胀后的体积为：

$$V_P = KV_W \tag{22}$$

式中：K——土方开挖膨胀系数。

经计算可得：$V_P = 176.21$m³。

因该顶管机安装有两台螺旋输送机，所以单台螺旋输送机的排土量为：

$$V_{单台} = \frac{V_P}{2} \tag{23}$$

经计算，$V_{单台} \approx 90$m³。

选取螺距$P = 500$mm、外径为$D_1 = 580$mm、内径为$D_2 = 180$mm 的螺旋输送机叶片，则单叶片容积为：

$$V_r = \left(\frac{\pi D_1^2}{4} - \frac{\pi D_2^2}{4} \right) P \qquad (24)$$

式中：P——螺旋输送机螺距（mm）；

D_1——螺旋输送机叶片外径（mm）；

D_2——螺旋输送机叶片内径（mm）。

经计算，$V_r = 0.12 \text{m}^3$。

所以螺旋输送机的最小转速为：

$$V_Z = \frac{V_{\text{单台}}}{V_r} \qquad (25)$$

经计算 $V_Z = 750 \text{r/h}$。

每台电机额定转速为 $n_0 = 1470 \text{r/min}$，额定功率为 $P = 30 \text{kW}$，减速机速比 $i = 33.75$，小齿轮齿数为 $z_1 = 18$，大齿轮齿数为 $z_2 = 61$，所以螺旋输送机的转速可由公式(19)得 1.98r/min，约为 771r/h。

由于 $n_1 > V_Z$，所以螺旋输送机的设计参数满足顶管机的排土要求。

4 结语

随着经济社会的快速发展，地下工程建设对隧道断面的需求呈现多元化，矩形顶管机向大断面方向发展的趋势日趋明显。针对大断面矩形顶管机关键参数的典型设计计算是十分必要的。

（1）本文以管节外形尺寸为 9100mm × 5500mm 的大断面矩形顶管机为例，详细分析研究了顶管机顶进力计算、推进液压缸的配置和选型、刀盘开挖直径及布置、刀盘需求扭矩、驱动装置扭矩、螺旋输送机转速及排土量等主要参数的选取原则和设计计算方法。

（2）由于矩形顶管机开挖断面存在切削盲区，其对顶管机的顶推力也会产生一定影响，需要根据盲区所占比例考虑增大顶推力的安全系数，且刀盘布置时应尽可能减小盲区面积。

（3）结合不同地质条件，不同开挖断面形状，还应不断采集并对比分析实际顶推掘进参数与设计计算的偏差，从而对设计计算进行修正，为将来类似的大断面顶管机项目的设计、设备制造提供更加翔实的参考依据。

参 考 文 献

[1] 郑永光, 薛广记, 陈金波, 等. 我国异形掘进机技术发展、应用及展望[J]. 隧道建设 (中英文), 2018, 38(6): 1066.

[2] 贾连辉. 矩形顶管在城市地下空间开发中的应用及前景[J]. 隧道建设, 2016, 36(10): 1269.

[3] 马鹏, 岛田英树, 马保松, 等. 矩形顶管关键技术研究现状及发展趋势探讨[J]. 隧道建设 (中英文), 2022, 42(10): 1677.

[4] 彭立敏, 王哲, 叶艺超, 等. 矩形顶管技术发展与研究现状[J]. 隧道建设, 2015, 35(1): 1.

[5] 张蓉, 安关峰. 矩形顶管法隧道工程技术综述[J]. 广州建筑, 2022, 50(4): 72-80.

[6] 葛春辉. 顶管工程设计与施工[M]. 北京: 中国建筑工业出版社, 2011.

[7] 全国建筑施工机械与设备标准化技术委员会. 全断面隧道掘进机　矩形土压平衡顶管机: GB/T 40122—2021 [S]. 北京: 机械工业出版社, 2021.

[8] 全国建筑施工机械与设备标准化技术委员会. 全断面隧道掘进机　顶管机安全要求: GB/T 40127—2021 [S]. 北京: 机械工业出版社, 2021.

大型土压平衡盾构机主驱动选型与主轴承荷载谱计算研究

孟晓宁[1]　高瑞兰[2]　卢庆亮[1]　唐　恒[1]　邵宇龙[1]

（1. 济南重工股份有限公司　济南　250109；2. 济南市技师学院　济南　250115）

摘　要： 主驱动作为盾构机重要的核心零部件之一，在隧道掘进施工中为刀盘提供转矩并承受推进系统产生的大部分推力，具有工作负载大、维护检修难等特点，主驱动的正常工作是盾构安全高效施工的重要保障。本文主要介绍了大型土压平衡盾构机主驱动传动系统选型设计的要点和方法，为盾构行业主驱动研发制造提供指导和参考。

关键词： 盾构机；主驱动；传动系统；选型设计与计算

1　引言

盾构机作为地下隧道建设的主要设备，在铁路、公路等建设中得到了广泛应用。主驱动将电能转化为机械能，直接提供刀盘旋转破岩的动力，被称为"盾构机的心脏"。主驱动构造复杂，在盾构掘进过程中维修困难，一旦主驱动出现问题，将影响整个施工进程，造成工期延误和巨大的经济损失，所以主驱动必须要有较长的使用寿命和较高的可靠性。主驱动的设计寿命多以安全运行时间来规定，要求不低于10000h，而大型盾构机主驱动具有尺寸大、荷载大、冲击大、转速低等特点，为提高安全系数，大型、超大型主驱动一般要求寿命高于15000h。主驱动传动系统选型设计的准确性是设计寿命的首要保证。

2　主驱动系统组成

主驱动系统结构复杂，从功能上主要由驱动箱、传动系统、密封系统及其他零部件组成，本文中介绍的传动系统指提供刀盘旋转扭矩的部分，主要包括电机或液压马达、减速机、小齿轮、花键轴、主轴承、小齿轮两端调心滚子轴承和扭矩限制器等。多组电机或液压马达通过三级行星齿轮减速机实现第一级减速后，驱动小齿轮旋转，多个小齿轮与主轴承内齿圈共同啮合实现第二级减速，带动驱动法兰盘和刀盘旋转，最终将电机或液压马达的高转速、低扭矩转化为刀盘所需的低转速、高扭矩。

传动系统主要有液压驱动和电机驱动两种。液压驱动技术成熟，同步性能较好，可带载启动，但传递效率低、系统损耗大，不利于设备绿色化，另外日常维护保养繁杂。电机驱动根据电机控制方式又分为定速和变频电机驱动两种。定速电机驱动功能简单，不能根据施工需求调整刀盘转速，一般用于微型、小型盾构。变频电机驱动传递效率高，节能显著，能满足无级调速，适用于多种形式和规格的盾构机。三种驱动方式主要性能参数对比，见表1。

作者简介：孟晓宁（1990—），女，硕士研究生，工程师，目前主要从事全断面隧道掘进设备的研发设计工作。电子邮箱：15216407942@139.com。

参数	变频电机驱动	定速电机驱动	液压驱动
驱动部外形尺寸	中	大	小
后续设备	少	少	较多
效率	0.95	0.9	0.70
起动力矩	大	较小	较大
起动冲击	小	大	较小
转速微调控制	好	不能无极调速	好
噪声	小	小	大
盾构温度	低	较低	较高
维护保养	易	易	较复杂

目前，大型、超大型盾构机多选用变频电机驱动的形式。电机驱动主驱动传动系统结构如图1所示。

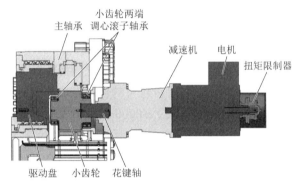

图1 大型电驱主驱动传动系统结构示意图

3 主驱动传动系统选型设计流程

因盾构施工的复杂性，主驱动传动系统的选型设计难以完全进行量化计算，部分参数需要借助经验确定，有时还需进行反复调整，主要的选型设计流程如图2所示。

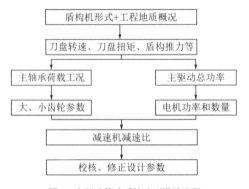

图2 主驱动传动系统选型设计流程

传动系统选型设计首先要确定工况参数和输出要求，主要参数有刀盘转速、刀盘扭矩、盾构推力等。刀盘转速一般根据隧道施工要求、地质条件和经验综合选取，同时满足最大线速度小于 2.5m/s 的要求；刀盘扭矩和盾构推力有理论公式计算法和经验公式计算法两种，这两种方法目前均比较成熟，众多文献也做过详细介绍，在此不再详述。

传动系统选型计算一般以额定工况为主，此时系统扭矩最大，转速为额定转速。同时，为应对突发恶劣工况，配置脱困扭矩，脱困扭矩一般为额定扭矩的 120%～150%。

根据刀盘转速和刀盘扭矩，计算可确定传动系统所需的总功率，大型盾构机主驱动一般选用电机驱动形式，根据所需的驱动功率，结合电机规格标准、主驱动结构尺寸、成熟施工经验等，选定电机功率和数量等主要参数。

传动系统中最核心的部件是主轴承，它在传递较大的扭矩的同时，还承受轴向力、径向力和倾覆力矩等复杂荷载，需要有足够的刚度和稳定性来保证安全运行，一般为三排圆柱滚子轴承结构。通常所说的主驱动的设计寿命 10000h，指的就是主轴承的设计寿命。主轴承选型设计最主要的依据是受力荷载谱，荷载谱的准确性决定了主轴承设计的合理性。关于主轴承荷载谱计算的研究在近两年逐渐成熟，孙海波等提出了软土和泥水盾构主轴承荷载谱的计算方法，周建军等总结了隧道掘进机（TBM）主轴承荷载谱的受力模型，本文也总结了一种主轴承荷载谱的计算方法，将在下一节进行具体介绍。轴承厂家根据荷载谱，对主轴承进行初步设计，选定滚柱、滚道、内齿参数、螺栓孔、外形结构等相关尺寸。主驱动设计人员根据主轴承初步设计进一步布置油脂润滑孔、滚道润滑孔等，完成主轴承设计。

根据选定的电机转速和刀盘所需的转速，可得传动系统的总传动比，总传动比主要由大小齿轮速比和减速机减速比两部分组成。小齿轮的齿数和模数综合主轴承内齿参数和安装空间确定，最后分配减速机减速比，进行减速机的选型设计。

4 主轴承荷载谱计算

4.1 主轴承受力分析

在掘进过程中，主轴承主要承受由刀盘切削的推进力、刀盘自重、土仓压力、刀盘扭矩等引起的轴向荷载、径向荷载和倾覆力矩，其中轴向荷载主要由主推滚子承受，径向荷载主要由径向滚子承受，倾覆力矩主要由主推滚子和反推滚子共同承受。

建立主轴承荷载模型，以主轴承圆心为原点建立坐标系，X、Y、Z三个方向的力和力矩即为主轴承的简化荷载，如图 3 所示。根据主轴承荷载寿命计算方法，主轴承所受的轴向力简化为Z向力的合力，径向力简化为X向和Y向力的合力，倾覆力矩简化为X向和Y向力矩的合力矩。

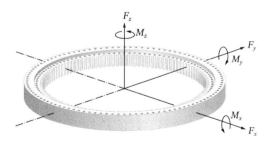

图 3　主轴承受力简图

简化计算公式如下：

$$F_a = F_Z \tag{1}$$

$$F_r = \sqrt{F_X^2 + F_Y^2} \tag{2}$$

$$M_k = \sqrt{M_X^2 + M_Y^2} \tag{3}$$

式中：F_a——轴向力（kN）；

$\qquad F_r$——径向力（kN）；

$\qquad M_k$——倾覆力矩（kN·m）。

4.2 主轴承荷载工况分析

在盾构机实际掘进过程中，主轴承的受力并不是恒定且规律的，受不同施工工况的影响，每种力的大小、受力位置等都在变化，难以准确量化。为简化计算，我们将主轴承的受力分为四个工况，每种工况下荷载的种类、位置等见表2。

主轴承荷载工况分布　　　　　　　　　　　　　　　　　　　　　表 2

工况	施工特点	合力作用点位置	合力作用点符号
工况一	刀盘全断面受载	隧道中心点	V
工况二	刀盘半断面受载	1/2 土体重心位置点	E
工况三	调向纠偏	隧道底部点	K
工况四	刀盘脱困	脱困合力点	B

4.3 输入条件计算

主轴承荷载谱的计算，首先要根据目标区间地质和盾构机设计选型获取关键地质参数和设备基本参数，关键参数见表3。

主轴承荷载谱计算关键参数表　　　　　　　　　　　　　　　　　表 3

序号	名称	符号	单位	备注
1	开挖直径	D_0	mm	盾构机整体方案设计时总体确定
2	额定扭矩	$T_{额定}$	kN·m	
3	脱困扭矩	$T_{脱困}$	kN·m	
4	盾构机总推力	$F_总$	kN	
5	刀盘重力	G_D	kN	刀盘和主驱动整体方案设计时估值选取
6	刀盘主结构厚度	h	mm	
7	外密封直径	d_1	mm	
8	内密封直径	d_2	mm	
9	刀盘重心到主轴承重心的距离	b	mm	
10	刀盘前端到主轴承重心的距离	c	mm	
11	土仓压力荷载	F_g	kN	
12	土仓内土体重量	G_g	kN	

14

序号	名称	符号	单位	备注
13	主轴承最大推力	$F_{推}$	kN	
14	1/2 土体重心距盾构中心距离	d	mm	
15	脱困合力点距盾构中心距离	e	mm	

表 3 中序号 11～15 关键参数的计算公式如下：

$$F_g = \frac{\frac{\pi}{4} p_g (d_1^2 - d_2^2)}{10^4} \tag{4}$$

$$G_g = 9.8 \times \frac{\frac{\pi}{4} D_0^2 h d_g f_g}{10^6} \tag{5}$$

$$F_{推} = 0.3 F_{总} \tag{6}$$

$$d = \frac{\frac{4}{3} D_0}{2\pi} \tag{7}$$

$$e = \frac{0.95 D_0}{2} \tag{8}$$

式中：p_g——土仓压力（bar）；

d_g——土仓内土体密度（t/m³）；

f_g——土仓填充系数。

4.4 综合荷载工况计算

主轴承所受轴向力 F_a 为推力引起的轴向力和土仓压力的合力，径向力 F_r 为扭矩引起的径向力和刀盘重力以及土仓内土体重力的合力，倾覆力矩 M_k 为偏离主轴承重心的各轴向力和径向力力矩的合力矩，各力在计算时要注意力的方向的叠加。

（1）工况一

$$F_a = F_{推} + F_g \tag{9}$$

$$F_r = G_g + G_D \tag{10}$$

$$M_k = \frac{F_r b}{1000} \tag{11}$$

（2）工况二

$$F_a = 0.5 F_{推} + F_g \tag{12}$$

$$F_r = \sqrt{R_E^2 + (G_D + G_g)^2} \tag{13}$$

$$M_k = \sqrt{\left(R_E \times \frac{c}{1000}\right)^2 + \left[0.5 F_{推} \times \frac{d}{1000} + (G_D + G_g) \times \frac{b}{1000}\right]^2} \tag{14}$$

$$R_E = 0.5 T_{额定} \times \frac{1000}{d} \tag{15}$$

式中：R_E——刀盘半断面受载时主轴承受到的径向力（kN）。

（3）工况三

$$F_a = 0.1F_推 + F_g \tag{16}$$

$$F_r = \sqrt{R_K^2 + (G_D + G_g)^2} \tag{17}$$

$$M_k = \sqrt{\left(R_K \times \frac{c}{1000}\right)^2 + \left[0.1F_推 \times \frac{D_0}{2 \times 1000} + (G_D + G_g) \times \frac{b}{1000}\right]^2} \tag{18}$$

$$R_K = 0.1T_额定 \times 1000 \times \frac{2}{D_0} \tag{19}$$

式中：R_K——调向纠偏时主轴承受到的径向力（kN）。

（4）工况四

$$F_a = 0.1F_推 + F_g \tag{20}$$

$$F_r = R_B + G_D + G_g \tag{21}$$

$$M_k = \sqrt{\left(0.1F_推 \times \frac{e}{1000}\right)^2 + \left[R_B \times \frac{c}{1000} + (G_D + G_g) \times \frac{b}{1000}\right]^2} \tag{22}$$

$$R_B = T_脱困 \times \frac{1000}{e} \tag{23}$$

式中：R_B——刀盘脱困时主轴承受到的径向力（kN）。

通过以上计算，综合不同工况下主轴承转速和工作占比，即可获得主轴承荷载谱。

5 工程案例

5.1 工程概况

某市域铁路工程某标段采用盾构法施工，管片外径 8500mm，管片内径 7700mm，环宽 1600mm。区间隧道长 3128.96m，隧顶埋深 10.9～28.0m，主要穿越粉土、粉质黏土、淤泥质黏土、黏土，周边水系较为发达。隧道区间地质分布情况如图 4 所示。

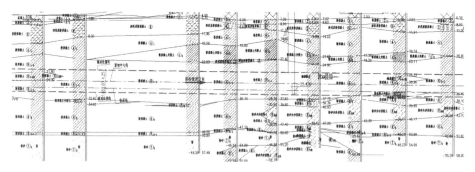

图 4　隧道区间地质分布图

5.2 主要参数选型

该项目选用软土式土压平衡盾构机，在整机方案确定的基础上，按照上述传动系统选型设计流程，获得设备主要参数，见表 4。

序号	项目	参数	单位
1	刀盘开挖直径	8820	mm
2	刀盘转速	0～3.15	r/min
3	盾构机总推力	81895	kN
4	主驱动功率	3000	kW
5	额定扭矩	17078	kN·m
6	脱困扭矩	20493	kN·m
7	主轴承直径	4802	mm
8	驱动组数量	12	
9	大小齿轮速比	9.56	
10	减速机减速比	65	

5.3 主轴承荷载谱计算

按照上述主轴承荷载谱计算方法，计算得该项目主轴承在四种不同工况作用下的荷载谱，见表5。

某项目主轴承荷载谱   表5

工况	轴向力F_a（kN）	径向力F_r（kN）	倾覆力矩M_k（kN·m）	刀盘转速r（min）	工作占比（%）
工况一	29206	2042	14084	3.15	45
工况二	18406	6033	31888	2	45
工况三	15213	2098	14714	1.5	9
工况四	10006	8129	27518	0.3	1

根据以上荷载谱，根据《滚动轴承——额定动载荷和额定寿命》（ISO281）计算，该主轴承设计寿命为15124h，满足大型盾构设备施工需要。

6 结语

本文梳理总结了大型土压平衡盾构机主驱动传动系统选型设计的流程、方法和要点，提出了一种简单有效的主轴承荷载谱的计算方法，可为主驱动研发及制造提供指导和参考。

参 考 文 献

[1] 刘帆. 盾构机再制造监理过程质量控制探讨[J]. 建筑机械化, 2021, 42(2): 54-56.

[2] 闵锐. 市域铁路项目中超大直径盾构机刀盘驱动装置设计的关键技术[J]. 建筑科技, 2020, 4(3): 12-15.

[3] 石元奇, 庄欠伟, 吕建中. 大直径盾构机刀盘驱动系统[J]. 筑路机械与施工机械化, 2008, (9): 18-20,39.

[4] 高海杰, 丁永强. 敞开式 TBM 主驱动设计分析[J]. 建筑机械化, 2014, 35(4): 71-72.

[5] 孙海波, 李大伟, 刘瑞庆, 等. 盾构机主轴承荷载谱计算方法分析方法[J]. 轴承, 2023, (8): 28-31.

[6] 周建军, 李帅远, 姜益辉, 等. TBM 主驱动轴承受力分析及应用研究[J]. 隧道建设 (中英文), 2023, 43 (增刊 1) : 522.

[7] 白云. 基于盾构掘进参数计算主轴承寿命的研究[D]. 石家庄: 石家庄铁道大学, 2020.

主动控制型装配式机械化沉井装备研制及应用

吴文斐 [1,2]　朱雁飞 [1]　朱叶艇 [1,2]　翟一欣 [1,2]　屠　垒 [1,2]

（1. 上海隧道工程有限公司　上海　200232；2. 上海城建隧道装备有限公司　上海　200137）

摘　要： 针对传统沉井工法应用于城市中心区域软土地层存在施工占地大、环境干扰程度高、作业效率低、下沉以及沉井姿态控制困难等问题，提出了一种主动控制型装配式机械化沉井（ACPP）工法及施工装备。通过在刃脚环十字梁上安装水下机器人，该装备可进行底部自动不排水分区开挖，结合地面多区油缸压入力矢量自适应下沉方法，以及管片环快速拼装连接方式，实现了竖井的快速、安全、优质建造，具有自动化程度高、占地面积小、对周围环境影响小的特点。该装备经车间内稳定性试验、现场原位试验验证后，成功应用于上海轨道交通 13 号线某逃生井工程项目。通过对其施工效率、沉井姿态、地表沉降等进行数据分析，充分验证了本工法的可行性。未来该工法将采用机群作业的方式在大断面矩形、双圆、异形竖井中得到进一步工程应用与验证。

关键词： 沉井；装配式；机械化；主动控制；工程应用

1　引言

随着地下空间开发的快速发展，城市中心区域深/超深竖井的建设需求越来越大，如排水井、通风井、中间竖井等。目前，一般采用传统的明挖法施工工艺进行大直径竖井建造。然而，明挖法需占用大量临时用地，不利于在城市中心区域实施，且施工工期较长，对路面交通和周围环境影响较大。同时，当开挖深度较大时，将涉及承压水风险，临时围护结构深度大，造成不必要的材料浪费。若采用传统沉井法施工，其主要依靠结构自（配）重被动下沉，井壁侧摩阻力随挖掘深度增加，将面临下沉困难的问题，且在软弱地层中施工还将出现突沉、超沉、下沉偏位等情况。因此，研制适应于城市中心区域深井建造的微扰动机械化成套工法与装备具有重要的现实意义。

全球具有原创代表性的沉井工法主要有日本研发的一种适用于大深度硬质地层的自动化沉井工法——SOCS 工法和德国海瑞克公司研发的一种新型下沉式竖井掘进工法——VSM 工法。SOCS 工法是由挖掘取土系统、下沉管理系统和主体结构系统等三个部分组成，反铲挖掘机在沉井内壁的导轨上横向移动，将挖掘后的渣土集中至沉井中央，再依靠抓斗将渣土排至沉井外，随后通过操控压入千斤顶进行井身压入下沉作业。VSM 工法通过土转液装置将伸缩铣挖臂全断面切削下来的土渣排至地面，待刃脚下方土体掏空后，再通过放松钢丝绳将悬吊着的井身结构悬挂下沉。

随着技术的引入，国内多家企业针对自动化沉井建造进行了装备设计和工程应用，产生了诸多研究成果。徐光亿等提出一种沉井潜入式竖井掘进机设计，对结构组成、工作原理进行了研究；董奇峰等创新一种沉井基础取土作业机器人设计，并对成套技术进行了现场试验验证；赵飞等研制了采用截割滚筒进行土体开挖的机械化沉井掘进机，可实现掘排同步施

作者简介：吴文斐（1985—），男，工程硕士，高级工程师，主要从事地下工程装备与新技术研发工作。电子邮箱：wuwenfei@stecmc.com。

工；姜弘、张振光分别对 VSM 工法在南京建邺区沉井式停车设施建设项目的应用成果进行了详细分析；翟之阳等对 VSM 工法在城市深层地下管网超深竖井建设的工程应用进行了研究分析。

本文针对典型软土地层创新研制一种主动控制型装配式机械化沉井装备，可实现水下自动挖掘取土、预制管片快速拼装、地面主动控制下沉、绿色环保作业施工，并通过车间试验、现场试验和工程应用，对成套技术可靠性进行了充分验证。研究成果将为软土地层进行深/超深竖井建造提供更为优质、可靠的方案。

2 ACPP 工法介绍

2.1 工艺流程简介

主动控制型装配式沉井工法（ACPP 工法）施工装备主要由下沉控制系统、水下挖掘系

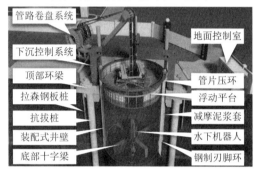

图 1 ACPP 工法施工示意图

统、管片拼装系统、减摩注浆系统、泥水输送系统、自动控制系统等六个部分组成，其主动控制的特征主要体现在机器人一键自动挖掘、地面油缸同步压入、壁后自动注浆、三维虚拟开挖系统辅助等。ACPP 工法施工示意如图 1 所示，具体作业步序如下。

第一步：平整场地，在井壁周围插入 4 根直径约 1m 的长桩，施工阶段作为抗拔桩，后期用于结构抗浮。

第二步：紧贴长桩外边缘，插入深度 5m 左右的拉森钢板桩形成圆形维护结构，以起到阻隔沉井施工对周围环境扰动的作用。

第三步：在维护结构内开挖约 2.5m 深的基坑，底部先后铺设 30cm 厚的砂垫层和素混凝土垫层。

第四步：分块安装并调平第一段钢刃脚，并往其内部填充混凝土后，在其上方安装第二段钢刃脚，暂不填充混凝土。

第五步：在第二段钢刃脚上方拼装第一环管片后，搭设底部十字梁模板，完成第二段钢刃脚和十字梁的混凝土整体浇筑。

第六步：在钢刃脚外侧浇筑顶面环梁，与四根抗拔长桩和围护结构形成整体。

第七步：在第一环管片上方安装压环，采用地面压入系统进行预压下沉，至十字梁底面与土面接触，在十字梁上安装取土机器人。

第八步：向沉井内注入清水，根据实际工况，当机器人挖掘一定深度后，将沉井结构下压至挖深一环管片的距离，下压过程中根据压入净行程进行井壁外侧同步注浆。

第九步：打开压入系统，拼装管片，重复挖掘和下压流程，确保施工全过程中井内液位与地面齐平。

第十步：施工至第 4 环结束，安装浮动平台，便于作业人员维保检修。

第十一步：施工至最后一环管片，完成底部清孔换浆和射水刷壁，拆除机器人和浮动平台后，完成封底混凝土浇筑。

ACPP 工法综合装配式管片拼装、机器人水下开挖、主动控制下沉、泥浆循环出渣、井身外壁注浆减摩等技术，具有施工占地少、机械化程度高、下沉控制精度好、污染物排放少、

环境影响小等特点，特别适用于环保要求高的中心城区。

井壁为圆形截面，由四块楔形管片拼装成环，环与环之间错缝拼装后形成主体结构。管片块之间采用短直螺栓连接，外弧面上开设螺栓孔；管片环之间采用贯通式长螺杆和接驳器连接，纵向螺栓预应力加压后终拧复紧，如图2所示。井壁外侧设置一道遇水膨胀密封条，内侧设置一道三元乙丙橡胶密封条。

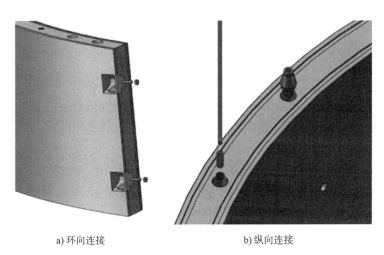

a) 环向连接   b) 纵向连接

图2 管片结构连接方式

2.2 下沉控制原理

传统沉井在下沉过程中受到的主要作用力分别为沉井与井内设备自重、水中浮力、井底端部土体反力、井侧壁水土压力及其侧摩阻力。在下沉控制上，依靠机械与人工配合开挖底部土体以降低井底端部阻力，但随着开挖深度变大，沉井下沉和姿态控制难度越来越大，这时十分依赖施工经验。

ACPP 工法的下沉控制原理主要涉及沉井顶部和沉井底部两个方面。在沉井顶部，地面压入系统 4 个油缸可拉可压，即当施工初期下沉系数 > 1.0 时，油缸提供拉力；当下沉系数 ≤ 1.0 后，油缸提供压力。如图3所示，以沉井顶面圆心为原点 O，以其顶面为 XOY 平面，竖直向上为 Z 轴正向，建立右手坐标系。将 4 个油缸的压力（$\overrightarrow{F_1} \sim \overrightarrow{F_4}$）生成一个合矢量 $\overrightarrow{F_{\text{total}}}$，在坐标系下可定义为：

$$\overrightarrow{F_{\text{total}}} = \left|\overrightarrow{F_{\text{total}}}\right|(x, y, z) \tag{1}$$

式中：(x, y, z)——$\overrightarrow{F_{\text{total}}}$ 的单位向量在坐标系中的表达。

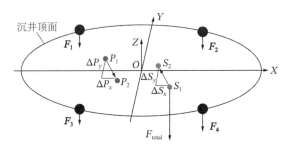

图3 压入力矢量与姿态点的交互

实际控制时，将 $\overrightarrow{F_{\text{total}}}$ 在平面XOY的投影点作为控制对象，将沉井顶面的实时倾斜姿态P_1（即双轴倾角）和目标倾斜姿态P_2作为输入信号输入比例-积分-微分控制器（PID 控制器），可输出压入力在X轴和Y轴方向的位移量ΔS_x和ΔS_y，计算公式如下：

$$\Delta S_{x,y} = K_{px,y}\Delta P_{x,y} + K_{ix,y}\int_0^t \Delta P_{x,y}\,\mathrm{d}t \qquad (2)$$

式中：$K_{px,y}$、$K_{ix,y}$——X轴和Y轴两个方向上的比例系数和积分系数。

ΔS_x和ΔS_y获取后，可形成压入力相对于X、Y轴的力臂，进一步可转化为压入力对应的力矩。通过压入力矢量的重新分配，可给定各个压入油缸的目标压力并系统执行。

沉井底部的下沉控制依靠水下机器人的挖掘取土，其原理是基于机器人运动机理建立正逆解算法，在设计水下机器人末端运动路径的基础上，实现其各关节自由度目标运动量的自动计算和系统执行。

通过主动控制四象限开挖深度，改变井底端部整体或局部土体反力（刃脚及隔墙）来纠正井底姿态。如图 4 所示，开挖面在平面上分为十字梁侧 1～8 区和十字梁下 A～H 区。如图 5 所示，在纵断面上分为四层，每层 400mm 厚。正常情况为挖掘 1～8 区第三层后下沉 400mm。当出现下沉力过大时，挖掘 1～8 区第四层，进一步地可选择挖掘 A～H 区。出现底部姿态偏斜时选择挖掘个别区域，这样可以改变端面阻力分布，并配合下沉力矢量进行纠偏。

图 4　开挖平面的分区图

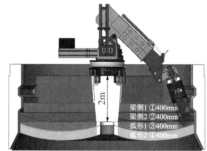

图 5　纵断面分层图

3　ACPP 施工装备各系统设计

本文介绍的 ACPP 施工装备应用于上海轨道交通 13 号线某逃生井工程，其总体设计性能满足内径 8～10m 的沉井施工，水下机器人最大工作水压 10bar，最大排泥能力 300m³/h，最大下压力 16000kN，最大提拉力 7000kN，关键部件或系统设计详见下述内容。

3.1　下沉控制系统

下沉控制系统是本装备的核心子系统，如图 6 所示。运行方式为在井口周围设置数个下沉控制单元，底部与地面环梁相连；每个单元内部设置一个油缸，缸杆头部安装衬靴，衬靴与一个钢环通过销轴连接；钢环和井身直径相同，并通过螺杆与沉井结构连接；通过钢环将油缸的拉力和压力传递给沉井结构。通过控制油缸的拉力和压力、伸出速度、各油缸间行程差即可实现沉井结构高精度下沉。

根据沉井大小确定下沉控制单元的布置数量，理论上至少需要均匀布置三个下沉控制单元，才能实现沉井姿态控制及纠偏。应根据土层性质、沉井大小、设计深度、沉井自重、所受浮力等因素核算下沉系数。本系统采用了 4 个下沉控制单元沿圆周均匀分布的设计方式，每个可提供 4000kN 下压力和 1750kN 提拉力，合计 16000kN 下压力和 7000kN 提拉力，单位面积下压力约 909kN/m²（刃脚环端面投影面积约 17.6m²）。油缸规格为 400/300-2700mm，最大工作压力 32MPa，内置高精度行程传感器。四个油缸同时伸出的最大速度为 70mm/min，最大缩回速度为 180mm/min。油缸的液压系统利用电比例换向阀调速及电比例溢流阀调压，可以随时调整油缸的伸缩速度和工作压力，实现远程电气控制。操作方式分为自动下沉方式和手动下沉方式。在自动下沉方式下，通过设定总体下压速度，在压入力矢量自动控制系统运行下，可匀速、同步地使各压入油缸伸出至目标行程。在手动下沉方式下，可人为根据经验调整总压入力大小及其作用点，以达到下沉和纠偏的作用。每个下沉控制单元均设计摆动机构，由摆动油缸驱动向外打开，留出管片拼装空间，详见图 7。

图 6　下沉控制系统　　　　　　　　　图 7　下沉控制单元打开状态

3.2　水下挖掘系统

　　沉井底部的挖掘取土工作由一台多自由度水下机器人完成，其被安装在沉井底部的十字梁结构上。水下机器人主要由关节臂、转台、回转马达、绞吸泵、伸缩油缸、关节油缸、摆动油缸等组成，详细结构见图 8。回转马达控制关节臂绕着沉井中心回转，伸缩油缸控制机械臂的伸长缩短，关节油缸控制绞吸泵的上下摆动，摆动油缸控制绞吸泵的左右摆动，每个关节都对应装有传感器，可以将行程数据或转角进行及时反馈。

　　水下机器人适用于内径 8～10m 范围的沉井施工，适用的十字梁高度范围为 1.5～2m。水下机器人的多自由度关节臂，可以进行灵活地挖掘。

　　水下机器人装备了一台绞吸泵，主要功能是把开挖下来的渣土通过一台内置的泥浆泵排放到地面的泥水处理设备中，适合在黏土、砂土等软土小颗粒地层使用，其最大排放能力为 300m³/h。

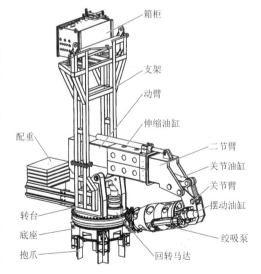

图 8　水下机器人结构图

绞吸泵由绞刀头、泥浆泵、外护壳组成。绞刀头和泥浆泵分别有独立的液压马达驱动，可单独工作。绞刀头起到旋转绞松泥土的作用，正常工作时为正向旋转，脱困时可以反向旋转。绞刀头的结构为类球笼形，刀齿安装在辐条上，辐条之间的开口可让泥水混合物进入刀头内。泥浆泵的吸口被设置在绞刀头内，开挖下来的泥土经过绞刀搅拌，并与泥浆混合，经由吸口进入泥浆泵内，利用叶轮旋转产生的离心力向地面泵送。

通过一套抱爪机构实现水下机器人与十字梁的连接，当抱爪收拢时，水下机器人固定在十字梁上；当抱爪张开时，机器人可从十字梁上脱离。抱爪的张开角具有较大的定位容错空间，收拢抱爪可以自动完成机器人在十字梁上的定心定位。

通过浮平台及吊车实现水下机器人的吊装。浮平台是一个漂浮在水面上的工作平台，平台上的吊机钢丝绳始终和水下机器人相连。检修时，首先用浮平台吊机将水下机器人吊起至浮平台下方，维修人员可以在浮平台上对挖掘系统箱柜做基础检修。若需大修，则用一台吊车将水下机器人连同浮平台吊至地面。

3.3 减摩注浆系统

通过注浆系统在井壁与土体之间加注减摩泥浆，起到填充间隙、减小摩擦、支撑土体的作用。泥浆为膨润土（90～150kg）、水（960L）、聚合物添加剂（2L）的混合物。沉井顶部

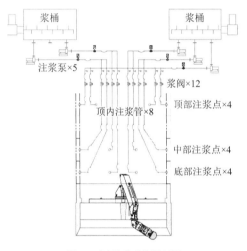

图9 减摩注浆系统原理图

环梁上设置 4 个注浆点，中部管片设置 4 个注浆点，底部管片上设置 4 个注浆点。中部管片及底部管片中每块设置 1 个预埋注浆管，在管片内侧圈固定 1 寸压浆硬管（内设单向阀），沿管片井壁每隔 50cm 设置 1 根压浆硬管，约 8 根，固定在管片上，跟随管片一道下沉。每点均分配单独管路，球阀独立控制，可以将每环的注浆量和累计注浆量进行及时反馈。

减摩泥浆套设计厚度为 50mm，充填系数取 1.2～1.5，理论加注量约为 1.65～2m³/m。下沉时向井壁四周同步加注减摩泥浆，并随沉井下沉而不断地补浆，使泥浆面始终保持在地表以下 0.1m 左右。减摩注浆系统原理见图9。

3.4 泥水输送系统

泥水输送系统用于排出工作井内泥浆，并往工作井内排入处理过的泥浆，以保持工作井内的液面与地面平衡。理论上排泥密度为 1.2t/m³，送泥密度为 1.05t/m³，固体物密度为 2.7t/m³，当开挖方量为 20m³/h 时，所需排泥流量为 220m³/h。绞吸泵选型排量和进泥泵选型排量均为 300m³/h。

通过液位反馈和进排泥流量差闭环控制来实现液位自动平衡。进泥泵变频调速控制进泥流量，液位传感器反馈实时液位，将液位波动误差控制在±50mm 范围内。

3.5 自动控制系统

控制系统是以自动化操控加可视化呈现作为设计理念，融合了控制论和数字化的部分原理，只需一人即可完成轨迹化取土的操作，大幅度减轻劳动强度。由于水下机器人长期处于水下不可视的状态，自动化控制系统须具备一键启动、可选分区自动开挖、摇杆手动操作等功能。自动开挖是根据预设机器人运动路径来实现的，须规划机器人安全工作区域，以主动避开障碍物。

为实现机器人水下开挖动作可以在地面操作室实时呈现，本项目特开发了"机＋土＋结构"共存的虚拟挖掘可视化系统，详见图10，可实现绞吸头二维轨迹与机器人三维动作可视化，以及通过对绞吸头范围的土体颗粒进行渲染以达到消影的效果。此系统还融入了机器人

碰撞检测算法，若有遭遇碰撞的可能，可提前将机器人停机。

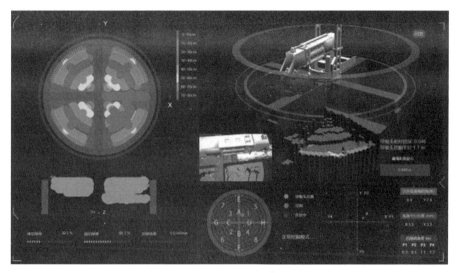

图10 虚拟挖掘可视化系统

自动化控制系统具有一套完整的分级报警体系，其中设定了报警等级以及对应报警内容，涵盖电气系统、液压系统、机器人、下沉控制装置、沉井姿态参数以及周围环境监测等。在高度自动化的工作环境中，这套报警体系可以有效提高施工安全性，降低操作人员因注意力不足导致引发的事故的风险。

3.6 环保低碳类设计考量

ACPP施工装备设计充分考虑了城市中心区域施工的环保、低碳要求，在泥水循环干化、井内液位平衡、同步注浆量控制、机器人运动路径设计等方面做了针对性设计。除此以外，液压动力系统同样融入了低碳、低噪的设计理念。通过利用电动机驱动液压泵，摒弃了采用柴油发动机驱动的设计方法，每台电机最大功率不超过55kW，设备总功率控制在154kW以内。液压动力站集成了降噪外壳，进一步控制了噪音的影响。

相较于传统沉井工法，本装备充分考虑了人力的投入，操作室内仅需1人即可完成下压和挖掘控制，场内仅需2人进行管片拼装作业，2人进行设备维保，故仅需5人即可满足全部作业需求。

4 试验验证

4.1 车间内试验

试验设备包括水下机器人、模拟刃脚环、液压动力站、控制室等。如图11所示，利用钢结构等比例模仿实际刃脚环，水下机器人安装在钢十字梁中心上。车间内试验内容主要针对机器人底座抱爪的自定心与锁紧能力，以及机器人自动挖掘1～8区与A～H区的轨迹动作执行能力。车间内试验情况如下：

（1）六自由度水下机器人拆卸和再复位试验。压紧油缸驱动抱爪夹紧十字梁中心底座，锁定后放置16h，抱爪无松动、功能良好，可实现机器人自动定心和锁紧。

（2）六自由度水下机器人示教试验。完成了梁侧全自动挖掘、梁侧可选分区自动挖掘、梁下自动挖掘等试验，机器人工作情况良好。

图 11　车间内试验现场

4.2　现场原位试验

试验设备包括水下机器人、管路卷盘、液压动力站、泥水输送系统、控制室、下沉控制系统、管片、试验基坑。如图 12 所示，为最大程度模拟实际施工工况，本次试验采用 15m 长的拉森钢板桩形成内径为 10.7m 的密闭围护结构，并在距离桩顶 3m 处浇筑宽 400mm、高 500mm 的混凝土围檩，使之与围护结构形成一个整体。通过模拟刃脚环可以给机器人提供一个稳定的水下作业环境。

图 12　现场原位试验

（1）试验主要验证：①水下机器人密封性能；②水下机器人自动挖掘取土功能；③井内液位自动平衡功能；④下沉控制系统重载下的自动控制功能。

（2）试验步骤为：①自动开挖各层（共 4 层）1～8 区，每层开挖深度为 40cm；②待四层全部自动挖掘完成后，自动开挖 A～H 区；③挖掘完成后抽水，拍摄挖掘轨迹照片，尺量施工轨迹深度和半径。

（3）试验结果如下：

①水下机器人密封性能良好，能按正常程序自动挖掘取土。

②刀头进尺量过大导致刀头抱死，排泥泵吸口插入土中排泥不畅，梁边挖掘盲区存在较大积土。

③井内液位控制良好。

④下沉控制系统工作状态良好，下沉量的控制精度≤5mm，行程同步差≤1mm。

（4）改进方案如下：

①优化挖掘程序，减少梁边盲区，减少刀头进尺，增加绞吸头脱困功能和梁边自动驻停功能。

②利用传感器采集绞刀压力，当压力上升至报警值后可实现自动停刀，待压力下降后自动复转。

5 工程应用与分析

如图 13 所示，本工法首次应用于上海轨道交通 13 号线某逃生井工程项目。逃生井外径8.7m、内径 8m，深度约 30m，管片环高 2m。地层分布自地面往下依次为①$_1$层人工填土、②$_1$层褐黄～灰黄色粉质黏土、②$_{3-1}$层灰黄～灰色黏质粉土、③层灰色淤泥质粉质黏土、④层灰色黏土、⑤$_1$层灰色黏土、⑥层黏土。

图 13 工程应用

逃生井于 2024 年 1 月 2 日开始下沉，2024 年 4 月 10 日完成终沉。施工工序分为开挖、下沉、拼装三部分，总计开挖时间约 955.75h，下沉时间约43.87h，拼装时间约 79.72h，其中开挖时间占比达到88.55%。

沉井施工效率如图 14 所示，受地层条件影响较大，②$_1$层、③层、④层、⑤$_1$层和⑥层中日平均下沉分别约 670mm、500mm、790mm、480mm 和 80mm。④层的日平均下沉量较②$_1$层和③层有所提高是因为升级了自动控制程序，减少了绞刀堵转情况。⑥层中施工效率大幅降低，主要是因为土体强度高、黏性大，绞刀开口被土堵塞，过程中降低进刀量，导致开挖效率降低。另外，在十字梁左侧面存在一个挖掘盲区，这个盲区在⑥层中产生了较大下沉阻力，导致下沉效率降低。

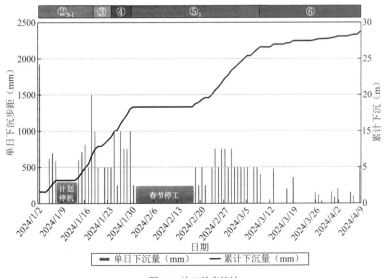

图 14 施工效率统计

下沉过程中井口四角高差不超过 2mm，四个下沉控制装置同步性能良好，周边最大地表沉降约 5mm。超声波扫描结果显示井壁几乎无偏斜，垂直度约 0.65‰，如图 15 所示。沉井装备初次使用整体效果满足工程需求。

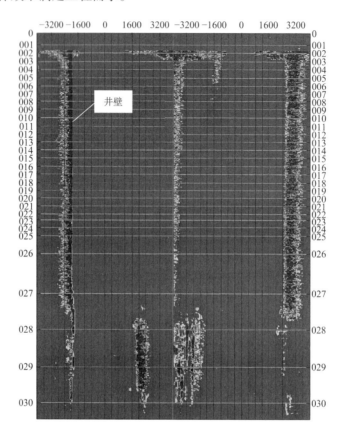

图 15　井内壁超声扫描

6　结论

本文从下沉控制原理、沉井装备研制、试验验证、工程应用等多个方面对主动控制型装配式机械化沉井工法进行阐述，得出以下结论：

（1）本装备实现了水下自动化开挖和沉井结构高精度下沉，过程中井身姿态良好、周边最大沉降小、施工噪音低，在城市中心区域软土地层展现了极佳的适应性。

（2）后续应着重提升开挖效率、减少开挖盲区，如实行多机器人协同挖掘、提升刀头设计扭矩、增加高压水冲洗点位和流量、优化自动控制程序等方法，将日下沉量能力提升至每天 2m。

（3）未来该装备和工法可拓展应用至大直径圆井、双圆井或类矩形井，为城市中心区域各类竖井建设提供更安全、更环保、更高效的解决方案。

参 考 文 献

[1]　李新明. 大型沉井施工技术研究[J]. 施工技术, 2014, 43(7): 59-62.

[2] 胡长明, 李根, 刘学兵, 等. 沉井施工在实际工程中的应用与问题分析[J]. 施工技术, 2008, 37(9): 38-46.

[3] 孙凯, 孙磊, 李兆吉, 等. 黄土地区大型沉井施工突沉及偏沉行为分析[J]. 施工技术 (中英文), 2023, 52(4): 1-4.

[4] 徐光亿, 肖威, 赵飞, 等. 一种沉井潜入式竖井掘进机结构设计与研究[J]. 隧道建设 (中英文), 2022, 42(1): 145-153.

[5] 董奇峰, 纪晓宇, 刘修成, 等. 沉井基础取土作业机器人设计与研究[J]. 机床与液压, 2023, 51(23): 52-58.

[6] 赵飞, 徐光亿, 吕旦. 沉井掘进机关键技术研究与试验[J]. 隧道建设 (中英文), 2023, 43 (增刊 2): 578-586.

[7] 姜弘, 包鹤立, 林咏梅. 装配式竖井设计与施工技术应用研究: 以南京某沉井式地下车库项目为例[J]. 隧道建设 (中英文), 2022, 42(3): 463-470.

[8] 张振光, 徐杰, 汪盛, 等. 富水地层超深装配式竖井水下机械法掘进施工技术: 以南京某沉井式停车设施建设项目为例[J]. 隧道建设 (中英文), 2022, 42(3): 492-500.

[9] 翟之阳, 聂东清, 张毅, 等. 下沉式竖井掘进工法在软土地区的应用研究[J]. 地基处理, 2024, 6(2): 201-207.

[10] 闫富有, 时刚. 沉井下沉过程刃脚的极限土阻力分析[J]. 岩土力学, 2013, 34(S1): 80-87.

[11] 穆保岗, 王岩, 朱建民, 等. 大型沉井实测下沉阻力分析[J]. 土木建筑与环境工程, 2012, 34(S1): 107-115.

[12] 王红霞, 王德禹. 大型沉井结构施工力学模型的研究[J]. 力学季刊, 2003, 24(1): 68-74.

[13] ZHU Y T, ZHU Y F, CHEN E J, et al. Synchronous shield tunnelling technology combining advancement and segment fabrication: principle, verification and application[J]. Underground Space, 2023, 13: 23-47.

盾构机滚刀破岩与磨损研究引述

钱振宇[1] 李 鑫[2] 龚 杰[1] 张 健[3] 吉 任[1]

（1. 中交路桥建设有限公司 北京 100027；2. 中国交通建设股份有限公司轨道交通分公司 北京 101300；
3. 山东科技大学交通学院 山东青岛 266590）

摘 要：滚刀作为盾构机掘进过程中的关键部件，其破岩效率和磨损状态直接影响盾构机的掘进速度和工程成本。本文针对盾构机滚刀破岩与磨损研究进行综述。对盾构机滚刀破岩的相关研究进展进行了归纳和总结，包括滚刀受力分析研究、滚刀破岩影响因素研究及不同刀齿或刀间距滚刀破岩研究；综述了盾构机滚刀磨损和预测的主要进展；对盾构机滚刀破岩和磨损未来可能的研究方向进行了展望。

关键词：盾构机；滚刀；破岩；磨损

1 引言

盾构机作为一种用于地下隧道开挖的重要工程机械设备，具有安全、高效、环保等典型优势，在地铁隧道等工程建设中发挥着关键作用。滚刀作为盾构施工过程中的重要部件，其破岩效率与磨损状态将直接影响盾构机的掘进效率、施工安全与成本。盾构机在岩石地层中通过滚刀的旋转和推进对岩石进行破碎和剥离实现破岩。滚刀在破岩过程中会同时受到岩石的反作用力、摩擦力以及冲击等因素的影响，决定了滚刀的破岩效率和寿命。滚刀的破岩效率一般会随着磨损量的增加而逐渐降低，严重时会导致滚刀失效。然而，更换滚刀不仅会增加成本，还会影响施工进度。本文通过对滚刀磨损机理的深入研究，获得滚刀磨损的规律和影响因素，可以为滚刀设计和制造提供指导。

近年来，国内外学者对盾构机滚刀破岩与磨损开展了广泛研究。在滚刀破岩方面，学者们通过理论分析、数值模拟和试验研究等手段，深入探讨和分析了滚刀的破岩机理、破岩效率和相关影响因素。在滚刀磨损方面，学者们对滚刀的磨损机理、磨损规律和影响因素等开展了一系列研究。

目前，尽管学者们对滚刀破岩和磨损开展了不少研究，然而，由于滚刀与岩石复杂的相互作用以及工况的千差万别，滚刀破岩与磨损研究仍存在一些问题和挑战。本文对盾构机滚刀破岩与磨损进行综述。首先，对盾构机滚刀破岩的相关理论、方法和影响因素进行归纳和总结；其次，对盾构机滚刀磨损的机理、规律和影响因素进行总结和分析；最后，对盾构机滚刀破岩和磨损今后的研究内容和方向进行了展望。

2 盾构机滚刀破岩研究

盾构机滚刀进行破岩时，岩石在滚刀作用下首先发生弹塑性变形。随着应力的增加岩石内部产生微裂纹，微裂纹在滚刀作用下继续扩展形成宏观裂纹。学者们采用理论分析、数值

作者简介：钱振宇（1985—），男，大学专科，工程师，目前主要从事城市轨道交通施工与管理工作。电子邮箱：1450874914@qq.com。

模拟和试验测试等对滚刀破岩过程研究。理论分析主要利用力学原理对滚刀破岩过程进行分析，揭示破岩过程中的力学机制。数值模拟主要包括有限元、离散元、近场动力学等方法。试验测试主要是开发试验平台进行室内试验或开展现场测试。滚刀破岩研究可归纳为滚刀受力分析研究、滚刀破岩影响因素研究、滚刀不同刀齿或刀间距破岩研究等。

2.1 滚刀受力分析研究

目前滚刀受力分析应用最广泛的模型为科罗拉多矿业学院提出的 CSM 模型。刘泉声等基于滚刀与岩石之间的应力分布假定，推导了滚刀法向力与滚动力计算公式。刁瑞根据滚刀运动规律提出滚刀接触应力和破岩力的计算公式。孙伟等提出一种基于密实核理论的滚刀受力预测模型。

数值模拟方面，赵晓旭和巩亚东将有限元和光滑粒子流体动力学相耦合，开展了滚刀与岩石接触区受力分析。葛开源等推导出软硬交界处时间历程荷载表达式，对滚刀所受冲击荷载进行了研究。谭青等研究了滚刀在破岩过程中刀刃的应力分布，如图1所示。

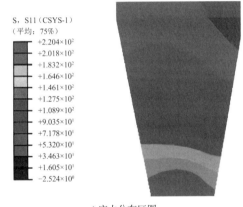

a) 应力分布区图

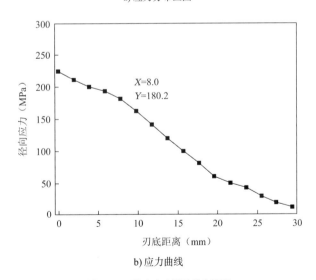

b) 应力曲线

图 1　刀刃径向应力沿的分布情况

试验监测方面，王少华等提出在 C 形衬垫中嵌入应变片来实现滚刀荷载实时监测的方法。孙振川等研发了滚刀荷载监测试验平台，可用于破岩荷载监测。贾连辉等将 C 形块制作为荷载传感器，开发了一套滚刀荷载监测系统。

2.2 滚刀破岩影响因素研究

学者们开展了围压或侧压对滚刀破岩性能的影响研究。冀国栋等将有限元和光滑粒子流体动力学方法相结合，研究了滚刀不同贯入度对破岩的影响。翟淑芳等采用特征粒径理论分析岩渣数据并可确定最优贯入度。贺飞等采用试验平台研究了滚刀刀宽对破岩性能的影响。WANG 等采用 RFPA 软件模拟了静载和动载作用下的破岩过程及机理。

王立川等将有限元和光滑粒子流体动力学相结合，研究了滚刀切割花岗岩和灰岩的破岩特性。周鹏和孙健研究了不同岩石特性对滚刀破岩性能的影响。翟淑芳等采用广义粒子动力学方法研究了围压和节理对破岩特性的影响，如图 2 所示。王滨和李尧通过破岩试验分析了贯入度、切缝间距和角度对破岩的影响。龚秋明等基于离散元研究了节理间距对破岩的影响。破岩效率评价方面，闫长斌等提出以新表面理论为破岩指标可以较好地表征破岩效率。乔世范等基于比能耗理论建立了滚刀破岩效率预测模型。王述红等提出一种将岩石破碎体积作为指标的破岩效率评价方法。

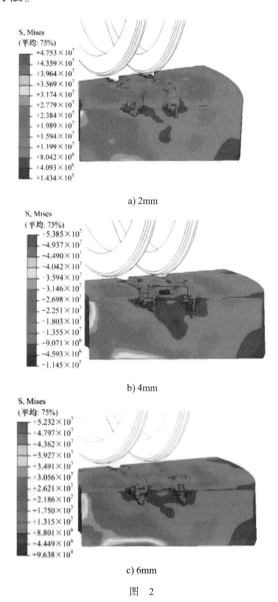

a) 2mm

b) 4mm

c) 6mm

图 2

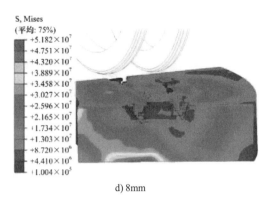

d) 8mm

图 2　滚刀在不同贯入度下的应力分布

2.3　滚刀不同刀齿或刀间距破岩研究

刘毅等对镶齿滚刀不同齿形的破岩效率进行了研究，发现镐齿滚刀对硬岩具有高破岩效率。陈辰等对比研究了扁齿和球齿两种滚刀的破岩特性。龚秋明等基于破岩试验平台测试了几种不同刃型滚刀在破岩时裂纹的扩展和刀具的受力情况。邓雨等采用有限元对比研究了三种不同刃型滚刀的破岩性能。张蒙祺等通过离散元数值模拟和试验，对比研究了平头和圆弧滚刀在不同岩石强度和围压下的破岩特性，发现圆弧滚刀对高强度岩石破岩性能更强，如图 3 所示。

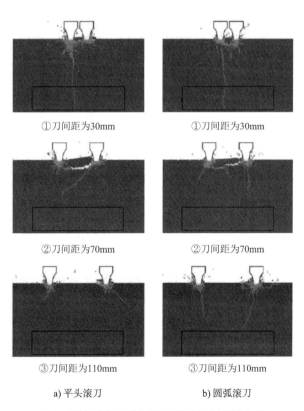

① 刀间距为30mm　　　　　① 刀间距为30mm

② 刀间距为70mm　　　　　② 刀间距为70mm

③ 刀间距为110mm　　　　　③ 刀间距为110mm

a) 平头滚刀　　　　　b) 圆弧滚刀

图 3　不同刀间距下平头和圆弧滚刀岩石内裂纹分布

张珂等采用有限元模拟了不同贯入度下双刃滚刀的破岩过程。温森等采用颗粒离散元数值方法研究了复合岩层中不同围压下双滚刀的破岩特性。刘亚迪等通过有限元模型分析了滚刀布置对其破岩性能的影响，发现刀间距和安装极角差对破岩影响显著。耿麒等将有限元和光滑粒子流体力学相结合，研究了刀间距对破岩特性的影响。蒋明镜等采用离散元研究了不同滚刀数目下简单复合岩体的破碎特性，结果显示滚刀数量对破岩效率有显著影响。曹平等试验研究了岩石节理和间距对双刃滚刀破岩特性的影响。CHO 等通过数值模拟给出了最优刀间距设置。研究发现，间距过大会出现"岩脊"现象，间距过小则会出现"小碎石"现象，降低破岩效率。

3 盾构机滚刀磨损和预测研究

3.1 滚刀磨损影响因素研究

滚刀磨损主要受岩石性质、掘进参数、滚刀材料等因素的影响。方应冉等采用离散元研究了滚刀在滑移状态下的磨损情况，发现滑移率增加会引起滚动力明显增大，如图 4 所示。刘征等采用复合磨蚀试验平台开展了掘进参数对滚刀磨损影响的研究。段文军等对比了圆顶和平顶两种类型滚刀在破岩过程中的磨损特性和相关机理。张九龙等采用有限元研究了影响滚刀磨损的主要因素并给出了滚刀的设计要点。REN 等基于应力分析和摩擦能提出一个滚刀磨损预测模型，并验证了模型的有效性。WANG 等根据能量磨损理论提出了一种预测刀盘磨损的方法。

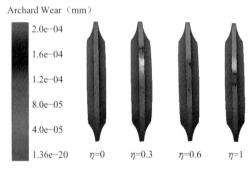

图 4 不同滑移率时的磨损云图

3.2 滚刀磨损预测

张厚美通过理论分析研究了滚刀磨损与其滑动距离之间的关系。谭青等基于刀具运动学以及摩擦学建立了滚刀磨损预测模型。孙宝杰等基于 CSM 模型和摩擦学获得了滚刀磨损量计算公式。单义为等基于回归分析方法建立了滚刀磨损量与掘进参数关系的预测公式。佘磊等基于滚刀破岩的应力状态和密实核理论推导出滚刀磨损模型，并通过实测数据验证了其有效性。陈玉坤等基于磨粒磨损和滚刀受力模型建立了滚刀径向磨损与贯入度、转速之间的关系，并利用神经网络建立了滚刀磨损预测模型。谭青等推导获得了盘形滚刀的磨损速率计算公式。杨延栋等采用滚刀磨损能量和磨损理论建立了滚刀磨损量预测模型。

4 结语

盾构机滚刀作为地下掘进工程中的关键部件，其破岩效率与磨损状态直接关系到盾构机的整体性能与施工成本。在滚刀破岩方面，研究者们通过多种手段揭示了滚刀破岩的力学原理与过程。滚刀的尺寸、形状、材料、转速、推进力以及安装角度等因素均对破岩效果产生重要影响。在滚刀磨损方面，学者们研究了滚刀磨损的机理、规律和影响因素。

尽管盾构机滚刀破岩与磨损研究已经取得了显著成果，但仍存在一些问题和挑战，需要进一步研究。首先，需要对滚刀与岩石相互作用进行深入研究。滚刀在破岩过程中会受到多种复杂力的作用，这些力的分布和变化对滚刀破岩和磨损有重要影响。其次，需要加强对滚刀磨损预测的研究，未来可结合机器学习开展滚刀磨损预测模型研究。最后，需要加强跨学科的合作与交流。滚刀破岩与磨损研究涉及多学科，需加强学科合作与交流，共同推动滚刀破岩与磨损研究的深入发展。

参 考 文 献

[1] 梁正召, 王岩, 廖志毅, 等. 刀具破岩机制研究现状及发展趋势[J]. 水利水电科技进展, 2014, 34(2): 85-94.

[2] 闵凡路, 柏煜新, 刘来仓,等. 盾构刀具切削研究进展及非正常磨损实例分析[J]. 中国公路学报, 2018, 31(10): 47-58.

[3] 邓雨, 张蒙祺, 莫继良, 等. 复合地层中不同刃形滚刀与岩石接触行为研究. 表面技术[J], 2023, 52(8): 329-339.

[4] 刘亚迪, 齐文聪, 刘浩飞, 等. 多滚刀协同破岩过程数值模拟与滚刀布置规律研究[J]. 煤炭科学技术, 2023, 51(5): 232-244.

[5] 张珂, 李亮, 王贺, 等. 基于 ABAQUS 的滚刀破岩参数对滚动力及比能的影响[J]. 沈阳建筑大学学报 (自然科学版), 2017, 33(5): 914-922.

[6] 邹久群, 张金松, 庞建勇. 基于离散元法的镶齿冲击与切削破岩效果数值分析研究[J]. 振动与冲击, 2022, 41(22): 173-183.

[7] 蒋明镜, 孙亚, 王华宁, 等. 全断面隧道掘进机破岩机理离散元分析[J]. 同济大学学报 (自然科学版) , 2016, 44(7): 1038-1044.

[8] 杨圣奇, 黄彦华. TBM 滚刀破岩过程及细观机理颗粒流模拟. 煤炭学报[J], 2015, 40(6): 1235-1244.

[9] 薛亚东, 周杰, 赵丰, 等. 基于 MatDEM 的 TBM 滚刀破岩机理研究[J]. 岩土力学, 2020, 41(S1): 337-346.

[10] 朱建才, 尚肖楠, 刘福深, 等. 盾构滚刀破岩的近场动力学模拟简述[J]. 地下空间与工程学报, 2023, 19(S1): 87-96.

[11] 冀国栋, 付柏毅, 章慧健, 等. TBM 滚刀贯入度对破岩效能的影响规律研究[J]. 铁道科学与工程学报, 2023, 20(12): 4755-4768.

[12] 韩伟锋, 孙振川, 王雅文, 等. 隧道掘进破岩试验机结构设计及仿真[J]. 隧道建设 (中英文) , 2020, 40(S1): 413-418.

[13] 王贺, 吴玉厚, 孙健, 等. TBM 滚刀破岩试验台设计与分析[J]. 沈阳建筑大学学报 (自然科学版) , 2017, 33(4): 713-721.

[14] 刘泉声, 时凯, 朱元广, 等. TBM 盘形滚刀破岩力计算模型研究. 煤炭学报[J], 2013, 38(7): 1136-1142.

[15] 刁瑞. TBM 盘形滚刀破岩力计算模型分析[J]. 煤炭技术, 2015, 34(5): 252-254.

[16] 孙伟, 张旭, 赵奎山. 基于密实核理论的单滚刀多阶段受力预测模型. 机械设计与制造 [J], 2015(6): 9-12.

[17] 赵晓旭, 巩亚东. TBM 盘形滚刀破岩接触区受力分布[J]. 中国工程机械学报, 2015, 13(2): 168-172.

[18] 葛开源, 王媛, 黄景琦, 等. 软硬复合地层中盘形滚刀冲击载荷预测及影响因素分析[J]. 工具技术, 2023, 57(9): 122-128.

[19] 谭青, 史余鹏, 曾桂英, 等. TBM 盘形滚刀破岩刀刃应力分布研究[J]. 铁道科学与工程 学报, 2017, 14(8): 1743-1751.

[20] 王少华, 刘泉声, 黄兴, 等. TBM 掘进中滚刀受力实时监测方法研究[J]. 隧道建设 (中 英文), 2019, 39(2): 309-316.

[21] 孙振川, 陈雪峰, 杨延栋. 滚刀载荷监测及刀盘载荷分布规律试验研究[J]. 科学技术与 工程, 2021, 21(26): 11383-11388.

[22] 贾连辉, 魏晓龙, 李新伟, 等. 盾构滚刀载荷实时监测技术研究及应用[J]. 建筑机械, 2023(3): 86-91, 6.

[23] 彭琦. 围压对 TBM 滚刀破岩影响机制研究[J]. 岩石力学与工程学报, 2014, 33(S1): 2743-2749.

[24] 刘京铄, 曹平, 范金星, 等. 不同双向侧压作用下 TBM 滚刀侵入破岩特征及效率研究[J]. 岩土力学, 2017, 38(6): 1541-1549.

[25] 马洪素, 龚秋明, 王驹, 等. 围压对 TBM 滚刀破岩影响规律的线性切割试验研究[J]. 岩 石力学与工程学报, 2016, 35(2): 346-355.

[26] 翟淑芳, 杜红坤, 岳奇超, 等. 基于特征粒径的盘形滚刀破岩最优贯入度分析. 现代隧 道技术, 2023, 60(4): 147-152,162.

[27] 贺飞, 田彦朝, 尚勇, 等. 全尺度 TBM 滚刀线性切削花岗岩试验研究[J]. 隧道建设 (中 英文), 2018, 38(12): 2063-2070.

[28] WANG S Y, SLOAN S W, LIU H Y, et al. Numerical simulation of the rock fragmentation process induced by two drill bits subjected to static and dynamic (impact) loading[J]. Rock Mechanics and Rock Engineering, 2011, 44(3): 317-332.

[29] 王立川, 付柏毅, 章慧健, 等. TBM 滚刀切削花岗岩和灰岩的力学响应差异[J]. 现代隧 道技术, 2023, 60(3): 81-89.

[30] 周鹏, 孙健. 岩石特性对掘进机破岩的影响[J]. 沈阳建筑大学学报 (自然科学版), 2014, 30(1): 159-163.

[31] 翟淑芳, 周小平, 毕靖. TBM 滚刀破岩的广义粒子动力学数值模拟[J]. 岩土力学, 2018, 39(7): 2699-2707.

[32] 王滨, 李尧. 不同间距和倾角的岩石节理对 TBM 滚刀破岩的影响[J]. 科学技术与工程, 2022, 22(29): 13066-13074.

[33] GONG Q M, JIAO Y Y, ZHAO J. Numerical modelling of the effects of joint spacing on rock

fragmentation by TBM cutters[J]. Tunnelling and Underground Space Technology, 2006(1): 46-55,21.

[34] 闫长斌, 李高留, 陈健, 等. 基于新表面理论的 TBM 破岩效率评价指标[J]. 岩土力学, 2023, 44(4): 1153-1164.

[35] 乔世范, 王超, 刘红中, 等. 硬质岩层中TBM滚刀破岩效率预测模型研究[J]. 武汉大学学报 (工学版), 2021, 54(12): 1094-1102.

[36] 王述红, 王存根, 赵贺兴, 等. 基于岩石破碎体积的滚刀效率评估模型[J]. 东北大学学报 (自然科学版), 2016, 37(4): 554-557,562.

[37] 刘毅, 曹殿彬, 崔建波, 等. 硬岩地质下镶齿滚刀齿形对破岩性能影响研究. 中国测试 [J]. 2024, 50(3): 62-68,102.

[38] 陈辰, 郭宏海, 傅杰, 等. 盾构机扁齿型和球齿型镶齿滚刀破岩性能对比研究[J]. 人民长江: 1-8.

[39] 龚秋明, 吴帆, 马帅, 等. 刃型参数对滚刀破岩影响的线性切割试验[J]. 中南大学学报 (自然科学版), 2023, 54(3): 1098-1108.

[40] 张蒙祺, 王一博, 章龙管, 等. 不同岩石和围压下刃形对滚刀破岩性能的影响[J]. 西南交通大学学报, 2023, 58(2): 332-339.

[41] 温森, 高萌萌. 围压作用下复合岩层滚刀破岩效率数值模拟[J]. 中国科技论文, 2018, 13(19): 2195-2202.

[42] 耿麒, 张俊杰, 汪珂, 等. 基于 FEM-SPH 耦合的 TBM 滚刀切削仿真与试验研究[J]. 山东大学学报 (工学版), 2022, 52(1): 93-102.

[43] 蒋明镜, 傅程, 王华宁, 等. 简单复合岩体中TBM多滚刀破岩机理离散元分析[J]. 土木工程学报, 2019, 52(S1): 120-126.

[44] 曹平, 林奇斌, 李凯辉, 等. 节理倾角和间距对 TBM 双刃盘形滚刀破岩效率的影响[J]. 中南大学学报 (自然科学版), 2017, 48(5): 1293-1299.

[45] CHO J W, JEON S, YU S H, et al. Optimum spacing of TBM disc cutters: a numerical simulation using the three-dimensional dynamic fracturing method[J]. Tunnelling and Underground Space Technology, 2010, 25(3): 230-244.

[46] 方应冉, 李兴高, 刘泓志, 等. 滚刀滑移状态下的受力与磨损仿真分析[J]. 哈尔滨工业大学学报, 2024, 56(5): 93-102.

[47] 刘征, 尤晓波, 魏民, 等. 基于复合磨蚀试验平台的TBM滚刀磨损影响因素研究[J]. 铁道标准设计: 1-10.

[48] 段文军, 张蒙祺, 勾斌, 等. 刃形对硬岩地层中TBM滚刀磨损行为的影响研究[J]. 摩擦学学报, 2023, 43(7): 738-749.

[49] 张九龙. 盾构机盘形滚刀磨损影响因素及优化设计要点分析[J]. 工程机械与维修, 2022(5): 64-66.

[50] REN D J, SHEN S L, ARULRAJAH A, et al. Prediction model of TBM disc cutter wear during tunnelling in heterogeneous ground[J]. Rock Mechanics and Rock Engineering, 2018, 51(11):

3599-3611.

[51] WANG L H, KANG Y L, ZHAO X J, et al. Disc cutter wear prediction for a hard rock TBM cutterhead based on energy analysis[J]. Tunnelling and Underground Space Technology, 2015, 50: 324-333.

[52] 张厚美. TBM 盘形滚刀磨损与滚刀滑动距离关系研究[J]. 隧道建设, 2017, 37(3): 369-374.

[53] 谭青, 孙鑫健, 夏毅敏, 等. TBM 盘形滚刀磨损预测模型[J]. 中南大学学报 (自然科学版), 2017, 48(1): 54-60.

[54] 孙宝杰, 王旭春, 曹希奎, 等. 基于摩擦理论的滚刀磨损预测模型研究[J]. 低温建筑技术, 2023, 45(2): 130-134.

[55] 单义为, 江玉生, 邵小康, 等. 硬岩地层盾构正面滚刀磨损规律与预测模型. 铁道标准设计[J], 2023, 67(12): 136-142.

[56] 佘磊, 张社荣, 和孙文, 等. 基于密实核理论的 TBM 盘形滚刀磨损预测模型研究[J]. 岩土工程学报, 2022, 44(5): 970-978.

[57] 陈玉坤, 管会生, 周磊, 等. 基于BP神经网络的盘形滚刀磨损预测研究[J]. 现代隧道技术, 2021, 58(5): 78-84.

[58] 谭青, 谢吕坚, 夏毅敏, 等. TBM 盘形滚刀磨损速率研究[J]. 中南大学学报 (自然科学版), 2015, 46(3): 843-848.

[59] 杨延栋, 陈馈, 张兵, 等. 基于宏观能量理论与微观磨损机制的滚刀磨损量预测[J]. 隧道建设, 2015, 35(12): 1356-1360.

盾构机刀具材料分析与性能研究简述

冯　燕　李　伟　于　汝　甘信伟　栾守成

（济南重工股份有限公司　济南　250109）

摘　要：盾构机是一种用于地下隧道建设的工程设备，其中刀盘结构是其关键部件之一，刀具是盾构开挖掘进的前提和保证。在地铁项目中，由于区间隧道地质条件复杂，要求刀具应具备良好的耐磨损、耐冲击性能；并且盾构机的工作效率、稳定性及安全性都与刀具的材料与性能有关。所以，对盾构机刀具材料及性能的研究具有十分重要的意义。本文对提升盾构机刀具性能的方法进行了分析研究，可以为今后盾构机刀具材料选择及其性能分析提供借鉴。

关键词：盾构机；刀具；材料与性能

1　引言

随着国民经济水平的不断提高，人们对交通运输的要求越来越高，从而使得人们对地下空间的利用也越来越多样化。盾构机是一种专用于隧道掘进的工程机械，其组成主要包括盾壳、刀盘及刀具、刀盘驱动、推进系统、管片拼装机、排土机构、后配套装置、电气系统和辅助设备等部分。盾构机是目前土质或以土质为主隧道（洞）工程施工的优选设备，广泛应用于城市交通及运输工程的隧道（洞）施工。盾构机的结构相对复杂，但其自动化程度以及可靠性都非常高。由于盾构机的制造需满足特定地质及工况要求，所以，盾构机关键部件的设计及制造质量至关重要。

刀盘结构安装在盾构机的最前端，属于钢结构焊接件，是切削刀具安装的载体，刀盘及刀具作为盾构机开挖掘进的重要系统，其性能和寿命制约着整个施工过程的掘进效率和成本。在盾构施工过程中，作业条件复杂恶劣，刀盘刀具在掘进过程中会遇到不同的地质，如黏土、砂土、淤泥、卵砾石等多种地质条件的土层，从而对刀盘及刀具提出了严苛要求，尤其要求刀具具有较好的冲击韧性及耐磨性。盾构机在施工过程中，刀具与岩土之间的剧烈摩擦会使刀具处在持续高温状态，所以刀具也应具备较好的热稳定性，以此来减轻刀具的损坏。

2　刀具材料选择

制作刀具的材料应兼具一定的强度、硬度和耐磨性。目前，常用的材料有合金钢、高速钢及复合材料等。

硬质合金的力学性能较为优异，强度和硬度比钢铁要高，且耐磨性更好。虽然其冲击韧性较低，但可以通过某些添加剂来改善。如孙化鑫等采用粗晶粒 WC-co 硬质合金，加入 Ni 为黏结相的混合材料，制备出来的硬质合金盾构机刀具具备良好的机械性能，抗压

作者简介：冯燕（1997—），女，硕士研究生，技术员，目前主要从事全断面隧道掘进设备的研发设计工作。电子邮箱：15865318320@163.com。

强度可达 6000MPa，耐热性及导热性好，能承受较高的切削温度。Ni 的添加可以明显提高硬质合金的腐蚀性能，使刀具具备较长的使用寿命，提高刀具的切削速度和钻进速度，从而使盾构掘进效率得到显著提高。图 1 为传统硬质合金与其他硬质材料硬度/耐磨性-韧性性能分布图。

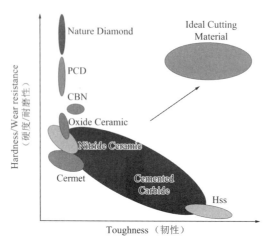

图 1　几种硬质材料硬度/耐磨性-韧性性能分布图

Nature Diamond-天然金刚石；PCD-聚晶金刚石（Polycrystalline Cubic Diamond）；CBN-立方氮化硼，是一种硬质材料
（Cubic Boron Nitride）；Oxide Ceramic-氧化物陶瓷；Nitride Ceramic-氮化物陶瓷；Cermet-金属陶瓷；
Cemented Carbide-硬质合金；Ideal Cutting Material-理想的切割材料；HSS-高速钢（High-Speed Steel）

在选择材料时，还应兼顾刀具的工作条件、切削力、切削速度等因素，以确保刀具能长时间且高效的工作，同时具有良好的性能表现。

复合材料是一种根据环境及材料性能需要进行设计的材料，由两种或两种以上材料复合而成，包括基体材料及增强材料。基体材料和增强材料可以按需选择，以此来获得所需性能，提高刀具的使用寿命，降低盾构施工成本。用铁基复合材料制作的刀具硬度可达 60HRC，刀具表面耐磨性较传统钢铁材料提高 10 倍，同时，铁基复合材料的耐高温性能和抗疲劳性能均优于相应的铸铁材料。

刀具的刀刃一般选择耐磨性好、硬度高的烧结硬质合金，但烧结硬质合金的冲击韧性较差。为满足性能要求，刀体材料一般选择中低碳钢，因为中低碳钢的韧性好且强度高。但中低碳钢存在耐磨性和硬度较差的缺点。由于刀刃钎焊在刀体上，耐磨性差会导致刀刃合金块脱落刀体。所以，要想提高刀具的使用寿命，就要通过一定的方法来提高刀刃的韧性和刀体的耐磨性。

3　材料处理

3.1　优化刀具材料化学成分

刀具材料的化学成分是影响刀具耐磨性的重要因素，在保证碳含量的基础上，可以添加一定量的铬、钼、矾、硅等第二相形成元素，以此来增加沉淀析出相的数量，形成细而分散的共格、半共格硬质点。同时，元素的含量、形态和分布也是影响材料耐磨性的重要因素，可以通过适当的调整来提高刀具材料的耐磨性。除此之外，改善材料耐磨性的方法还有，在金属材料的制备阶段加强冶炼的精炼，使得金属材料的纯净度和均质性得以提高，杂质减少，从而降低碳化物、氧化物、硅酸盐等夹杂物对耐磨性的负面影响。

3.2 热处理工艺

为了提高刀具的材料性能，还可以采用热处理、表面处理等多种处理技术。热处理可以调控材料的组织结构，将马氏体调整为贝氏体。由于贝氏体中含有更多的残留奥氏体，且贝氏体中的铁素体有较高的固熔碳含量，板条较细小，组织中碳化物分布均匀，所以在硬度相同的情况下，等温转变下贝氏体的耐磨性远高于回火马氏体。

张鹏选取 KX6465 钢作为滚刀刀圈材料，利用 JMatePro 软件确定的最终热处理工艺为：首先进行 870℃ × 3h 和 730℃ × 2h 完全退火后，在 1150℃温度条件下保温 1h，然后进行油冷，最后在 550℃温度条件下保温 2h 后进行回火处理。热处理后 KX6465 钢的硬度为 61HRC，冲击吸收功为 8.3J/cm²，抗拉强度为 1064MPa。针对耐磨性张鹏还发现：在高荷载情况下，刀具磨损严重；但在水环境下，由于水的润滑作用，能够有效降低材料的磨损。最后将生产的刀具应用到实际施工过程中，发现 KX6465 滚刀刀圈具有优异的耐磨性能，能够满足硬岩地层的掘进要求。

王天宋对小松盾构机滚刀刀圈进行了试验，分析了其力学性能及微观组织演变，发现刀圈材料芯部和刃部的强度、韧性以及残余应力等均存在显著差异。造成这种差异的原因可能是热处理工艺的不同，刀圈材料芯部和刃部的主要组织为针状马氏体、少量的残余奥氏体以及呈带状分布的碳化物，刃部材料的碳化物含量相较于芯部少，且由于刃部材料的韧性较低，在荷载过高的情况下，刃部容易发生断裂。所以为保证刀具的使用寿命，应在满足破岩要求的前提下适当降低材料的硬度。

由于零部件的磨损和腐蚀是从表面开始的，所以应对刀体和刀刃表面进行表面处理，使其形成一层保护性涂层，以提高刀体的耐磨性和耐腐蚀性，以及刀刃的冲击韧性。张志恒利用激光和水射流相结合的技术对盾构机刀具材料进行表面热处理，如图 2 所示，并且对热处理过程中的系统关键参数进行了优化。这种方法工艺简单且热处理速度更快，能够在很大程度上提升刀具的表面硬度和耐磨性，可延长刀具的使用寿命、减少换刀次数。

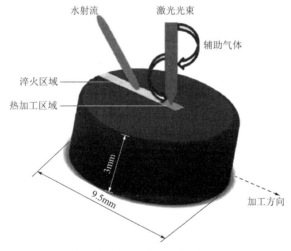

图 2　激光水射流热处理试验示意图

4 其他提高刀具性能的方法

除了优化材料化学成分以及热处理工艺，提高刀具性能的方法还有很多。如昝志华在确定了刀具性能低是影响其使用刀具寿命的主要原因后，制定了两种优化方案。方案 1：将原滚刀刀圈硬度从原来的 54HRC 提高到 60HRC，刀圈刃宽度从原来的 21mm 提高到 23mm，刀圈直径从原来的 432mm 提高到 435mm；同时将原铲刀刀身厚度从原来的 28mm 提高到 40mm，并在铲刀表面加焊耐磨条。方案2:将原滚刀刀圈硬度从原来的 54HRC 提高到 63HRC，刀圈刃宽度从原来的 21mm 提高到 25mm，刀圈直径从原来的 432mm 提高到 438mm；同时，将原铲刀刀身厚度从原来的 28mm 提高到 50mm，并在铲刀表面加焊耐磨条。提升刀具性能前后盾构机各类刀具使用情况见表1。

提升刀具性能前后盾构机各类刀具使用情况统计 表1

类别	相关因素	进尺（m）	更换单刃滚刀数量（把）		更换双刃滚刀数量（把）		更换铲刀数量（把）		换刀影响时（h）	
			总计	每延米	总计	每延米	总计	每延米	总计	每延米
性能提升前	工艺参数不变	85	17	5.0	31	2.74	34	2.5	117	3.39
性能提升后	方案1	345	33	10.5	47	7.34	34	10.1	145	8.55
性能提升后	方案2	211	19	11.1	21	10.05	9	23.4	63	11.70

类别	相关因素	进尺（m）	更换铲刀数量（把）		换刀影响时间（h）		换刀成本（万元）		刀具使用寿命指数
			总计	每延米	总计	每延米	总计	每延米	
性能提升前	工艺参数不变	85	34	2.5	117	3.39	76.3	0.8976	3.39
性能提升后	方案1	345	34	10.1	145	8.55	128.2	0.3716	8.55
性能提升后	方案2	211	9	23.4	63	11.70	64.1	0.3038	11.70

通过表1可以看出，实施上述两种方案后，刀具的使用寿命不断提高，并且性能提升幅度大的方案2，其换刀频率明显减少，缩短了换刀影响时间，大幅提高了盾构掘进效率，并且通过提高刀具性能进而节省了刀具成本，由此创造了巨大的经济效益。

5 结语

刀具作为盾构机开挖掘进的关键部件也是主要易损部件之一，刀具材料性能决定其使用寿命及盾构掘进效率。为满足施工过程中复杂的工况和地质条件，刀具应具备较高的强度和硬度，以及良好的耐磨性和冲击韧性。提升刀具材料性能的方法有以下几种：

（1）选择合适的刀具材料。常见的刀具材料有合金钢、高速钢、硬质合金、铁基复合材料和超硬材料等。

（2）优化刀具材料化学成分。通过添加第二相元素来提高刀具耐磨性。

（3）选择合适的材料处理方法。热处理可以调控材料组织结构，提升刀具材料的抗拉强度、硬度及韧性；表面处理能使刀具表面形成一层保护性涂层，以提高刀体的耐磨性和耐腐蚀性和刀刃的冲击韧性。

（4）改变刀具尺寸。在一定程度上增加刀圈刃宽、刀圈直径、刀身厚度能提升材料性能，延长刀具的使用寿命，并且能大幅提高盾构机的掘进效率。

参 考 文 献

[1] 时启航，武海亮，郭蕊. 国内外盾构机刀盘及刀具研究现状[J]. 现代制造技术与装备，2022, 58(8): 34-36.

[2] 黄丙庆. 盾构机刀盘设计参数的适应性研究[D]. 天津: 天津大学, 2009.

[3] 卢庆亮, 许京伟, 于普涟. 济南地铁隧道复合地层盾构施工选型与对策[J]. 现代制造技术与装备, 2017(11): 171-173.

[4] 孙化鑫. 泉域复杂条件下盾构机刀具材料研究及应用[D]. 济南: 山东建筑大学, 2022.

[5] 梁君宁, 刘宏勋, 霍志春. 一种盾构刀具应用铁基复合材料的理论浅析[J]. 新型工业化, 2021, 11(6): 128-129.

[6] 袁大军, 胡显鹏, 李兴高, 等. 砂卵石地层盾构刀具磨损测试分析[J]. 城市轨道交通研究, 2009, 12(5): 48-51.

[7] 张鹏. 盾构机盘形滚刀刀圈用 KX6465 钢的热处理工艺及性能研究[D]. 徐州: 中国矿业大学, 2022.

[8] 王天宋. 盾构机滚刀化学成分和力学性能研究[J]. 建设机械技术与管理, 2019, 32(8): 66-69.

[9] 张志恒. 基于激光水射流热处理的盾构机刀具表面改性研究[J]. 建设机械技术与管理, 2023, 36(1): 41-44.

[10] 昝志华. 延长煤矿盾构机 (TBM) 刀盘刀具掘进期使用寿命探究[J]. 煤炭科技, 2022, 43(2): 15-19.

模拟盾构机掘进破岩试验刀盘装置研制

翟振玲[1]　高瑞兰[2]　姚　磊[1]　张　倩[1]　杜寄勇[1]

（1. 济南重工股份有限公司　济南　250109；2. 济南市技师学院　济南　250115）

摘　要：盾构机是地铁隧道、水利水电等工程的重要施工装备，实践中，对刀盘刀具的切削机理、破岩规律的研究也越来越深入；然而盾构机地下工作环境复杂，数据采集困难等一系列难题给滚刀切削机理的研究带来了极大的困难。本文主要通过构建试验平台来研究不同地质环境、不同刀间距布置、不同掘进参数条件下，高效可靠地开展盾构机刀盘刀具选型设计及掘进参数精准选择，根据现有技术存在的不足提出了一种模拟掘进破岩试验可自由调整刀间距的刀盘装置，详细介绍了试验刀盘的结构和刀间距调整的具体方法和过程。

关键词：刀盘；模拟掘进破岩；试验装置；可调刀间距

1　引言

盾构机是地铁隧道、水利水电等工程的重要施工装备，与地质的适应性息息相关。实践中，对刀盘刀具的切削机理、破岩规律的研究也越来越深入；然而盾构机地下工作环境复杂，数据采集困难等一系列难题给滚刀切削机理的研究带来了极大的困难。

盾构机掘进性能主要取决于其刀盘和盘形滚刀的破岩效率。滚刀是盾构机刀盘的主要破岩工具，在中硬岩施工过程中刀具消耗费用往往要占设备施工成本的 1/4 左右，而在坚硬岩层中作业时，刀具消耗的费用会更高。因此，提高滚刀的破岩能力，延长滚刀使用寿命已经成为隧道掘进施工行业探讨研究的重要课题。

本文通过构建试验平台来研究盾构机刀盘刀具系统的结构和掘进参数对破岩掘进过程的影响。刀盘作为盾构机掘进试验平台的主要部件起着关键性作用。刀盘的结构和刀具刀间距的调整方法对试验的开展起着至关重要的作用。

2　盾构机试验刀盘装置现状

现有试验平台的刀盘一般设置单刃滚刀，刀座可沿刀梁滑动，通过螺钉紧固在刀梁上，实现刀间距调整，但由于试验掘进过程中单刃滚刀受力较大，螺钉与刀座之间的点受力难以承受单刃滚刀破岩的载荷，造成刀座滑动，刀间距的布置无法保证与不同岩石的破岩相匹配，造成试验失败，得不出试验结果，不能为高效破岩提供试验依据。有的试验刀盘布置主要针对单把滚刀，用于滚刀与围岩相互作用研究，无法研究多把滚刀破岩过程中滚刀载荷分布的不均匀性和载荷分布规律，无法反映多把滚刀协同破岩的特性。

3　模拟掘进破岩试验刀盘装置

通过开展模拟掘进破岩试验刀盘装置的研发及试验方法的研究，模拟不同地质环境、不

作者简介：翟振玲（1982—），女，大学本科，高级工程师，目前主要从事全断面隧道掘进设备的研发设计工作。电子邮箱：13791056278@139.com。

同刀间距布置、不同掘进参数条件下滚刀破岩试验，为盾构机刀盘刀具选型设计及掘进参数精准选择提供理论和试验依据。

3.1 模拟破岩试验刀盘的基本结构

为解决这一技术问题，提供一种模拟掘进破岩试验刀盘装置，包括刀盘结构件、滚刀及刀具总装、刀箱压板及刀箱调整螺杆。

刀盘结构件包含一块由长主梁和两块短主梁焊接而成的四主梁结构，以及大圆环、牛腿、法兰和支撑等。在主梁两侧板内侧加工多个间隔等距的竖向键槽，与刀箱对应的键槽位置安装键固定刀箱位置，根据不同岩层，可以调整刀箱位置从而调整刀间距。在主梁侧板键槽下方设置凸台，刀箱放置在上面起支撑作用，在主梁两侧板的上端开螺栓孔用于安装压板。

四主梁之间焊接上下两块支撑板，增加四主梁结构的稳定性。大圆环焊接在四主梁的外周，在大圆环的四个等分点加工4个通孔，用于刀箱调节螺杆穿过，进而调整刀箱刀间距。牛腿采用四块钢板焊接的箱式结构，增加此处的结构强度，避免试验时刀盘受力过大导致应力集中牛腿焊缝开裂的风险。法兰与牛腿焊接在一起，最后将整个刀盘固定在试验台上。试验刀盘装置主视图见图1，试验刀盘装置右视图见图2。

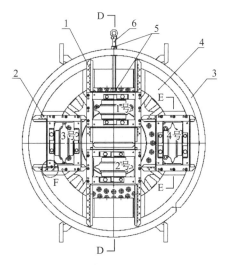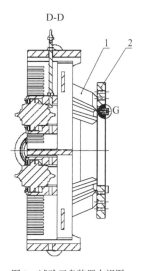

图1　试验刀盘装置主视图
1-长主梁；2-短主梁；3-大圆环；
4-支撑板；5-螺母；6-刀箱调整螺杆

图2　试验刀盘装置右视图
1-牛腿；2-法兰

滚刀及刀具总装主要通过配置不同的C形块、楔形块和螺钉将不同尺寸的滚刀固定在刀箱内，以满足不同刀高、不同滚刀尺寸的需要，目前设置常用的17in（1in=2.54cm）和19in滚刀。刀箱底部放置在主梁凸台处，刀箱两侧外部各加工两个键槽，利用4个键固定在刀箱和主梁共同形成的键槽位置，以限制刀箱的径向位移。刀箱两主板上端钻4个螺钉孔，用于调整刀间距时吊装使用。刀箱上下两侧侧板加工螺纹孔，用于调整刀间距时，安装刀箱调整螺杆。

刀箱压板加工成L形压块，通过凸台和螺栓压紧刀箱顶部，限制刀箱的纵向移动和横向移动，压板上开槽安装键，限制压块的径向移动。键按照国家标准公差加工过渡配合，限制刀箱的径向位移，确保了刀箱轨迹半径的准确性。滚刀刀箱安装图如图3、图4所示。

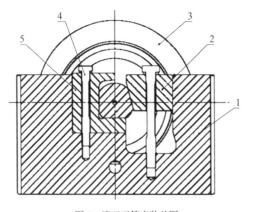
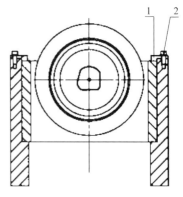

图 3　滚刀刀箱安装总图　　　　　　　　图 4　滚刀刀箱安装局部视图

1-刀箱；2-楔形块；3-滚刀；4-螺钉；5-C 形块　　　　　1-刀箱压板；2-螺栓垫圈

3.2　刀盘试验过程中刀间距调整方法

　　刀盘结构件由长主梁、短主梁、大圆环、支撑板、牛腿、法兰组成。在长主梁、短主梁两侧板内侧加工多个间隔相等的竖向键槽，与刀箱两端侧板对应的键槽位置安装键固定刀箱的径向位置。长主梁、短主梁两侧板内侧键槽下方加工凸台，刀箱放置在上面起支撑作用，将 L 形刀箱压板压在主梁和刀箱上部，使用螺栓垫圈固定刀箱纵向位置。根据不同岩层，适时调整刀箱间距从而调整刀间距。使用键槽结构安装更加牢固，定位更加精准。刀盘结构采用最大直径为 3m 的焊接结构件，在满足试验功能的基础上，尺寸小、重量轻、节省了材料，降低了制造成本。

　　长主梁与短主梁之间焊接上下两层的圆弧支撑板，加固四主梁结构的刚性。既节约了材料，又增加了刚性。大圆环焊接在四主梁的外周，在外圆的四个等分点加工 4 个通孔，用于刀箱调节螺杆穿过，进而调整刀箱刀间距。仅通过加工几个螺孔和螺杆就实现了刀间距的调整，结构简单，制造成本低。

　　牛腿采用四块钢板焊接的箱式结构，增加此处的结构强度，避免试验时刀盘受力过大导致应力集中牛腿焊缝开裂的风险。法兰与牛腿焊接在一起，最后将整个刀盘固定在试验台上。

　　滚刀刀具采用轴式总装，配置两套 C 形块和楔形块，使用螺钉分别与常用的 17in 和 19in 滚刀固定安装在刀箱上，分别使用螺钉将 C 形块和楔形块刀轴固定在刀箱上。刀箱对应长主梁、短主梁两侧分别开两个键槽，与长主梁、短主梁上的键槽对应安装键，固定刀箱的径向位置。刀箱上下两侧侧板加工螺纹孔，用于调整刀间距时，安装刀箱调整螺杆。刀箱配置互换性更强，安装更加简单方便。刀箱压板加工成 L 形压块，通过凸台和螺栓垫圈压紧刀箱顶部，限制刀箱压板和刀箱的轴向移动和横向移动，在键的位置开槽配合，限制刀箱压板的径向移动。键按照国家标准公差加工过渡配合，限制刀箱的径向位移，确保了刀箱轨迹半径的准确性。

　　模拟掘进破岩试验刀盘装置刀间距调整的工艺流程见图 5。调整刀箱刀间距时，由于滚刀刀箱装配重量很重，单靠人力无法移动和支撑，所以设计该刀箱调节螺杆调整方便快捷。刀箱调节螺杆上旋入两个螺母，并将刀箱调节螺杆旋入大圆环、刀箱上下两侧的螺纹孔内，一个螺母紧固在刀箱的上端，防止刀箱调节螺杆从刀箱螺纹内旋出。将刀箱上的压板、键拆下，使用起重机将刀箱调节螺杆吊起并将刀箱一并吊起，将刀箱起吊到合适位置后，将大圆环上部螺杆上的螺母旋转微调刀箱的位置，当刀箱外侧键槽与主梁键槽位置对准时，插入键，并用刀箱压板、螺栓垫圈固定。松开两个螺母，缓慢将刀箱调节螺杆旋出刀箱、大圆环，最终完成滚刀刀间距的调整。

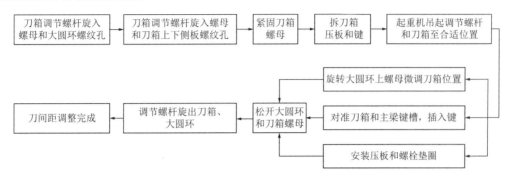

图 5　滚刀间距调整工艺流程图

根据不同试验岩石样本，安装不同规格滚刀、调整不同刀间距，设置不同的刀盘推力、推进速度、刀盘扭矩、刀盘转速等参数，研究不同地质条件下、不同刀间距、不同掘进参数时盾构机高效破岩的刀具刀间距选型设计和掘进参数精准选择。

4　模拟试验装置实际应用情况

（1）针对济南地区辉长岩岩石地质条件，调整刀盘的推力和刀盘转速，即贯入度，研究破岩效率；以及滚刀滚动力与正压力比值变化规律，以此为依据确定了 TBM 所需的推力、扭矩和掘进功率等技术指标，对于单轴抗压强度为 160MPa 的硬岩，在贯入度为 4mm 时滚刀所受的滚动力最小，破岩质量大，破岩比能耗最小，破岩效率最高。

（2）针对济南地区辉长岩岩石（单轴抗压强度达到 160MPa）地质条件，采用 18in 滚刀对辉长岩进行破岩实验，调整滚刀的刀间距，研究破岩效率最高时（比能耗最低）的最优刀间距为 76mm。

（3）针对不同风化程度的辉长岩岩石，调整施工参数贯入度，研究破岩效率；对于硬岩的地质条件，滚刀的最佳刀间距集中在 60～80mm 之间，基于此，将试验机滚刀的间距确定为 75mm。

采用微风化的辉长岩岩石（单轴抗压强度达到 120MPa），在贯入度为 6mm 时，破岩质量大，破岩比能耗最小，破岩效率最高。

采用中风化的辉长岩岩石（单轴抗压强度达到 80MPa），在贯入度为 8mm 时，破岩质量大，破岩比能耗最小，破岩效率最高。

采用强风化的辉长岩岩石（单轴抗压强度达到 30MPa），在贯入度为 10mm 时，破岩质量大，破岩比能耗最小，破岩效率最高。

（4）安装不同尺寸的盘形滚刀，研究破岩效果；采用济南地区辉长岩岩石（单轴抗压强度达到 160MPa），贯入度 4mm，滚刀的间距为 75mm。分别安装 17in、18in、19in 滚刀进行试验，试验结果表明在安装 18in 滚刀时，破岩质量大，破岩比能耗最小，破岩效率最高。

5　结语

破岩试验刀盘装置设计简单可靠、制造成本低，可安装不同规格滚刀、刀间距和刀高可调的多功能刀盘，在满足试验功能的基础上，刀间距的调整方法简单，易操作，节省了人力物力。试验时，模拟复杂多变地质，根据不同岩石，不同抗压强度、设置不同的刀间距、滚刀大小、刀盘推力、推进速度、刀盘扭矩、刀盘转速等参数，可以研究不同地质条件下，不同刀间距，不同掘进参数的盾构机破岩物理特性，为高效可靠开展盾构机刀盘刀具选型设计和掘进参数精准选择提供理论依据。

参 考 文 献

[1] 毛红梅, 陈馈, 冯欢欢. 不同刀具配置下隧道掘进机高效破岩机理与推力预估[J]. 岩土工程学报, 2013, 35(9): 1627-1633.

[2] 韩伟锋, 孙振川, 王雅文, 等. 隧道掘进破岩试验机结构设计及仿真[J]. 隧道建设, 2020, 40 (增刊 1): 413-418.

[3] 龚秋明, 张浩, 李真, 等. 机械破岩试验平台研制[J]. 现代隧道技术, 2016, 53(2): 17-25.

[4] 陈启伟, 李凤远, 韩伟锋. 隧道掘进机滚刀岩机作用试验台的研制[J]. 隧道建设, 2013, 33(6): 437-442.

大直径盾构机盾体分块设计
与组装技术简述

华 龙 卢庆亮 邱 健 任 洁 王 悦

（济南重工股份有限公司 济南 250109）

摘 要：随着大型交通隧道的需求日益增加，大直径盾构机在实际工程中的运用越来越多，而大直径盾构机较难一次成型的缺点也就暴露出来。本文以某市城际铁路某区间盾构工程为例，详细介绍直径 8.8m 盾构机的盾体分块设计与组装技术，可为今后类似盾构机制造提供相关的技术指导及参考，具有广泛的推广和借鉴价值。

关键词：隧道施工；大直径盾构机；盾体分块；组装技术

1 引言

国家"十四五"规划提出，要加快建设交通强国，大力推进交通基础设施建设。针对地下空间建设，盾构法施工有着速度快、适用于多种复杂地质、施工人员安全、自动化程度高等优点。目前，伴随着工程项目的需求和建设规模的需要，盾构隧道向着大直径方向迈进。

随着盾构机的直径越来越大，其在生产制造、加工、运输等方面的问题也就愈发显现出来，由于盾构机盾体尺寸大、重量大导致无法一次制造成型或整体加工。对于大直径盾构机盾体，最好的生产方式便是分块制造，再组装加工，最后进行整体装配。进行大直径盾构机盾体加大分块设计及组装技术研究，对提高大直径盾构机制造质量具有重大意义。

2 工程概况

某市规划建设一条兼具城际、市域客运功能的城际铁路，某区间考虑采用盾构法施工，区间左线隧道全长 3479.298m，右线隧道全长 3492.826m。左右线隧道间距为 11～20.5m，结构底板埋深 20.95～85.55m，高程范围 3.5～23.8m，项目隧道的最小水平曲线半径为 450m。盾构区间地质条件复杂，盾构机穿越段主要为复合地层，隧道穿越地层主要有硬塑粉质黏土、强风化土、块状粉砂岩、微风化灰岩、局部穿过溶洞及填充物（流塑状黏性土、砂土）。隧道管片外径为 8.5m，内径为 7.7m，环宽为 1.6m，采用 6 + 1 的分块形式。

3 技术难点分析

所选盾构机的开挖直径为 8.82m，隧道管片外径为 8.5m，主机长约 16m，整机长约 120m。盾体是盾构机的基本支撑结构，其外部承受土压和地下水压力，由于盾构机盾体直径较大，整体长度较长，受现有常用加工设备能力限制，无法实现整体制造及后续加工，故在此台盾构机盾体生产过程中，采用了分块制造再组装的方法。

作者简介：华龙（1998—），男，硕士研究生，技术员，目前主要从事盾构机盾体的研发设计工作。电子邮箱：ninglaingi@163.com。

对于此台直径 8.8m 盾构机盾体的分块设计与组装，其难点在于大直径结构件的分块设计、高精度装配以及大型结构件组装安全性。

4 大直径盾构机盾体的设计组装

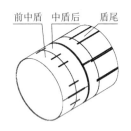

图 1 盾体轴向分段示意图

本台盾构机开挖直径为 8.82m，盾体总长约为 10.5m，铰接形式为主动铰接。传统的主动铰接式盾体由前盾、中盾前、中盾后和盾尾四部分组成。为了设计、加工和运输方便，本台盾构机采用三部分分段制造方式，即前中盾、中盾后和盾尾，如图 1 所示。

盾体的前中盾直径为 8.8m，径向分成多块，轴向总长约为 4.8m；中盾后和盾尾也采用径向分块，轴向拼接的方法制作。这样既可以解决大型结构件加工难的问题，又可以解决运输期间的一系列难题。

4.1 前中盾的设计组装

本台盾构机的前中盾包括传统意义上的前盾和中盾前部分及其功能，在设计制造期间就将两者结合为一个整体。前中盾直径为 8.8m，主要组成包括电液通道、水气通道、土压传感器、稳定器、超前注浆管、螺旋输送机座子、搅拌棒、铰接座子等。前中盾结构如图 2 所示。

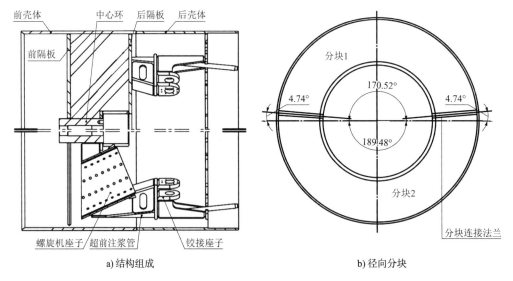

a) 结构组成   b) 径向分块

图 2 前中盾结构和径向分块示意图

由于前中盾内部结构简单，故将前中盾在径向分为上下两块 [图 2b)]，前中盾分块边缘焊接分块连接法兰，通过相邻前中盾分块间的成对法兰相互连接，将前中盾各分块通过销轴定位并用螺栓固定连接，最终组合为一体。前中盾径向分块时兼顾盾体内铰接座子、超前注浆管等部件或设备的安装位置及装配空间需求。

加工中各分块单独加工，焊接分块连接法兰，然后将焊接好的前中盾分块分别进行整体机加工，最后将加工好的两块前中盾分块组合为一个整体。需要注意的是，前中盾各分块相互铆固成整体后，分块连接法兰接合缝隙不得超过 1mm；分块连接法兰侧面在铆固成整体后进行统一机加工，机加工完成后将前中盾拆分并重新组装，接缝处加工面错台不得超过 0.5mm。前中盾组装成整体后再对中心环、与中盾后部铰接处的交接内环进行机加工，确保与中盾后部顺利铰接。

4.2 中盾后的设计组装

中盾后结构较为简单，主要由铰接密封、铰接座子、米字梁、液压缸座等组成，中盾后结构如图3所示。由于采用主动铰接盾体，前中盾与中盾后为铰接密封铰接，中盾后部通过焊接的形式与盾尾连接。

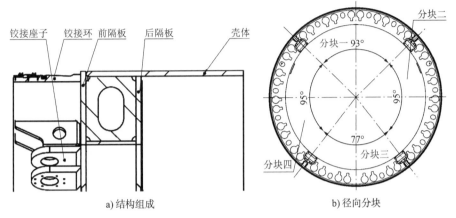

a) 结构组成   b) 径向分块

图3　中盾后结构和径向分块示意图

在中盾后生产制造完成后，工厂会将推进液压缸组装至中盾后内部再运输至施工现场，由于组装完成后中盾后重量大，对后续的吊装、运输等造成困难。为了克服上述困难，结合工厂自身生产能力，将本台盾构机的中盾后在径向分为上、下、左、右四块〔图3b)〕。径向连接采用分块板和分块连接铰接座子两种形式，使中盾后各分块更好地形成一个整体，如图4所示。中盾后各分块通过螺栓连接，中盾后上的隔板主要作为推进液压缸的安装座，为盾构机的主要构件，所以在组装时需要重点关注。在前隔板各分块处加焊分块连接铰接座子，保证隔板顺利对接，同时分散米字梁产生的应力。

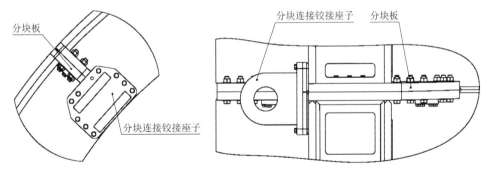

图4　中盾后分块连接示意

分块板边缘部分处开一凹槽，放置O形密封圈，通过相邻中盾后分块间的成对分块板相互连接。由于中盾后分块较多，各分块单独加工时连接平面基准面容易不统一，从而组装时各分块之间易出现偏差甚至是圆心不一致情况，为此在分块单独加工时需采取技术措施。加工技术措施：首先将中盾后两分块处的分块板支座加工完成，然后通过销轴定位并用螺栓成对组合，将中盾后分块拼成整圆；在分块位置按分块板安装所需尺寸割除材料，将成对分块板安装于中盾后分块处预留位置；最后焊接分块板、中盾后各分块。

除此之外还应注意：分块板铆装前必须对接合表面及密封槽进行清理，去除污物杂质等；

在中盾后分块连接时，需在盾体分块之间涂满乐泰 587 密封胶；两分块板配对时，两贴合面平面度要求小于 0.1mm；中盾后整体加工完成后，分块板、铰接座子处螺栓未接合处缝隙小于 1mm。

4.3 盾尾的设计组装

在盾构机设计制造期间，盾尾显得尤为重要，盾尾结构示意如图 5 所示。盾尾主要用于衬砌管片的拼装和盾构的密封，内部空间通常作为管片拼装机作业区，内部支撑仅能靠支撑环加固，若在生产制造、组装或掘进期间出现较大变形，则会出现注浆管漏浆问题，同时还会影响到管片衬砌环的圆度。新制造的盾构机，通常会经过多种运输方式才能到达施工现场，一般来说，盾尾从生产到组装至少会经过三次吊运，从而导致组装完成后会发生不同程度的形变，也就是影响到盾尾的圆度。盾尾圆度将直接影响盾尾间隙，盾尾圆度发生变化将导致盾尾间隙不均匀，在管片拼装机作业时极易出现管片破损或掉落等问题。同时盾尾圆度较差不利于保持设计隧道线性，从而影响整个隧道建设。因此，将大直径盾构机的盾尾进行分块制造，并严格控制组装工艺至关重要。

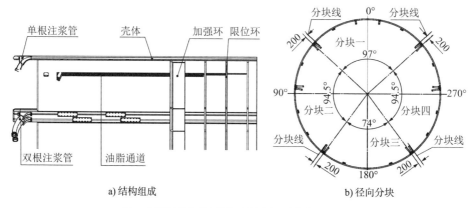

a) 结构组成　　　　　　　　　　　　b) 径向分块

图 5　盾尾结构和径向分块示意图（尺寸单位：mm）

盾尾有注浆的作用，在分块时可以把部分注浆块焊接在分块连接处，以减少分块制造过程中多余的盾尾壳体切割，从而减小对盾尾圆度的影响。本台盾构机盾尾注浆块宽度为 300mm，根据注浆设计需求，整个盾尾设置六处注浆块，考虑到分块越多对盾尾圆度影响越大，则将盾尾径向分成四块［图 5b)］，各分块通过焊接的方式进行连接。在四处盾尾分块连接处均设置注浆块，分块一不焊接注浆块，分块二和分块四均在靠近分块一的一侧焊接注浆块，分块三在两侧均焊接注浆块。仅靠盾尾壳体并不能保证在隧道掘进过程中盾尾圆度，同时需要分隔开多个盾尾刷安装环槽，所以需要在盾尾内部加焊多道加强环及限位环。为了保证各分块圆度，加强环和限位环也采用分块焊接的方式焊接在盾尾分块上，待分块壳体整体组装焊接完成后再在两分块交界处补焊加强环、限位环，使加强环、限位环形成完整圆环。

盾尾各分块加工处理完成后，应将各分块运输至工地进行盾尾整体组装，组装时需采用盾尾分块盾尾支撑（图 6）；待支撑安装完成后需先校准盾尾整体圆度，确保符合要求后才可进行盾尾各分块的焊接工作。待盾尾整体组装完整后，重新校验盾尾圆度，圆度满足要求后将盾尾支撑全数切割并存放。使用盾尾支撑有利于盾尾整体焊接，同时也极大地减小盾尾在各分块焊接过程中出现的变形，从而保证了盾尾的圆度。

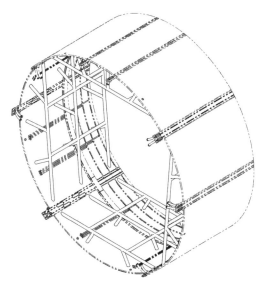

图 6　盾尾支撑示意图

5　结语

本文针对某市域城际铁路用直径 8.8m 盾构机盾体分块设计方法和组装技术开展研究。首先确定了盾体径向分块、轴向分段的总体方案，然后阐述了前中盾、中盾后和盾尾的分块设计方案，针对不同部位采用不同的方式将各部分径向分块盾体组装成整体。采用上述方法设计制造的直径 8.8m 盾构机盾体，在组合完成后完全满足设计和使用要求。本台直径 8.8m 盾构机的分块设计和组装技术研究，为设计制造同类大直径盾构机积累了经验，对后续更大直径盾构机的分块设计和组装技术提供了参考依据。

参 考 文 献

[1] 孙毅. 土岩复合地层大直径盾构掘进地质研判与参数优化方法及应用[D]. 济南: 山东大学, 2023.

[2] 何川, 封坤, 方勇. 盾构法修建地铁隧道的技术现状与展望[J]. 西南交通大学学报, 2015, 50(1): 97-109.

[3] 蒲晓波, 陈良武, 赵齐兼, 等. 超大直径盾构机工地组装流程及关键技术[J]. 建筑机械, 2019(5): 65-69.

[4] 梁兴生, 李丹岚, 苏翠侠. 大直径盾构机盾体加工方法研究[J]. 铁道建筑技术, 2015(11): 70-72, 85.

[5] 刘智香. 超大直径盾构机的组装技术[J]. 铁道建筑技术, 2009(4): 60-64.

[6] 黄庆斌, 张平. 大直径泥水盾构机盾体的加工[J]. 金属加工 (冷加工) , 2010(8): 30-31.

[7] 姚印彬, 邵振新, 李龙辉, 等. 大直径泥水盾构盾尾密封失效原因及应对措施[J]. 山西建筑, 2020, 46(2): 149-151.

[8] 王建林. 大直径盾构机盾尾尺寸精密测量[J]. 施工技术, 2019, 48(3): 84-87.

盾构法超长隧道施工通风技术研究

王　瑶　乔俊伟　邱　健　栾守成　许　磊

（济南重工股份有限公司　济南　250109）

摘　要： 随着城市化进程的加快，国内盾构行业发展迅猛，随之而来的是对盾构隧道施工中的通风要求也越来越高，在面对超长隧道的情况下，普通盾构机的通风系统已不能满足现状，与一般隧道不同，超长隧道的地质比较复杂，施工距离长，给施工通风带来更大的难度。本文以济南地铁 8 号线为背景，开展大直径、长距离盾构隧道施工通风系统研究，通过加入制冷系统、降噪措施、智能化控制等优化方案。分析发现优化后的通风系统，能够将有害气体及时排出，极大地降低了隧道内温度，为隧道内施工人员提供了良好的作业环境，极大地降低了盾构施工风险，保证了施工人员的身体健康，大幅度提高了施工效率。

关键词： 盾构机；通风系统；优化应用

1　引言

近年来，我国的盾构机制造已经逐步成熟起来，对于大直径、长距离的隧道也渐渐增多起来，随之通风系统的诸多问题也显现出来。首先，普通的通风系统设计较为简单，可能无法适用于超长隧道环境，在盾构掘进过程中，隧道内尤其是盾构机周围会产生大量尘埃和废气，而普通的通风系统可能无法有效地排除这些污染物，导致通风效率不高，进而影响工作环境和施工人员身体健康。其次，普通的通风系统在运行过程中可能会产生较大的噪声，这不仅给会施工人员带来不适，还可能影响施工人员的工作效率，因此，降低噪声也成为通风系统一个迫切需要解决的问题。最后，普通的通风系统智能化程度较低，缺乏自动监测和调节功能，这导致施工人员无法实时了解通风系统的运行状态，也不能根据实际的情况，对通风系统进行准确的调整，从而影响通风效果。

2　工程概况

济南地铁 8 号线是济南市的一条重要的地铁线路，它始于邢村站，沿经十东路走行，途经历城区、章丘区，最终到达清源大街站，整体走向大致呈东西向。一期工程全长 25.5km，其中，高架线路 20.3km，地下线路 5.3km；共设车站 12 座，其中高架车站 9 座，地下车站 3 座。值得一提的是该工程采用了 "济重 071 号" 盾构机，该盾构机设计了二次通风系统，该系统风管储存筒数量为 2 个，风筒储存长度为 100m，二次通风管直径为 700mm，风筒储存筒吊机功率为 4kW，二次风机形式是射流风机，二次通风机功率为 22kW，隧道主风管直径为 1100mm。

3　通风系统的原理及优化

3.1　通风系统的组成及工作原理

盾构机通风系统主要由进风口、通风管道、出风机和出风口等组成，其主要目的是确

作者简介：王瑶，女，2020 年硕士毕业于内蒙古科技大学，现任济南重工股份有限公司技术员，主要从事盾构机设计。电子邮箱：1051129155@qq.com。

保盾构机内部的空气流通，提供一个安全、舒适的工作环境。通风系统采用压入式的通风原理，操作人员通过人机界面来控制风压力的大小，保证盾构机内的空气新鲜。通风原理：通过设计在合适位置的进风口吸入新鲜空气，再经过通风管道将新鲜空气输送到盾构机内部；在盾构机内部，通过新鲜空气流动，将隧道内有害气体和尘埃稀释，以保持工作环境的安全和清洁；经过使用的污浊空气通过出风口和排风机排出隧道外，形成一个完整的风循环。

3.2　通风系统的通风方式

盾构隧道通风方式主要有以下五种方式。

（1）自然通风：这种通风方式不设置专门的通风设备，而是利用洞口间的自然风压力差实现通风。这种通风方式的使用有局限性。

（2）压入式通风：适用于隧道独头掘进长度一般在1500m以内的情况，随着隧道开挖进尺，向前接长柔性风管，达到通风效果，这种方式也是最常见的通风方式。

（3）抽出式通风：适用于隧道独头掘进长度较短的情况。抽出式通风分为洞口抽出式和洞内抽出式。洞口抽出式需要配置刚性风筒，随着隧道施工向前接长风筒；洞内抽出式则需要随着隧道施工不断移动抽风设备，通风筒采用柔性管。

（4）混合式通风：适用于独头掘进的中长隧道。混合式通风分为洞口混合式和洞内外错位式。洞口混合式抽风机必须配置刚性风筒；洞内外错位式均采用柔性风筒，其中抽出方向随掌子面向前而不断移动。

（5）巷道式通风：这种通风方式主要针对长大隧道，施工中有各种辅助坑道，如斜井等。

3.3　二次通风系统通风量计算

（1）按施工需求计算通风量

结合盾构法施工工艺流程和现场具体情况，进行盾构隧道施工通风量计算，主要参考《盾构法隧道施工及验收规范》（GB 50446—2017）的相关规定计算，施工人员所需要的通风量V_1为：

$$V_1 = Umk \tag{1}$$

式中：U——洞内每个人所需要的吸入的新鲜空气量（m^3/min），通常按照$U = 4m^3/min$计算；

m——洞内施工人员同时工作的最多人数（个）；

k——通风的系数，一般通风系数取1.1至1.5之间。

$$V_1 = 4 \times 20 \times 1.3 = 104m^3/min$$

隧道内其他机器所需风量V_2为：

$$V_2 = 50 \times 2 \times 1.3 = 130m^3/min$$

总需风量V_3为：

$$V_3 = V_1 + V_2 \tag{2}$$

代入数据可得：

$$V_3 = 104 + 130 = 234m^3/min$$

（2）按隧道最低风速要求计算通风量

按照隧道内要求的最低风速计算通风量V_4：

$$V_4 = 60vS \tag{3}$$

式中：υ——盾构隧道内允许最低风速（m/s），一般取 0.25m/s；

  S——隧道内截面面积（m²），隧道半径$r = 2.9$m，$S = \pi r^2 = 26.4$m²。

$$V_4 = 60 \times 0.25 \times 26.4 = 396\text{m}^3/\text{min}$$

（3）按消除顶层瓦斯积聚计算通风量

按照消除顶层瓦斯积聚计算通风量V_5为：

$$V_5 = V_\text{w}S \tag{4}$$

式中：V_w——盾构隧道内消除顶层瓦斯所需最小风速，一般取 15m/min。

代入数据可得：

$$V_5 = 15 \times 26.4 = 396\text{m}^3/\text{min}$$

（4）计算风机实际通风量V_6

$$V_6 = \frac{\max(V_3, V_4, V_5)}{(1 - \beta)^{\frac{L}{100}}} \tag{5}$$

式中：β——百米风管漏风系数，一般取 0.03；

  L——风管最大长度，根据本文工程概况取 100m。

代入数据可得：

$$V_6 = \frac{396}{0.97} = 408\text{m}^3/\text{min}$$

3.4 通风系统优化

（1）普通通风系统

盾构机中的通风系统有着不可取代的地位，如图 1 是普通的通风系统，这种设计只有简单的普通空气输送到隧道当中去，一般来说普通的空气并不能起到很好的降温作用，尤其是夏季施工，很大程度上并不能保持良好的施工环境，盾构隧道内温度持续升高，有时候甚至达到 50℃，进一步恶化了施工环境。

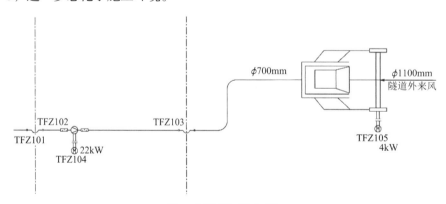

图 1　普通通风系统示意图

（2）优化通风系统

本文根据通风系统的通风方式以及通风量计算，对通风系统进行优化，具体做法如下：在盾构机的二次通风系统中增加冷风机系统，这次优化在风机上增加消声器，消声器的高度大于风机直径的 1.3 倍，通过消声器吸收风机产生的噪声。超长隧道导致普通通风系统运行过程中风量流失，以及超长隧道内工作设备所散发出大量热量，基于这两点原因，增加了冷风系统设计，设计方案如图 2 所示。

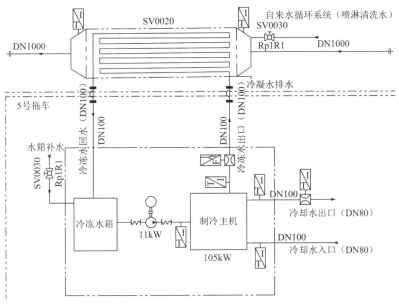

图 2 优化后的通风系统

从图中可以清楚地看到冷风机系统，隧道外部的空气通过隧道通风管进入冷风机，冷风机的运行包括了冷凝过程，先通过外冷源降低制冷系统内制冷剂温度，让进风通过热交换降低其温度，将冷却后的空气通过送风管送至出风口，以达到冷却的目的，从而输出冷空气到工作区，有效改善长隧道工作区的温度。

根据相关规范要求，隧道内温度不得超过28℃，经计算冷风系统制冷量不应小于9600kcal/h，二次风机送风出口温度应控制在 15～17℃。增加冷风系统这一设计应用在济南地铁 8 号线工程中，大幅度降低了隧道工作区的温度，由原来的 53～45℃降低至 18～22℃，这一显著的降温措施，大大提升了隧道工作人员的舒适度，有效规避了超长隧道中因温度过高带来的隐患。

4 结语

通过对济南地铁 8 号线工程超长盾构隧道施工通风系统研究，针对通风系统做了详细优化，在普通通风系统上加装了冷风系统和智能化控制，这一优化直接关系到隧道的安全性、舒适性、和运行效果。后期通过对空气质量进行监测，通过安装传感器和监测设备，实时监测盾构隧道内空气质量和污染情况，及时调整通风系统运行参数。还可以通过多点供风设计优化通风系统；根据盾构隧道的长度和曲线特点，进行多点供风设计，保证整个隧道内的通风均匀和充分。还可以利用计算流体力学方法对隧道通风进行模拟和分析，以此来了解气流分布和压力分布等情况。此外，针对通风系统的优化，选用高效节能的风机设备，并对风机进行合理的配置和布置，以此来提高通风系统的风量和风压。这些构想为后期进一步优化通风系统提供了研究路线，需要进一步探究通风系统优化问题。

参 考 文 献

[1] 曹成兵. 双模盾构通风和冷却系统的改进方法与实践[J]. 中国市政工程, 2020(5): 323-326.

[2] 王冯赟杰, 李明扬, 何博, 等. 地铁隧道盾构施工通风系统优化及应用[J]. 工业技术创

新, 2021.

[3] 龚廷民, 蒋鹏鹏. 城市地铁盾构机通风冷却系统的探讨与应用[J]. 科学时代, 2015(11): 58-59.

[4] 熊晨君, 张帅坤, 田金坤, 等. 盾构机通风系统: 202310070963[P]. 2024-04-22.

[5] 赵军军, 陶科文, 武金城, 等. 一种盾构机通风制冷系统: CN202310219117. 8[P]. 2024-04-22.

[6] 段利民, 丁保华, 雷霆,等. 基于盾构机的隧道通风系统: CN201220638632. 7[P]. 2024-04-22.

[7] 朱春, 张旭. 崇明越江隧道施工通风降温除湿研究[C]//上海市制冷学会学术年会论文集, 2007.

[8] 傅鹤林, 董辉, 邓宗伟. 地铁安全施工技术手册[M]. 北京: 人民交通出版社, 2012.

机器人机械手在隧道建造和维护中的应用研究

张成杰

（上海城建隧道装备有限公司　上海　200137）

摘　要： 隧道内建造和运营维护面临作业空间狭小、技术劳动密集、操作难度大、施工环境复杂、效率低、风险高等特点；为安全高效完成隧道内相关作业，隧道机器人机械手成为目前优选方案。文章结合预制隧道中隔板拼装、隧道衬砌修复加固、隧道通风烟道板安装三项施工作业实例，介绍隧道机器人机械手的特点和工作原理，研究其在隧道建造和运营维护中的应用，并展望未来应用发展方向，为隧道施工机械化、自动化、智能化的推广和应用提供参考和借鉴。

关键词： 隧道建造；运营维护；机器人；机械手

1　引言

1.1　隧道内施工作业特点

从 20 世纪 90 年代至今，得益于国家将轨道交通基础设施建设作为发展的重要支撑等系列资金支持和保障政策，中国隧道建设规模呈现出了爆发式增长态势，建设里程也呈现出了惊人的增长。据统计，1990 年中国的隧道建设里程仅为几百公里，而到 2022 年已超过 5 万 km，并还在继续保持蓬勃发展的态势。

在隧道建造、设施运营及维护中，会遇到如需要拼装预制式中隔板将大断面隧道分割成上下行双向通道，需要对隧道衬砌加固修复以应对隧道长周期运营发生管片衬砌沉降变形而导致密封失效风险，同时往往还需在隧道顶部安装烟道板以保证隧道内烟气排放通道，这些施工由于在隧道内作业，具有技术要求高，作业空间狭小，需要搬运和安装预制件或钢结构较重，使用人工操作复杂难度大、效率低而且存在安全隐患等特点。

1.2　隧道机器人机械手技术发展现状

随着新一轮科技革命和产业革命的快速发展，以人工智能、机器人、物联网、互联网等技术为代表的智能产业蓬勃兴起。在隧道建造行业，以产品机器人化为目标，打造的具有智能感知和分析决策功能的隧道智能施工机器人，正在逐渐实现机器取代人工。隧道施工装备机器人是实现隧道少人化、无人化、低风险、高效率施工的必然趋势，是践行隧道智能建造的重要途径。

图 1 为隧道内施工机器人机械手应用实例，与传统流水线批量生产模式的标准化机械手不同，隧道内施工机器人机械手需综合隧道本身作业空间狭小、物件负载大、管线干扰多等因素，在功能用途、空间路径规划、控制精度和施工效率等方面都有很高的要求，具体如下：

（1）必须保证机械手抓钳搬运结构件过程的稳定可靠。

（2）机械手施工过程运行轨迹，应通过算法模拟以寻求最佳的可行性路径，且不能超过

作者简介：张成杰（1990—），男，研究生，工程师，目前主要从事城市地下空间开发重大装备掘进机设计研发及生产制造管理工作。电子邮箱：zhangchengjie@stecmc.com。

隧道运营限界，不能与各类型管线干涉，以免破坏运营隧道相关设备设施。

（3）具有高精度控制功能，以满足多维度联合协调动作的灵活性及物件定位的精确性。

（4）为了保证工作效率，提高施工的准确性和安全性，要求机械手在有限空间内具有多自由度调节功能，以便完成物件的钳取、翻转、穿越管线、就位等安装动作。

图 1　隧道内施工机器人机械手

2　机械手研究与应用实例

2.1　预制隧道中隔板拼装机械手

单洞双线隧道可将轨道交通上行线和下行线集成在同一隧洞内，具有地下空间集约化、投入成本低等优点，已经广泛应用于城市地下交通大断面隧道建设工程中。

如图 2 所示，在单洞双线隧道中主要依靠设置中隔墙将隧道空间分割成双线车道。传统工艺主要采取现浇钢筋混凝土中隔墙来实现，由于牵涉现场绑扎钢筋、搭设模板、浇筑和养护等工序，施工周期长，造价高，效率低。随着预制拼装技术的发展成熟，预制隧道中隔墙也逐渐成为隧道建造的主要工艺，而预制中隔墙负载重量大，在隧道内通过人工搬运安装连接极为困难，且安全隐患高。

图 2　单洞双线隧道示意图

为实现隧道中隔墙安全高效建造，研制一套预制中隔墙拼装机器人机械手，如图 3、图 4 所示。其结构主要由钳体、动臂、摆臂、行走制动系统、控制系统等组成，具备实现六自由度的空间维度动作调节功能，避免了中隔墙在安装时缺少微调的情况提高安装精度。

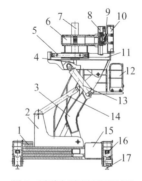

图 3　隧道中隔墙拼装机械手

1-配重块；2-摆臂底座；3-动臂；4-动臂转向油缸；5-动臂平移油缸；6-旋转齿轮轴；7-齿条；8-钳体平移支座；
9-钳体调整油缸；10-钳体；11-动臂平移轨道；12-操作平台；13-动臂摆动油缸；14-摆臂油缸；
15-行走动力机构；16-行走制动机构；17-轨道

其工作原理为：摆臂油缸和动臂摆动油缸伸出，控制动臂靠近中隔墙，然后动臂平移油缸伸出，控制钳体抓取中隔墙，同时钳体调整油缸伸出，以防止中隔墙发生旋转；摆臂油缸和动臂摆动油缸收回，运送中隔墙到指定的安装位置；接着动臂转向油缸伸出，通过齿条与旋转齿轮轴的齿形啮合控制钳体旋转，控制中隔墙到安装所需的角度；最后动臂平移油缸收回，中隔墙到达安装位置，此时钳体调整油缸配合动臂，可以使固定在钳体上的中隔墙围绕自己的 Y 和 Z 轴做旋转调整，从而使得中隔墙能够达到最佳的安装位置。中隔墙拼装机器人的行走和固定分别依靠行走动力机构和行走制动机构来完成，而配重块则用来保证机器人的重心处于安全位置，防止倾翻。隧道中隔墙拼装主要工序如图 5 所示。

图 4　中隔墙机械手现场拼装图

   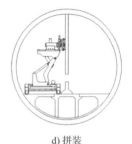

a) 抓取　　　　　　　b) 起吊　　　　　　　c) 旋转　　　　　　　d) 拼装

图 5　预制中隔墙拼装工艺流程示意图

为了保证设计的可靠性，对所设计的中隔墙拼装机器人机械手进行结构强度可靠性分析。工作时机械手在抓取中隔墙的时刻，此时动臂运动到与机械手中心线夹角最大的位置，动臂受力最大，机械手所受偏心荷载最大，因此需要在此工况下对其关键部件进行强度校核。

利用软件 Solidworks 内嵌集成的 COSMOS 有限元分析模块，以机械手抓取中隔墙时所受荷载为外部激励条件，对机械手的摆臂底座、连接销钉等关键结构进行有限元分析。首先简化机械手模型结构，忽略圆角、倒角、键槽等设计细节；然后建立模型，划分网格（图 6），添加荷载约束；最后进行有限元分析计算，分析结果如图 7 所示。机械手动臂运动到与中心线夹角最大的位置时，抓取中隔墙，此时机械手受到的偏心荷载最大，从受力分析图中可以看出最大应变发生在动臂平移支架的上端受力处，应变量约为 8mm。

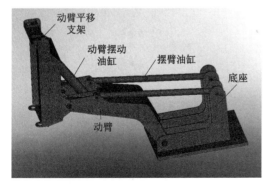

图 6　简化结构有限元网格划分

图 7　机器人机械手受力变形图

根据以上有限元分析结果，结合中隔墙拼装机械手各个部件所用材料的特性，对机械手的结构强度和整体可靠性进行针对性加强和评估计算，以保证设计的隧道中隔墙拼装机器人机械手可以达到设计目标，实现既定功能。

2.2 隧道衬砌修复加固机械手

地铁隧道建成运营一段周期后，隧道管片衬砌可能会因为地质水文环境变化、地表施工、振动干扰等因素影响而出现不同程度的沉降或变形问题，从而导致隧道局部不能满足运营要求等风险。

对于存在问题的隧道衬砌目前提出的一种修复方案是在管片衬砌基础上安装钢环加固衬砌，以防止隧道衬砌进一步变形，并改善密封效果。而地铁隧道通常直径在 6m 左右，空间狭小，隧道内壁分布着众多的地铁营运管线，加固用的钢环衬板要从管线与隧道内壁的间隙穿过才能安装在隧道衬砌的内壁上以保证地铁运营的安全。

图 8 所示为隧道加固钢环衬板拼接机械手，其能在直径约 5500mm 范围内钳住弧长约 3250mm、宽度 700mm、厚度 20mm、质量约 500kg 的弧形钢环衬板，并能将该钢环衬板穿越隧道内管线，准确拼装定位于隧道衬砌的内壁上。隧道加固钢环衬板拼接机械手结构包含钳体、摆臂、动臂、钳体油缸、摆臂油缸、动臂油缸、回转结构、液压动力站和控制箱等部件，详见图 9。

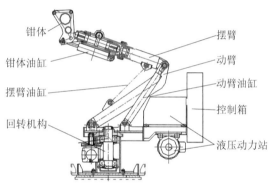

图 8　隧道衬砌加固用机械手实物图　　　　　图 9　隧道衬砌加固用机械手结构图

衬砌加固机械手通过动臂、摆臂、钳体、回转机构和执行动作的调整来满足不同位置钢板衬的安装要求，见图 10。同时利用配套的平台安装用于连接钢环衬板和管片间的膨胀螺栓，并通过钢环衬板分块之间的焊接来实现隧道衬砌的整体加固效果。

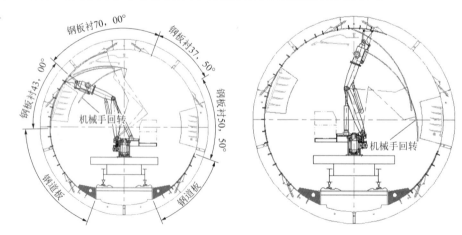

图　10

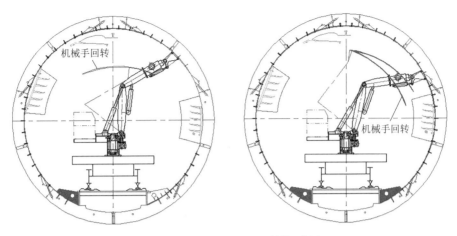

图 10　隧道不同位置钢环衬板拼装示意图

2.3　隧道通风烟道板安装机械手

以上海轨道交通某线路地铁车站上排热风道板的改造安装项目为背景,研制隧道通风烟道板安装机械手。预制烟道板尺寸为长 3270mm、宽 500mm、高 60mm,单块质量约 250kg。如图 11 所示,行车线隧道断面宽度仅约 3500mm、高 5000mm,且烟道板下方有地铁运行接触网不能碰触。

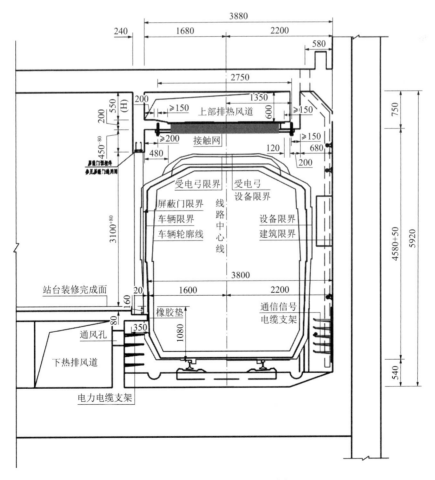

图 11　烟道板安装边界示意图（尺寸单位：mm）

烟道板安装机械手的工作主要是通过遥控器来控制各部件的动作，各部件的工作动力是由液压动力站来提供的，抓取是依靠真空吸盘来完成的，为了防止意外的发生，烟道板需由两个螺栓将其和抓取机构固定。如图 12 所示，烟道板安装机械手主要由抓取机构、摆臂机构、动力机构、平移机构、回转机构、底座等部件组成。

图 12　烟道板安装机械手

图 13 所示为烟道板安装流程示意图，利用钳体机构真空吸盘抓钳预制烟道板，通过回转机构回转，利用动臂和摆臂结合动作完成举升变幅，最后通过钳体的自转和举升臂调节完成烟道板的定位安装。在系统控制方面，烟道板拼装机械手采用一套强韧运动控制器——RMC运行控制器，基于空间向量的姿态算法。首先通过读取现有的 3 个多圈绝对值编码器当前状态下的读数，计算得出当前空间中机械手的姿态——称为实轴，再输入机械手将要运动的方向矢量与速度，通过新的一轮计算得到拼装过程中机械手需要的姿态——称为虚轴，接着便可以开始进行拼装。

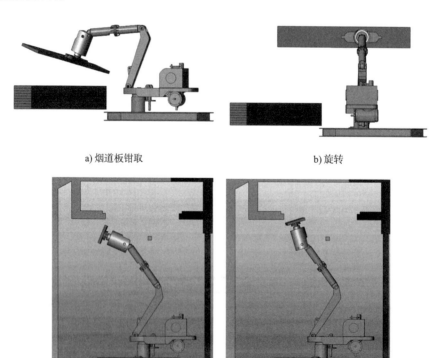

a) 烟道板钳取　　　　　　　　　　　　　　b) 旋转

c) 烟道板提升　　　　　　　　　　　　　　d) 机械手钳体变幅

图　13

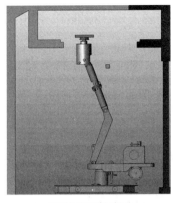
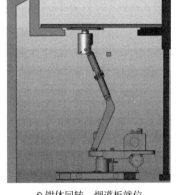

e) 机械手烟道板提升   f) 钳体回转、烟道板就位

图 13   烟道板安装流程示意图

在拼装过程中控制器将会实时地对实轴与虚轴进行比对，在这个过程中实轴的数据也会根据多圈绝对值编码器的读数进行实时更新。对比后得出机械手实际姿态与需要姿态之间的差异，控制器将会根据差异对各个油缸比例阀的开度进行调整，以控制拼装时机械手的运动方向，最终达到控制机械手沿着拟定的运行轨迹举升风道板进行拼装的目的。在拼装的过程中若是触发了预设在控制器中的边界条件，拼装机将会报警并自动停止工作，等待机械手操作人员进行检查，确保机械手成套系统安全运行。

3   结语

随着轨道交通建设的加速发展，隧道机器人机械手作为隧道建造和运营维护的优选装备，在隧道建造领域得到越来越多的应用。隧道建造装备机器人机械手可以在受限的作业空间满足特定的施工功能需求，减轻人员负担、减少人为因素干扰，具备安全可靠、操作便捷、控制简单等特点，且可以大幅提高施工效率和安装精度，规避人工作业可能出现的安全和质量隐患。

本文列举了三种应用于隧道建造和运营维护不同功能需求的机械手，即预制隧道中隔墙拼装机械手、隧道衬砌修复加固机械手和隧道烟道板安装机械手。通过研究分析其结构组成、运行原理，借助有限元软件建模和模拟仿真校核，同时利用算法计算规划最佳运行路径，以满足研制的隧道机械手可以实现物体的抓取、起吊、翻转、位置调整和定位动作，为隧道装备机器人机械手的研究和应用起到积极的借鉴和推广作用。

隧道装备机器人机械手在轨道交通领域的实践应用，推动了重荷载机器人机械手从机械化向自动化发展，再从自动化向智能化跨越的历程，逐步实现装备的智能控制、自主决策与全维度多功能运行机构的完美结合。由于隧道内施工场景复杂，需求多样繁琐，未来隧道装备机器人机械手的研究将在目标识别与检测、智能感知和自动化水平等方面有待进一步开发和提升。同时，隧道装备机器人机械手的研制和应用也为预制拼装结构的大型建筑物智能建造，提供了自动化智能拼装的思路和解决方案。

参 考 文 献

[1] 周文波. 盾构法隧道技术及应用[M]. 北京: 中国建筑工业出版社, 2004.

[2] 张凤祥, 朱合华, 傅德明. 盾构隧道[M]. 北京: 人民交通出版社, 2004.

[3] 倪光斌. 树立铁路隧道设计新理念完善铁路隧道设计标准[J]. 铁道标准设计, 2007(3): 68-72.

[4] 赵洪岩, 王利民, 王浩, 等. 盾构智能化施工的发展历程和研究方向[J]. 建筑技术, 2021(2): 33-36.

[5] 韦巍. 铁路单洞双线隧道斜井与正洞上断面相交时交叉口加固及挑顶施工技术[J]. 企业科技与发展, 2010(12): 55-57.

[6] 于子良, 黄志辉, 杨钰, 等. 轨道隧道巡检现状及智能检测机器人发展趋势[J]. 机车电传动, 2020(6): 137-142.

[7] 曹国军. 喷浆机械手轨迹控制研究[J]. 机电工程技术, 2013(1): 55-57.

[8] 李浩. 基于 Gauss 伪谱法的隧道作业台车机械手轨迹规划方法[J]. 建设机械技术与管理, 2022(6): 41-45.

[9] 唐翠微. 一种基于混合神经网络的机械手移动轨迹自动控制技术研究[J]. 机床与液压, 2021(22): 63-64.

[10] 白琳. 新型混凝土喷射机械手在隧道工程中的应用[J]. 工程机械与维修, 2022(3): 78-80.

[11] 娄建国. 基于 PLC 的隧道加固机械手电气控制技术[J]. 建筑科技, 2022(3): 81-84.

[12] 郭卫社, 洪开荣, 高攀, 等. 我国隧道智能建造技术发展与展望[J]. 隧道建设, 2023(1): 46-49.

管片拼装机与视觉传感器位置姿态标定方法研究

庄欠伟 [1,2]　朱雁飞 [1]　黄德中 [1]　杨　正 [1,2]　袁玮皓 [1,2]

（1. 上海隧道工程有限公司　上海　200238；2. 上海城建隧道装备有限公司　上海　200137）

摘　要：为了解决固定在拼装机任意轴的视觉传感器与拼装机间位姿关系标定难题，本文结合现有标定技术，提出了一种增加辅助视觉传感器的标定方法。视觉传感器固定于拼装机基座，利用现有技术实现辅助视觉传感器和拼装机基座间位姿标定。获得任意轴的正解，并增设一个任意轴视觉传感器和辅助传感器都能识别的标定板，实现任意轴视觉传感器与任意轴坐标系的位姿标定。该方法实现了任意轴视觉传感器"识别的"即为拼装机"所知的"，扩大了视觉传感器在拼装机上的安装范围，为管片的自动抓取、自动拼装提供了感知基础。

关键词：视觉传感器；手眼标定；管片拼装机；运动学正逆解；转换矩阵

1　引言

管片拼装机作为盾构机子系统，其拼装效率和质量直接影响盾构施工的效率和质量。目前采用的人工拼装管片，容错率低，容易导致管片破损，严重影响管片和拼装质量、效率、施工安全。作为盾构施工发展新方向，全自动化拼装机对减少拼装事故、提高拼装质量、提升拼装效率具有巨大意义。

Wada 介绍了一种通过光学传感器识别安装在管片上标记点，得到待管片和已拼装管片间相关关系，反馈拼装机动作，实现自动管片拼装。Tanaka 使用线激光视觉传感器检测管片缝隙差和高低差，无须在管片上安装相关构件，实现管片拼装的高差间隙识别。Yukihisa Hirasawa 等使用线激光加远焦距和近焦距两个相机的方案，提高了管片间隙高差的识别范围和精度。刘飞香开展了管片拼装机抓取和拼装的自动化研究，通过设置多个激光传感器检测相关参数，推导出拼装机运动状态公式及相应微调系统油缸行程公式。吴志洋和勒党鹏等开展了基于深度学习视觉和激光辅助的盾构管片自动拼装定位方法研究，分别利用视觉系统和激光测距系统计算待拼装管片的平面位姿和深度位姿信息。林福龙等开展了管片自动抓取定位方法和管片自动拼装定位方法研究。在拼装机末端安装三个激光测距传感器用于末端与管片距离测量，安装图像传感器用于管片标准点的获取。采用与事先标定的抓取标定值对比，进行管片抓取定位。拼装机末端安装四个形状传感器用于检测已抓取管片和已拼装管片间的间隙高差。徐尤南、褚航开展了双目线结构光采集管片边缘三点坐标采集，实现了管片位姿数据算法识别，还未进行室内或现场验证。以上方案均使用点激光距离传感器或三维（3D）线激光传感器进行测量。这些方案对传感器的安装位置和管片边角的形状都有较高的要求，安装位置的准确性决定了测量的精度。如果传感器的安装位置在管片的边角出现断裂，将会影响测量的准确性，难于实现管片的自动抓取和自动拼装。

在隧道的施工中，若管片拼装机进行自动管片拼装时，如何让传感器识别结果能引导拼

作者简介：庄欠伟（1978—），男，博士研究生，正高级工程师，目前从事隧道机械技术研究与试验工作。电子邮箱：qianwei zhuang@sohu.com。

装机动作，就需要确定传感器和拼装机间的位置姿态关系。实际施工中，为实现较好的视野，观测到管片的特征位置，视觉传感器可能不会固定在拼装机机械手末端或基座上，会固定在拼装机中间的某个轴上。而现有的技术都是针对六轴机械结构末端与基座之间的传感器标定，没有探讨过在此基础上对于六轴机械结构末端与基座之间任意轴上的传感器标定。并且一个物体在空间中具有六个自由度，六轴机械结构末端通过改变六个自由度来进行传感器标定，能够将传感器识别的目标物位置姿态完整的转换到基座坐标系下。而将传感器安装到基座与六轴之间任意轴上时，其末端无法改变六个自由度，传感器标定时求解转换矩阵会在缺失的自由度上线性相关而无解，其传感器无法将识别目标物的坐标系准确的转换到基座坐标系下。要解得唯一的手眼标定矩阵至少需要两次旋转轴的非平行相对位姿变换，即机械臂末端至少要变换 3 次位姿才可以求得唯一的手眼标定矩阵。

针对上述现有技术中存在的不足之处，本项目提供了一种视觉传感器固定于拼装机任意轴的手眼标定方法，增加固定于基座的辅助视觉传感器，利用"眼在手外"的标定方法，标定基座上辅助传感器与基座的关系。增加第二标定板，通过获取辅助视觉传感器和任意轴视觉传感器间的关系，确定了任意轴视觉传感器与基座的关系。再通过任意正逆解，可以获得任意轴传感器与任意轴坐标系间的标定关系。

2 总体方案设计

拼装机结构如图 1 所示。

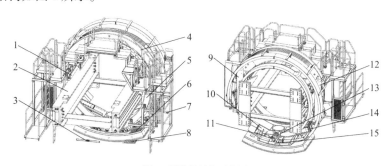

图 1 拼装机结构示意图

1-平移油缸；2-平移梁；3-B 视觉传感器；4-旋转环；5-固定环；6-第二标定板；
7-A 视觉传感器；8-第一标定板；9-提升油缸（红）；10-提升梁；11-偏转油缸；
12-提升油缸（蓝）；13-俯仰油缸；14-伸缩节；15-管片吸盘

平移梁作为拼装机的固定件连接在盾构机壳体 H 架上跟随盾构机前进。固定环两侧滚轮放置在平移梁的导轨中，可以在平移油缸的牵引下向前或者向后滚动，其为拼装机第一运动轴。而固定环与旋转环之间通过一个回转轴承连接，并且能够在回转液压马达的传动下相对转动（Z 轴转动），其为拼装机的第二运动轴。提升油缸（红）以及提升油缸（蓝）分别位于旋转环左右两侧，其缸体通过螺栓连接在旋转环上，伸缩油杆则通过端部吊耳插销与提升梁连接，所以提升梁能够在提升油缸的牵引下相对于旋转环向上或者向下移动。提升梁靠近提升油缸（蓝）一侧具有一个伸缩节，当提升油缸（红）与提升油缸（蓝）之间有行程差时，伸缩节伸出使提升梁相对于旋转环倾斜（Z 轴转动），倾斜方向，其为拼装机第三和第四运动轴。提升梁下侧是管片吸盘，它们之间通常通过一个球铰或者类万向节结构连接，以保证提升梁与管片吸盘之间没有相对位移，但可以相对转动。管片吸盘上两侧有两个滚轮与提升梁直接接触，限制管片吸盘倾斜（Z 轴转动）。俯仰油缸以及偏转油缸缸体和油杆吊耳分别连接在提升梁以及管片吸盘上，以控制管片吸盘两个方向上的摆动，其为拼装机的第五和第六运动轴。

为实现管片的自动抓取和拼装，需要根据传感器的视场范围结合拼装机结构形式选择合适位置进行固定。传感器的固定方式主要有以下三种：

（1）眼在手外（EYE TO HEAD）：将相机固定在机械臂底座平面，标定板固定在机械臂末端，通过移动机械臂来获取标定图像。这种方法主要求的是 Base 坐标系和 Cam 坐标系的关系。

（2）眼在手上（EYE IN HEAD）：将相机固定在机械臂末端，标定板固定在物品平面，通过移动机械臂来获取标定图像。这种方法主要求的是相机坐标系和工具坐标系的关系。

（3）相机不安装在机械臂末端，而是安装在中间的 1~5 轴的某一轴上。简称眼在手中，如图 1 中 A 视觉传感器安装在第二轴上。这时标定需要借助 B 视觉传感器。B 视觉传感器安装在手外。通过眼在手外的标定方法，通过固定在机械手末端的第二标定板，实现 B 视觉传感器与基座的标定。2 轴末端坐标系在基底坐标系下的正解已知为 $^{\text{TCP2}}_{\text{Base}}T$。通过在 A 视觉传感器和 B 视觉传感器的共同视野内放置第一标定板，即可获取 A 视觉传感器在 2 轴坐标系下的位置姿态。

3 B 视觉传感器与基座标定

B 视觉传感器与基座位置标定关系如图 2 所示。

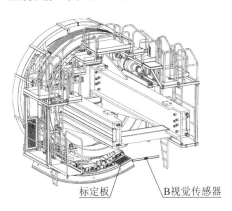

标定板　　　　B视觉传感器

图 2　B 视觉传感器与基座位置标定图

B 视觉传感器坐标系到基底坐标系的转换矩阵 $^{\text{camB}}_{\text{Base}}T$ 的关系式如下：

$$^{\text{camB}}_{\text{Base}}T = {}^{\text{TCP6}}_{\text{Base}}T_n \cdot {}^{\text{cal1}}_{\text{TCP6}}T \cdot {}^{\text{camB}}_{\text{cal1}}T_n \tag{1}$$

式中：$^{\text{camB}}_{\text{Base}}T$——第二传感器坐标系到基底坐标系的转换矩阵；

$^{\text{TCP6}}_{\text{Base}}T_n$——通过该拼装机六轴数据参数计算得到的第六轴坐标系到基底坐标系的转换矩阵，n 代表通过改变六轴参数形成的拼装机第 n 个状态；

$^{\text{cal1}}_{\text{TCP6}}T$——第一标定板坐标系到第六轴坐标系的转换矩阵；

$^{\text{camB}}_{\text{cal1}}T_n$——B 视觉传感器坐标系到第一标定板坐标系的转换矩阵。

通过改变拼装机的六轴数据参数，当 n 为 1 和 2 时可得：

$$^{\text{camB}}_{\text{Base}}T = {}^{\text{TCP6}}_{\text{Base}}T_1 \cdot {}^{\text{cal1}}_{\text{TCP6}}T \cdot {}^{\text{camB}}_{\text{cal1}}T_1 \tag{2}$$

$$_{\text{Base}}^{\text{camB}}T = _{\text{Base}}^{\text{TCP6}}T_2 \cdot _{\text{TCP6}}^{\text{cal1}}T \cdot _{\text{cal1}}^{\text{camB}}T_2 \tag{3}$$

联立式(2)、式(3)可得：

$$_{\text{Base}}^{\text{TCP6}}T_2^{-1} \cdot _{\text{Base}}^{\text{TCP6}}T_1 \cdot _{\text{TCP6}}^{\text{cal1}}T = _{\text{TCP6}}^{\text{cal1}}T \cdot _{\text{cal1}}^{\text{camB}}T_2 \cdot _{\text{cal1}}^{\text{camB}}T_1^{-1} \tag{4}$$

记 $_{\text{Base}}^{\text{TCP6}}T_2^{-1} \cdot _{\text{Base}}^{\text{TCP6}}T_1$ 为 A，记 $_{\text{cal1}}^{\text{camB}}T_2 \cdot _{\text{cal1}}^{\text{camB}}T_1^{-1}$ 为 B，记 $_{\text{TCP6}}^{\text{cal1}}T$ 为 X，得到：

$$AX = XB \tag{5}$$

通过 Tsai 算法可以解得 X，即 $_{\text{TCP6}}^{\text{cal1}}T$，将 $_{\text{TCP6}}^{\text{cal1}}T$ 代入式(1)，可以得到 $_{\text{Base}}^{\text{camB}}T$。

4 A 视觉传感器标定

已知 B 视觉传感器与基座的转换矩阵，通过增设第二标定板，让 A 视觉传感器和 B 视觉传感器都能识别到第二标定板，可以分别获得他们与第二标定板的转换矩阵。A 视觉传感器标定关系如图 3 所示。

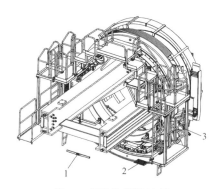

图 3 A 视觉传感器标定图

1-B 视觉传感器；2-第二标定板；3-A 视觉传感器

第二标定板到基座坐标系的关系式为：

$$_{\text{Base}}^{\text{cal2}}T = _{\text{Base}}^{\text{camB}}T \cdot _{\text{camB}}^{\text{cal2}}T \tag{6}$$

$$_{\text{Base}}^{\text{cal2}}T = _{\text{Base}}^{\text{camA}}T \cdot _{\text{camA}}^{\text{cal2}}T \tag{7}$$

A 视觉传感器固定在与第二运动轴上，A 视觉传感器坐标系到基座坐标下的转换矩阵与 A 视觉传感器坐标系到第二轴坐标系的转换矩阵关系式为：

$$_{\text{Base}}^{\text{camA}}T = _{\text{Base}}^{\text{TCP2}}T \cdot _{\text{TCP2}}^{\text{camA}}T \tag{8}$$

联立式(6)~式(8)可以获得以下关系式：

$$_{\text{TCP2}}^{\text{camA}}T = _{\text{Base}}^{\text{TCP2}}T^{-1} \cdot _{\text{Base}}^{\text{camB}}T \cdot _{\text{cal2}}^{\text{camB}}T^{-1} \cdot _{\text{cal2}}^{\text{camA}}T \tag{9}$$

式中：$_{\text{TCP2}}^{\text{camA}}T$——A 视觉传感器坐标系到第二轴坐标系的转换矩阵；

$_{\text{Base}}^{\text{TCP2}}T$——第二轴坐标系到基底坐标系的转换矩阵；

$_{\text{cal2}}^{\text{camB}}T$——B 视觉传感器坐标系到第二轴坐标系的转换矩阵；

$_{\text{cal2}}^{\text{camB}}T$——B 视觉传感器到第二标定板坐标系的转换矩阵。

求解矩阵关系式得到 $_{\text{TCP2}}^{\text{camA}}T$。

5 标定试验

本试验中以 A 视觉传感器安装在第二轴为例，即安装于旋转环上。增加 B 视觉传感器安装在基座上。$_{\text{Base}}^{\text{camB}}T$ 表示的是 B 视觉传感器坐标系到基底坐标系的转换矩阵，即 B 视觉传感器与基座的相对位置关系，采用六轴机器人标定方法，通过式 (9) 可以获得 B 视觉传感器坐标系到的基座坐标系的转换矩阵 $_{\text{Base}}^{\text{camB}}T$ 为：

$$_{\text{Base}}^{\text{camB}}T = \begin{bmatrix} -0.9947 & 0.0392 & 0.0947 & -402.043 \\ -0.0603 & 0.5233 & -0.8500 & -730.277 \\ -0.0829 & -0.8512 & -0.5182 & 4144.7 \\ 0.0 & 0.0 & 0.0 & 1.0 \end{bmatrix} \tag{10}$$

通过拼装机的正解可以获得第二轴坐标到基座坐标系的转换矩阵 $_{\text{Base}}^{\text{TCP2}}T$ 为：

$$_{\text{Base}}^{\text{TCP2}}T = \begin{bmatrix} 0.9484 & 0.3171 & 0 & 0 \\ -0.3171 & 0.9484 & 0 & 0 \\ 0.0 & -0.8512 & 1 & 2353.59 \\ 0.0 & 0.0 & 0.0 & 1.0 \end{bmatrix} \tag{11}$$

这时，A 视觉传感器与 B 视觉传感器能够同时看到第二标定板，A 视觉感器和 B 视觉传感器可以获得识别标定板获得视觉传感器坐标系到第二标定板的转换矩阵。

A 视觉感器坐标到第二标定板的转换矩阵 $_{\text{cal2}}^{\text{camA}}T$ 为：

$$_{\text{cal2}}^{\text{camA}}T = \begin{bmatrix} 0.8500 & -0.0704 & -0.5221 & 1221.46 \\ -0.1555 & -0.9804 & -0.1210 & 323.177 \\ -0.5033 & 0.1841 & -0.8443 & 1166.5 \\ 0.0 & 0.0 & 0.0 & 1.0 \end{bmatrix} \tag{12}$$

B 视觉感器坐标系到第二标定板的转换矩阵为 $_{\text{cal2}}^{\text{amB}}T$，求逆后可得 $_{\text{cal2}}^{\text{camB}}T^{-1}$ 为：

$$_{\text{cal2}}^{\text{camB}}T^{-1} = \begin{bmatrix} -0.9634 & 0.0692 & -0.2591 & -549.808 \\ -0.0725 & 0.8629 & 0.5002 & -112.338 \\ -0.2582 & 0.5006 & -0.8263 & 2234.16 \\ 0.0 & 0.0 & 0.0 & 1.0 \end{bmatrix} \tag{13}$$

将以上矩阵数据代入关系式 (9) 可得 $_{\text{TCP2}}^{\text{camA}}T$ 为：

$$_{\text{TCP2}}^{\text{camA}}T = \begin{bmatrix} 0.90426 & -0.0971 & -0.4158 & 2247.59 \\ -0.3997 & 0.1499 & -0.4158 & -1092.04 \\ 0.1501 & 0.9839 & 0.0967 & 488.949 \\ 0.0 & 0.0 & 0.0 & 1.0 \end{bmatrix} \tag{14}$$

6 结语

本文将深度视觉技术和机器人运动学引入拼装机系统，实现了固定在拼装机任意轴下的视觉传感器和拼装机间位置姿态标定，达到了视觉传感器"识别的"即为拼装机"所知的"，为管片的自动抓取、自动拼装提供了感知基础。

参 考 文 献

[1] WADA M. Automatic segment erection system for shield tunnels[J]. Advanced Robotics, 1990, 5(4): 429-443.

[2]   TANAKA Y. Automatic segment assembly robot for shield tunneling machine[J]. Computer-Aided Civil and Infrastructure Engineering, 1995, 10(5): 325-337.

[3]   刘飞香. 管片拼装机抓取和拼装智能化研究[J]. 铁道建筑, 2020, 60(8): 58-63.

[4]   吴志洋, 王双, 刘铁根, 等. 基于深度学习视觉和激光辅助的盾构管片自动拼装定位方法[J]. 红外与激光工程, 2022, 51(4): 252-260.

[5]   吴志洋. 基于光电检测的盾构机管片自动拼装定位方法研究[D]. 天津: 天津大学, 2021.

[6]   董开先. 盾构机管片自动拼装图像检测定位方法研究[D]. 天津: 天津大学, 2020.

[7]   姚恒, 郭炳洋, 郭素阳. 盾构自动化拼装系统[J]. 工程机械, 2023, 54(6): 182.

[8]   林福龙, 郭俊可, 魏晓龙. 管片自动抓取定位方法和管片自动拼装定位方法: CN114183167A[P]. 2022-03-15.

[9]   褚航. 管片拼装机全自动化拼装研究[D]. 南昌: 华东交通大学, 2022.

[10] 郑震宇, 高健, 郑卓鋆, 等. 基于 3D 视觉点云配准的高精度手眼标定方法[J]. 机械设计, 2023, 40(S2): 51-56.

[11] TSAI R Y. A new technique for autonomous and efficient 3d robotics hand/eye calibration [C]//Proceedings of International Symposium on Robotics Research. 1988.

[12] TSAI R Y, LENZ R K. A new technique for fully autonomous and efficient 3D robotics hand/eye calibration[J]. IEEE Transactions on Robotics and Automation, 1989, 5(3): 345-358.

异形断面管片拼装机发展现状研究

庄欠伟 [1,2]

（1. 上海城建隧道装备有限公司　上海　200137；2. 上海隧道工程有限公司　上海　200238）

摘　要：异形管片拼装机是异形断面盾构机的核心部件之一，其技术性能是制约异形隧道发展的关键技术之一。本文列举总结了国内外各类用于异形断面隧道的管片拼装机，根据结构形式进行分类，并分别介绍其结构原理。异形管片拼装机形式多样，需要根据异形断面形状选择合适机构形式的拼装机。

关键词：管片拼装机；异形断面；盾构机

1　引言

随着城市现代化的推进，为了更合理地运用有限的地下空间，矩形或类矩形等异形断面的隧道被越来越多地应用到城市隧道工程中。而传统圆形盾构所用的管片拼装机受拼装机械手活动范围所限，无法直接应用在矩形等异形隧道掘进机上，因此对可用于矩形及其他异形断面的管片拼装机研究具有重要意义。

目前常规盾构管片拼装机结构形式如图 1 所示，由回转系统、提升系统、平移系统、抓取装置构成。其中回转系统主要功能是在拼装管片的过程中提供回转力矩，提供机构整体绕管片轴线的回转运动，并且为整个拼装系统提供支撑作用；提升系统的主要结构是两个提升油缸和两个导杆，两个升降油缸来完成对管片的提升和上推；平移系统主要由一个双作用油缸和两根水平导杆组成；抓取装置用于拾取管片并进行微小的姿态调节。

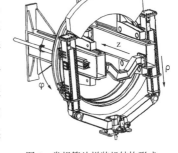

图 1　常规管片拼装机结构形式

国内多家机构对盾构圆形管片拼装机进行了研究，也提出了一些新的拼装机构类型。如上海隧道、中铁隧道和中国铁建等多家盾构制造商对圆形管片拼装机进行相关研究和制造。武汉大学喻萌和程燕采用虚拟样机技术研究了回转加摆臂式拼装机，上海交通大学黄业平等人研究了基于 3-RPS 并联构型的管片拼装机构，钱晓刚研究了采用球面二自由度的空间五杆机构来实现拼装自由度，同样为隧道管片拼装技术提供了新的思路。

国外亦有多家企业对于盾构管片拼装机进行了深入的研究。目前，日本 HITACHI 公司正在研制高效可靠的管片自动安装机器人。其管片自动定位安装系统充分利用了激光技术、光学图像处理技术、伺服控制技术及传感检测技术等。美国 ROBBINS 公司的六自由度管片安装机，其安装一环管片的时间可控制在 30min 以内，通过遥控操作保持操作者始终处于安全距离之外。德国 WIRTH 集团 NFM 技术公司开发的真空吸盘式管片拼装机，它具有很高的控制精度和安装效率，除螺栓连接工序外基本实现了自动化。

作者简介：庄欠伟（1978—），男，博士研究生，正高级工程师，目前从事隧道机械技术研究与试验工作。电子邮箱：qianwei zhuang@sohu.com。

以上介绍均为圆形管片拼装机，下面将介绍异形断面管片拼装机的发展现状。

2 双臂并联伸缩拼装机

日本小松株式会社于 1999 年制造了一台矩形盾构机，其应用于京都市高速铁路网的醍醐—六地藏区间。隧道管片宽 9.9m、高 6.5m，其中一般线路部分采用一层双跨，铸铁衬砌（DC 衬砌），如图 2 所示。在构件外周部分设置柱处，为刚度高的波纹形结构，其他部分做成 4 根梁结构。衬砌结构厚度为 350mm。

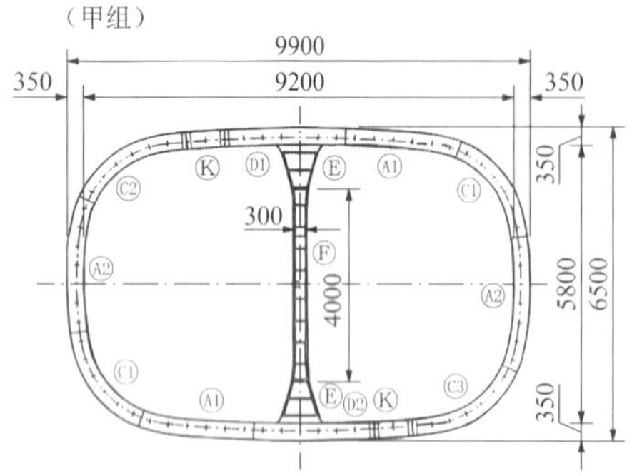

为了完成该矩形管片拼装，小松公司在传统拼装机的基础上增加了横移机构和大角度摆动机构，从而增加了拼装机灵活度，实现了带中立柱的矩形管片拼装。其中立柱拼装示意图如图 3 所示。

上海隧道于 2014 年依托宁波类矩形隧道工程进行了类似研究，其也是在传统拼装机的基础上增加了横移机构和大角度摆动机构，不同之处是采用一级大行程横移机构代替小松公司的两级横移机构，如图 4 所示。

图 2 一般线路部分衬砌结构构造
（尺寸单位：mm）

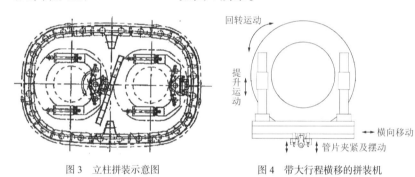

图 3 立柱拼装示意图　　　　图 4 带大行程横移的拼装机

3 双臂并联摆动拼装机

日本日立造船株式会社于 2006 年申请了一种用于矩形管片的双臂并联摆动式拼装机（图 5）并应用到宽 4.28m、高 3.83m 的 OHM 矩形泥土压力式盾构机（图 6）上，该盾构机完成了连接横断京都地下铁道外环线的石田地下行通道和通往石田车站的人行联络通道工程。主要隧道管片结构如图 7，管片结构构造参数见表 1。

管片的结构构造参数　　　　　　　　　　　　　　　　表 1

管片衬砌形式	RC 平板型管片块	管片衬砌形式	RC 平板型管片块
衬砌横向内径（mm）	3400	分块数	分 8 块（4 种管片块）
衬砌竖向内径（mm）	2950	键式管片形式	半径方向插入型
管片厚度（mm）	350	质量（t/环）	12.9
管片宽度（mm）	1000	螺栓接头尺寸/强度区分	M27/10.9
设计标准强度σ_c（N/mm^2）	48		

图 5 双臂并联伸缩拼装机　　　　　　图 6 OHM 矩形泥土压力式盾构机

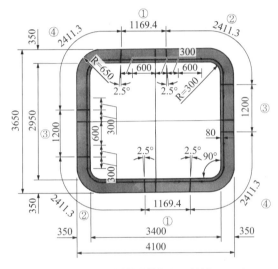

图 7 OHM 盾构隧道管片结构（尺寸单位：mm）

根据隧道管片断面和分块形式，日本日立造船株式会社发明了一种双臂摆动管片拼装机，主要结构如图 8 所示，其双臂一端可以在铰点上摆动，铰点通过伸缩油缸连接在悬梁上，另一端连接管片的抓取板。

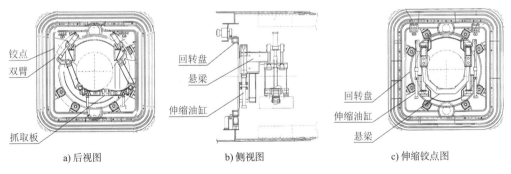

a) 后视图　　　　　　　b) 侧视图　　　　　　　c) 伸缩铰点图

图 8 双臂摆动式拼装机结构

抓取装置部分结构如图 9 所示，抓取装置两端通过铰点与双臂相连，抓取板下方两端可以分别通过螺栓与管片相连，从而完成对 L 形管片不同部位的抓取及拼装。抓取装置内安装导向柱，纵向移动板通过导向柱安装到抓取装置上，并通过纵向移动液压缸驱动进行纵向移动。

图 9　管片抓取装置示意图

左右 L 形管片的拼装过程如图 10 所示。

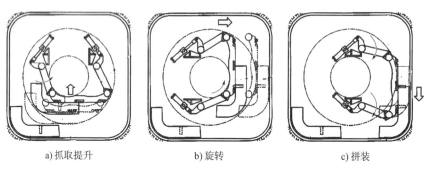

a) 抓取提升　　　　　　b) 旋转　　　　　　c) 拼装

图 10　左右管片拼装过程示意图

4　单臂伸缩拼装机

TK78IPMX-1 为日本小松制作所于 1998 年设计制造的矩形土压平衡盾构机，如图 11a）所示，被用于日本福冈市中央区某地下连接通道的建设，总掘进距离 117m，隧道外层使用钢制管片，内层采用混凝土现浇（由于该通道用于连接繁华的地下商店街与既有建筑物，并不适用大型的开挖工程，故采用了矩形盾构机）。TK490PMX-1 为日本小松制作所于 2000 年设计制造的矩形土压平衡盾构机，如图 11b）所示，被用于日本京都市左京区白川今出河分水渠改造工程，总掘进距离 90.7m，隧道外层使用钢制管片，内层采用混凝土现浇。

a) TK78IPMX-1　　　　　　　　　　b) TK490PMX-1

图 11　小松制作所矩形盾构机

小松制作所在上述矩形盾构机中采用的单臂伸缩式拼装机结构原理如图 12 所示，管片抓取装置通过单伸缩臂连接在环形板上，管片抓取装置内设有横向和纵向移动油缸。管片与抓取装置之间通过螺栓连接。

由大丰建设株式会社和 IHI 株式会社开发的偏心多轴矩形盾构机（图 13）采用了一种单

臂伸缩式管片拼装机，如图14所示，并于1998年申请专利。

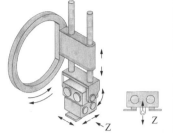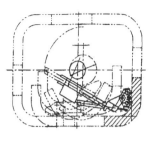

图12　单臂伸缩式拼装机结构原理　　　　图13　IHI矩形盾构机　　　　图14　单臂伸缩拼装机

日立造船株式会社于1989年申请了用于双圆隧道管片拼装的单臂伸缩式管片拼装机，其拼装海鸥块以及中立柱的示意图如图15、图16所示，采用两台单臂伸缩式拼装机配合完成整环双圆管片拼装。

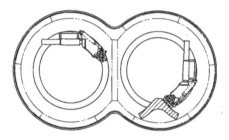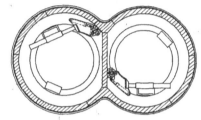

图15　单臂伸缩拼装机海鸥块拼装　　　　　图16　单臂伸缩拼装机中立柱拼装

该拼装机主要结构包括回转圆盘、导向杆、伸缩单臂以及管片抓取装置（图17），抓取机构通过导向杆与回转圆盘相连并整体旋转，通过伸缩油缸使导向杆伸缩带动抓取装置移动，在回转圆上装有配重结构以平衡整体回转惯量。

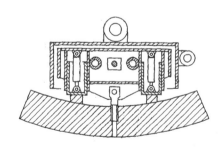

图17　单臂伸缩拼装机抓取装置

5　单臂摆动拼装机

日本株式会社小松制作所于1993年进行了单臂摆动拼装机研究，主要用于双圆管片拼装。该拼装机结构简图如图18所示。其中摆动液压缸一用于带动单臂的整体绕铰点一摆动，摆动液压缸二通过连杆机构带动管片抓取装置绕铰点二摆动。

日本株式会社小松制作所于1994年对单臂摆动式拼装机进行了改进研究，并申请相关专利，结构简图如图19所示。该机械增加了用于调节管片姿态的摆动液压缸，使得管片在拼装过程中能得到细微的姿态调整。

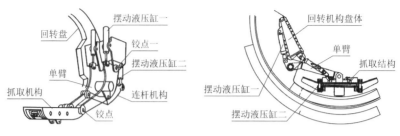

图18 单臂摆动拼装机结构简图   图19 单臂摆动拼装机结构剖视图

日立造船公司于 2007 年开发一种单臂摆动式拼装机并申请了相关专利，并应用到敞开式半机械式盾构。该盾构机成功应用于日本国土交通省来推进交通结节点的改造、国道 20 号（甲州街道）跨铁路线桥的重新建造、加固及连接新运行的地铁副都心线的地下步行道。建造时间为 2008 年 3 月到 2009 年 1 月。本隧道在 6～7m 极浅覆土厚度条件下施工，考虑到能确保覆土略有增加及较为经济性的断面，隧道形状采用了矩形（盾构机外径 7820mm ×4720mm）断面。采用 8 块管片拼接成整个矩形断面，隧道管片分块如图 20 所示，隧道外径7600mm × 4500mm，其分为 8 块，采用错缝拼装形式。

根据该断面形状和分块形式，日立造船公司发明一种单臂摆动式拼装机，其结构形式如图 21 所示。其中心回转盘体通过周边 6 组回转轮支撑，并通过外啮合的齿轮进行驱动旋转，单臂安装在回转盘体上通过油缸驱动进行摆动，管片抓取装置安装在单臂上，抓取装置内设有两组摆动油缸用于调节管片抓取角度。

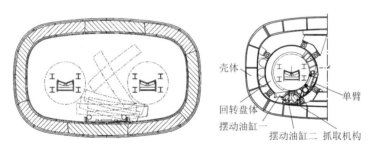

图20 隧道管片分块图   图21 单臂摆动式拼装机结构图

该拼装机拼装该矩形管片的流程如图 22 所示。

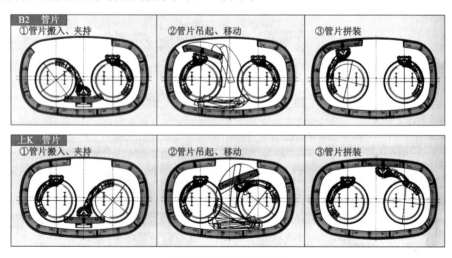

图22 矩形管片拼装流程图

上海隧道依托宁波类矩形隧道于 2016 年研发了一台六自由度的单臂摆动式拼装机。宁波类矩形隧道管片结构如图 23 所示。

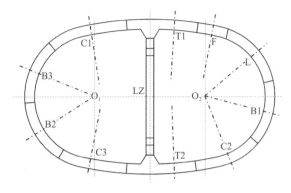

图 23 宁波类矩形管片结构

管片 C1、C3、T2、T1 的拼装轴线不过拼装圆心，其平面姿态调节范围较大，其对应立体坐标系为绕z轴旋转的范围大。类矩形管片中立柱纵向输送到拼装机拾取处，如图 24 所示。单臂摆动结构如图 25 所示，机构原理为平移 + 摆动 + 摆动，运动副简写为 PRR。该 PRR 定位机构的拼装只能将中立柱送达如图 24 所示位置，需管片位置调整机构将其绕x轴旋转 90°。绕z和x轴旋转角度均较大，常规的并联三自由度机构已经无法实现该大范围的姿态调整，只能采取串联型的机构。考虑到管片还需绕y轴进行微小姿态调整。综合以上情况，该管片拼装机姿态调整采用串联型的 RRR 结构形式。因此，类矩形管片拼装机的机构采用 PRRRRR 形式，即 1P5R 形式。

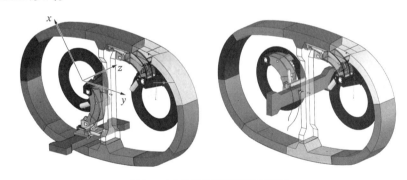

图 24 中立柱拾取位置及拼装示意图

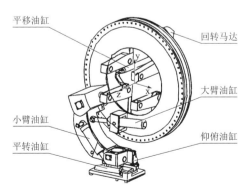

图 25 单臂摆动结构

6 单臂摆动伸缩拼装机

上海隧道于 2017 年在宁波类矩形盾构 1P5R 拼装机基础上，依托矩形隧道形式开发一种增加伸缩装置的 2P5R 管片拼装机。11.83m×7.27m 类矩形隧道管片长宽比（1.63）较大，适合采用两个 1P5R 拼装机拼装管片，而 7.5m×10.4m 类矩形隧道管片长宽比（1.39）较小，如图 26 所示，适合采用一个拼装机拼装管片，如图 27 所示。

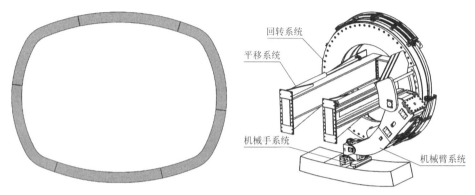

图 26　7.5m×10.4m 类矩形管片　　　　　　图 27　单臂摆动伸缩拼装机

2P5R 管片拼装机在大臂中加入伸缩自由度，在大回转运动停止的状态下，依靠新加入的伸缩自由度依然可以实现管片在小范围内的高精度六自由度运动。该拼装机进行矩形管片拼装试验如图 28 所示。

图 28　矩形管片拼装试验

7 串联双臂摆动拼装机

如图 29 所示，在单臂摆动拼装机的基础上，在旋转环上对称设置两个相同结构的摆动关节型拼装机构，形成一种串联双臂摆动拼装机，通过对称的两组拼装机实现三圆形组合断面管片拼装。

如图 30 所示，拼装机旋转环上左右对称配置了 2 组具有摆动和夹持功能的拼装装置，大臂铰点连接在旋转环上并通过摆动油缸 1 的伸缩实现大臂的摆动，小臂两端分别与大臂和机械手装置铰点连接，通过摆动油缸 2 的伸缩实现小臂的摆动，通过摆动油缸 3 的伸缩实现机械手装置的摆动，来改变管片的姿态调整。

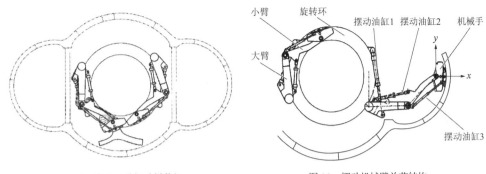

图 29　串联双臂摆动拼装机

图 30　摆动机械臂关节结构

8　轨道式拼装机

目前世界上最大的矩形盾构机应用于日本东京相模纵贯川尻隧道工程，断面尺寸为 11.96m × 8.24m，为敞开式盾构，如图 31 所示。其所采用的管片拼装机为矩形环状导轨式，管片拼装装置沿着导轨行走至拼装位置，然后进行拼装。

图 31　世界上最大的矩形盾构机

图 32 为一种异形断面盾构管片轨道式拼装机，其结构包括安装于盾构机主体的提升装置和平移装置、小车行走装置、行走轨道、管片夹装调整装置和配重装置。通过管片夹装调整装置将管片模块夹取到行走小车上，通过提升装置和平移装置将管片调整到指定状态，然后通过行走装置沿轨道运动到拼装位置，通过链轮传动方式使拼装机整体沿轨道运动，可以到达各拼装位置，从而实现单台拼装完成整个工作，无须再配合其他装置使用。该拼装机具有便于控制，不易产生干涉、灵活性强的特点。

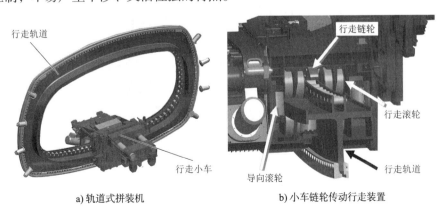

a) 轨道式拼装机

b) 小车链轮传动行走装置

图　32

c) 管片提升和平移装置   d) 管片夹装调整装置

图 32　异形断面盾构管片轨道式拼装机

9　柱式拼装机

上海市机械施工集团有限公司于 2015 年研制了土压平衡超大截面（10.1m×5.3m）矩形盾构机，成功应用于上海虹桥临空园区 10-3、11-3 地块地下连接通道工程。该隧道管片及拼装机如图 33 所示，拼装机臂可以沿竖向立柱竖直上下运动，并可以绕连接点回转，拼装机臂可以自由伸缩，通过以上三个运动可以将管片拼装到位。上下两块管片需要两个拼装机共同完成拼装。

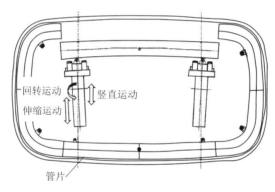

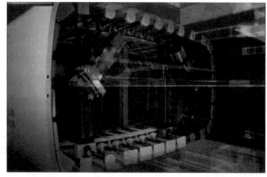

图 33　柱式拼装机

10　C 形拼装机

大成大日本建设共同企业体于 1992 年 7 月—1994 年 9 月承建新大森干线之四工程，该隧道断面为竖向椭圆形，采用二次衬砌结构，一次衬砌为钢制管片，管片外形尺寸为3000mm×4500mm。竖向椭圆形断面适合地下空间受限区域施工。为了完成该断面管片拼装，设计一个特殊拼装机，其结构如图34所示。

在竖横比大的场合下，该种竖向椭圆形盾构机和常规圆形盾构机的拼装形式有所不同，如图35所示，该种竖向椭圆形断面拼装机附加驱使拼装机主体作升降的机构，拼装机在上下作升降时，为了不干扰螺旋机和油压软管等设施，该C形拼装机设计成缺少一部分内啮合齿轮的构造形式。该拼装机采用平行四边形结构原理实现拼装机的伸缩动作。该拼装机的抓取部设置有前后移动机构。拼装完成的隧道如图36所示。

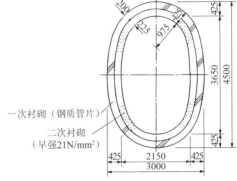

图34 隧道断面和管片形式（尺寸单位：mm）

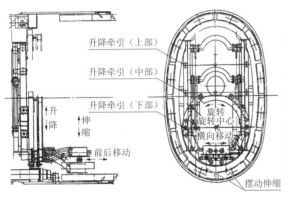

图35 C形拼装机

图36 工程案例隧道图

11 组合式拼装机

日本大阪商街公园地铁车站是大阪市地铁7号线工程中施工难度最大的一个车站，处在地下32m左右。该车站采用了世界上首次在实际工程中应用的三连体泥水加压式MF盾构施工法，盾构机如图37所示。

图37 商街公园地铁车站使用的三圆盾构掘进机

隧道断面由三个圆形横向搭接叠合而成，如图 38、图 39 所示，正好构成横向三连圆断面的结构体，每一整环由 14 块管片拼装而成，14 块管片的分块形式为：8A + A2 + A3 + 2K1 + 2K2，环间拼装形式为错缝式。

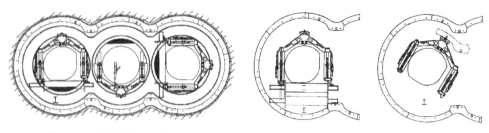

图 38　三连体隧道断面和管片形式　　　　　　　　图 39　环式管片拼装机

由于横向三连圆断面的特殊性，单一拼装机无法完成整环管片的拼装，因此针对断面进行组合式的拼装机设置，由于三个圆形断面直径相同，在三圆形断面内分别设置一个环式管片拼装机，拼装机主要由回转系统、提升系统、平移系统和管片抓取装置构成，要精确完成一片管片的拼装，必须对该管片的 6 个自由度进行定位，即轴向伸缩、水平伸缩和轴向回转以及现实管片姿态调整的三个方向的转动。该拼装机双臂另一端也设有抓取装置，用来抓取和拼装管片中立柱。该组合拼装机可同时独立进行管片拼装，结构简单，拼装效率高且有较大的作业空间。

如图 40 所示，隧道断面为三圆形组合断面，中间大直径圆形断面采用增加大角度摆动机构的管片拼装机，左右两小直径圆弧形断面采用 C 形轨道的轨道式拼装机。

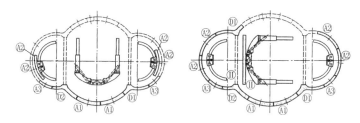

图 40　三圆断面拼装机

12　结语

本文依托异形断面隧道管片结构，罗列了国内外异形断面管片拼装机结构形式。其种类众多，适合不同类型异形管片形式，可针对不同的地层和形状要求进行针对性使用，后续可为科研人员提供打破传统拼装机的思维方式。

但目前管片拼装机仍存在效率过低、通用性不强等问题，随着城市隧道断面的发展，后续会有更多类型、更多结构形式和加更智能自动拼装机出现。

参 考 文 献

[1]　喻萌. TBM 管片拼装机的虚拟样机研究[D]. 武汉: 武汉大学, 2005.

[2]　程燕. 隧道管片自动拼装机的虚拟样机及其仿真[D]. 武汉: 武汉大学, 2005.

[3]　黄业平. 隧道掘进装备铰接与管片拼装机构设计研究[D]. 上海: 上海交通大学, 2010.

[4] 钱晓刚. 盾构掘进设备中的管片拼装机机构设计方法[D]. 上海: 上海交通大学, 2008.

[5] KAWAI K, MINAMI T. Development of rectangular shield [J]. Japan Komatsu Technical Report, 2001.

[6] 上海隧道工程股份有限公司. 用于矩形盾构的回转拼装机: 201410837620.0[P]. 2014-12-28.

[7] 日立造船株式会社. シールド掘進機のエレクタ装置およびセグメント組立方法: 2008057194. [P]. 2006-08-31.

[8] 大豊建設株式会社, 株式会社 IHI. スライド式エレクタ: 4010653_B2[P]. 1998-06-26.

[9] 日立建機株式会社. エレクタ装置: 2714136_B2 [P]. 1989-05-31.

[10] KOMATSU LTD. 多連円形シールド掘進機のセグメントエレクタ装置: H0734798A[P]. 1993-07-16.

[11] KOMATSU LTD. シールド掘進機のセグメント組立装置: 1996135395A[P]. 1994-11-04.

[12] 日立造船株式会社. シールド掘進機のエレクタ装置: 2008266987A[P]. 2007-04-20.

[13] 庄欠伟,杨正. 1P5R 型管片拼装机构分析及设计[J]. 筑路机械与施工机械化, 2017, 34(3): 103-106, 111.

[14] 庄欠伟. 矩形盾构 2P5R 管片拼装机的研制[J]. 筑路机械与施工机械化, 2018, 35(1): 38-40.

[15] KAWASAKI HEAVY IND LTD. 多関節型エレクタ装置の操作方法とその装置: 1997112196A[P]. 1995-10-17.

[16] 上海市机械施工集团有限公司. 矩形隧道管片的拼装方法: 104863619A[P]. 2015-08-26.

[17] 帝都高速度交通営団, 株式会社熊谷組, 川崎重工業株式会社. 多連型シールド掘進機用エレクタ装置: 3340102B2[P]. 1999-11-18.

[18] 助川禎. 駅間シールド機を使用した着式泥水三連型駅シールド工法の開発[J]. 土木学会論文集, 1994, 498(24): 49-55.

长距离复合地层输水隧洞工程
掘进机选型研究

李旭辉[1]　周　宁[1]　郭　榕[2]

（1. 深圳市原水有限公司　广东深圳　518038；2. 中铁七局集团西安铁路工程有限公司　陕西西安　710032）

摘　要： 罗田水库—铁岗水库输水隧洞工程途经丘陵地貌及城区冲积平原地貌，且隧洞沿线涉及沉积岩、变质岩、火成岩三大岩类，工程地质条件差异性变化较大，掘进机选型条件复杂。根据本工程特点，从地质适应性、安全性、施工工效及经济性等多角度，结合当前9种类型隧洞掘进机（简称TBM）的适应性特点及优缺点，经分析研究，提出各分段隧洞适宜的掘进机机型。其中，T1段和T2段主要从长距离、复杂地质条件适应性和施工安全等方面综合考虑，推荐采用土压/TBM双模掘进机。T3段主要从地质适应性及有利于施工安全及工期控制等方面综合考虑，推荐采用双护盾式TBM。T4段主要从地质适应性、施工进度及经济性等方面综合考虑，推荐采用敞开式TBM。研究成果可为同类地质和环境条件下长距离输水隧洞掘进机选型提供借鉴和参考。

关键词： 长距离隧洞；掘进机选型；敞开式TBM；双护盾式TBM；双模掘进机

1　引言

罗田水库—铁岗水库输水隧洞工程（简称"罗铁工程"）是珠江三角洲水资源配置工程在深圳境内的配套工程之一。罗铁工程全线位于深圳市西部城区，输水干线全长21.68km，过流断面直径5.2m，开挖断面跨度为6.4～6.7m，隧洞埋深一般在50～180m之间，围岩属较软岩～坚硬岩，围岩类别以Ⅱ、Ⅲ类为主，长约14.82km，约占68.2%，Ⅳ、Ⅴ类围岩长约6.91km，约占31.8%。该工程输水隧洞具有单区间距离长（4.6～6.1km）、埋深大（最大180m）、岩石强度高（最高211MPa）、地质条件复杂多样、软硬交变、断层破碎带多、交叉穿越多等典型特点，地质纵断面如图1所示。

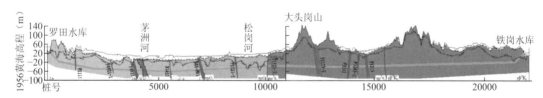

图1　罗铁工程地质纵断面示意图

隧洞掘进机作为一种适用于隧洞快速施工的先进设备，具有掘进效率高、开挖质量好、对围岩扰动小、施工安全性高、作业环境好等优点，在城市深埋地下隧洞施工中具有一定优势。本文结合当前9种类型TBM的功能特征，以罗铁工程输水隧洞工程为案例，综合考虑地质适应性、安全性、施工工效及经济性等多方面因素，对该工程主线隧洞分段选择适宜的掘进机机型展开研究，研究成果可为同类长距离输水隧洞工程掘进机选型提供借鉴和参考。

作者简介：李旭辉（1984—），男，大学本科，高级工程师，目前从事水利工程建设管理工作。电子邮箱：81636720@qq.com。

2 TBM 选型方法及依据

2.1 地质适应性

（1）TBM 分类

全断面掘进机传统分类主要包括：用于土质地层的盾构机、用于岩石地层的 TBM。由于现代引调水输水隧洞工程较长，隧洞地质在轴线方向存在质的变化，随着隧洞掘进技术的发展，单一模式掘进机难以满足复杂地质条件的隧洞工程建设，可变换模式掘进机应运而生。

全断面隧洞掘进机按照其功能模式可分为单一模式掘进机、可变换模式掘进机。单一模式掘进机分为敞开式掘进机和护盾式掘进机。敞开式掘进机简称敞开式 TBM，敞开式 TBM 适用于围岩稳定的硬岩掘进，采用喷锚进行隧洞支护，利用撑靴油缸支撑周边岩壁进行推进。护盾式掘进机又分为土压平衡盾构机（简称"EPB 盾构机"）、泥水平衡盾构机（简称"SPB 盾构机"）、单护盾硬岩掘进机（简称"单护盾 TBM"）和双护盾硬岩掘进机（简称"双护盾 TBM"）。EPB 盾构机、SPB 盾构机、单护盾 TBM、双护盾 TBM 均需要预制管片进行隧洞支护，采用平行油缸支撑管片进行推进，但双护盾 TBM 又可以用撑靴油缸支撑洞壁推进，严格意义上讲，双护盾 TBM 也是可变换模式掘进机。可变换模式掘进机包含双模掘进机和三模掘进机，双模掘进机分别有土压/TBM 双模掘进机、土压/泥水双模掘进机和泥水/TBM 双模掘进机；三模掘进机一般是指土压/泥水/TBM 三模掘进机。

（2）不同类型适应性

9 种具体类型 TBM 所适应的地层以及优缺点对比见表 1。

不同类型 TBM 适应性对比表　表 1

总体分类	具体分类		地层适应性特点		优点	缺点	安全	工效	投资
			适应地层	轴线特点					
单一模式掘进机	护盾式	土压平衡盾构机（EPB盾构机）	低渗透性的黏土、淤泥、砂土等软土地层	掘进区间段各断面基本一致	黏性土中可实现连续高效掘进	含水量高的非黏性地层容易发生螺旋机"喷涌"	好	中	中
		泥水平衡盾构机（SPB盾构机）	较高渗透性的砂层、砾石等地层		应对高压地下水能力强、地表沉降控制性好	含有大粒径高强度渣块的地层容易发生泥水仓"滞排"、泥浆处理施工成本相对较高	好	中	较高
		单护盾TBM	围岩较稳定的软岩地层		采用刚性护盾和管片连续支护可应对小范围软弱围岩、护盾较短不良地质超前处理相对方便	刚性盾体在围岩收敛大变形地层被卡风险较大	好	高	中
		双护盾TBM	既适用于稳定的硬岩地层，也适用于较稳定的软岩地层	掘进区间断面地层不同，但一定长度段，断面地层基本不变	在双护盾模式下隧道掘进和管片拼装可同时进行，施工效率高	较长在围岩收敛大变形地层被卡风险大，不良地质超前处理不便	好	高	较高
		敞开式TBM	围岩稳定的硬岩地层		在稳定地层掘进性能较高、可移动的分体式护盾可灵活应对围岩收敛变形	在围岩不稳定地层敞开式的作业环境人员作业风险大、围岩支护工作量大	差	高	低

总体分类	具体分类	地层适应性特点		优点	缺点	安全	工效	投资
		适应地层	轴线特点					
可变换模式掘进机	双模隧洞掘进机	渗透性低的土岩交互复杂地层，以土质为主	—	在稳定的岩层可以发挥TBM快速掘进的性能、在不稳定的土层可以发挥盾构安全掘进的性能	设备配置复杂且昂贵、模式转换繁琐且耗时	好	中	高
		渗透性低的土岩交互复杂地层，以岩石为主	—					
		既适用低渗透性的黏性土地层，又适应高水压、高渗透性地层	—	泥水平衡模式弥补了土压平衡盾构机的"喷涌"，土压平衡模式弥补了泥水平衡盾构机的"滞排"	设备配置复杂且昂贵、模式转换繁琐且耗时	好	中	高
		土压/泥水						
		渗透高的土压交互的复杂地层	—	在稳定的岩层可以发挥TBM快速掘进的性能、在高渗透和高水压的土层或碎裂岩层可以发挥盾构安全掘进的性能	设备配置复杂且昂贵、模式转换繁琐且耗时	好	中	高
		泥水/TBM						
	三模隧洞掘进机	既适用低渗透性的黏性土地层，又适应高水压、高渗透性地层，也适用于较稳定的硬岩地层	—	兼顾了土压平衡、泥水平衡盾构机以及单护盾TBM的优点	设备配置复杂且昂贵、模式转换繁琐且耗时	好	中	高
	土压							
	泥水							
	TBM							

2.2 安全性

敞开式TBM除护盾以外，均暴露在围岩之外，其支护方式与钻爆法类似，施工安全离不开操作人员的经验和严格管理，若处置不当易发生坍塌等事故，危及设备和人员安全。而其他类型掘进机在掘进过程中，刀盘紧贴掌子面，掘进、管片安装、豆砾石回填和灌浆等主要作业均在封闭的状态下进行，施工过程中受到外界影响较小，安全性较高。

2.3 施工工效

护盾式掘进机由于只能依靠管片提供前进反力，主机推进只能在管片安装完成后进行，因此掘进速度相对较慢。而双护盾式TBM除了在围岩条件较差时采用单护盾模式外，其他情况采用双护盾模式掘进，掘进和管片拼装可同时进行，因此有较快的掘进速度，通常该类掘进机平均工效在150～200m/月。

敞开式TBM在围岩条件好的洞段可实现快速掘进，而在围岩条件差且需要及时施作二次衬砌的洞段，由于初期支护、二次衬砌的工序多，对掘进存在一定干扰，因此掘进速度相对双护盾式TBM稍慢，但要快于其他类型护盾式掘进机，通常该类掘进机平均工效在500～600m/月。

2.4 经济性

从经济性角度看，对围岩条件较好，只需要初期支护或较小的衬砌工程量即可保证稳定性的隧洞，其投资相对较小，对于必须要进行衬砌的隧洞，其投资相对较高。对于TBM，其配置越高、功能模式越多，设备造价越高。一般敞开式TBM相对其他掘进机更便宜，并且由于敞开式 TBM 不需要衬砌，初期支护工程量及其投资也相对更小。而对于其他必须要进行管片衬砌的隧洞，其造价相对高。因此，需在满足工期的前提下，综合考虑掘进机造价和衬砌工程量进行经济性比选。

3 罗铁工程输水隧洞掘进机选型分析

近些年，国内外有不少工程根据区间地质变化，针对性地选择双模/三模掘进机，有不少工程师也进行了专题研究。如张照煌等进行了复合地层施工全断面隧道掘进机选型探讨；周凯等进行了城际铁路隧道软硬交变地层掘进机选型研究；钟长平等进行了多模式盾构机/TBM 的应用与发展；宋天田等进行了地铁区间隧道盾构机/TBM 双模选型适应性研究；刘东亮等进行了 EPB 和 TBM 双模盾构机选型探讨。

罗铁工程全线位于深圳市西部城区，输水干线全长 21.68km，单分段区间长度均在 4km以上，输水隧洞地质情况总体以硬岩为主，呈现上游中段地层复杂多变，下游段硬岩地层为主，地质情况轴线方向变化明显。因此，结合工程工作井的选址以及区间地质，将整个输水隧洞划分为 4 个区段进行设备选型，如图 2 所示。

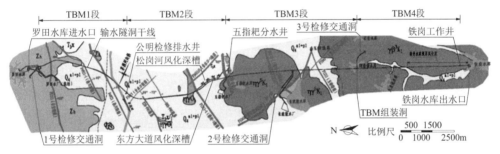

图 2 输水隧洞线路平面分段示意图

3.1 T1 段选型

T1 段为罗田阀室至公明检修排水井区间，总长 4467.17m，该区间围岩主要分为两段，一段为石英片岩、片麻岩，长约 3341m，Ⅲ类围岩占比 89%，Ⅳ类围岩占比 11%，岩石饱和单轴抗压强度最大为 66MPa；另一段为泥岩夹粉砂岩、泥岩砂岩、角砾岩、流纹岩等，长约1126m，Ⅲ类围岩占比 9%，Ⅳ类围岩占比 70%，Ⅴ类围岩占比 21%，岩石饱和单轴抗压强度为 4.3～16.6MPa，岩石遇水泥化，穿越茅洲河段等断层，地质纵断面如图 3 所示。

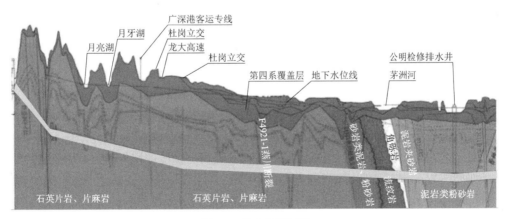

图 3 T1 段地质纵断面图

从不同掘进机的适应性及优缺点可知：

第一段属于硬岩地层，掌子面有自稳性，该段适合采用TBM掘进；第二段涌水较大，地层变化复杂，有突泥涌水风险，掌子面不能自稳，该段适合采用土压平衡盾构机掘进。

在施工安全方面，沿线穿越广深港高铁、龙大高速、茅洲河等，同时第二段IV、V类围岩占比达31.1%，其中断层破碎带、软弱围岩、突涌水等地质问题相对较突出，适合采用盾构机掘进。

为同时满足硬岩和软岩段掘进，从地质适应性和施工安全考虑，推荐采用土压/TBM双模式掘进机。

3.2 T2段选型

T2段为公明检修排水井至五指耙分水井区间，总长4712m，该区间围岩主要分为两段，一段为片麻状花岗岩、斑状花岗岩、中细粒黑云母花岗岩、粗粒斑状黑云母二长花岗岩等，长约2927m，III类围岩占比70%，IV类围岩占比13.4%，V类围岩占比16.6%，岩石饱和单轴抗压强度最大为91.1MPa，掌子面有自稳性；另一段为泥质粉砂岩、砾砂岩、泥岩、弱风化岩屑砂岩等，长约1785m，IV类围岩占比46.8%，V类围岩占比53.2%，岩石饱和单轴抗压强度为4.3～14.1MPa，岩石遇水泥化。穿断裂带段，涌水较大，有突泥涌水风险，地质纵断面图如图4所示。

该段与T1段情况基本相似，从地质适应性和施工安全考虑，推荐采用土压/TBM双模式掘进机。

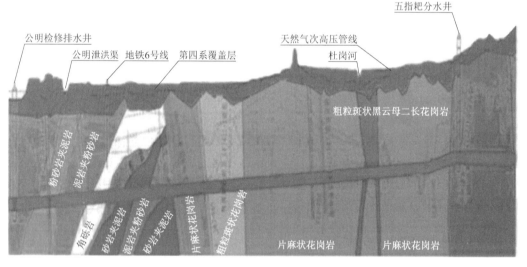

图4 T2段地质纵断面图

3.3 T3段选型

T3段为五指耙分水井至3号检修交通洞区间，总长5367m，埋深大部分在50～180m之间，围岩主要为黑云母花岗岩、斑状黑云母二长花岗岩、蚀变花岗岩等，其中II类围岩占比75.6%，III类围岩占比10.5%，IV类围岩占比10.7%，V类围岩占比3.2%，岩石饱和单轴抗压强度为10.4～152.8MPa，平均强度84.8MPa，穿越3个较大断裂带，10余条小断层，地质纵断面图如图5所示。

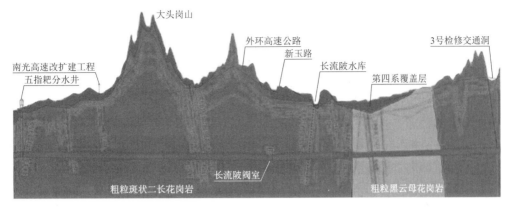

图 5 T3 段地质纵断面图

从不同掘进机的适应性及优缺点可知：

从地质构成看，该段以硬岩为主，适合于 TBM 掘进。该段穿越 3 个较大断裂带，10 余条小断层面等不良地质，同时IV、V类围岩占比约 14%，适合于盾构机或双护盾 TBM 掘进。

从区间分布来看，该段最长，结合地质情况，双护盾 TBM 在硬岩段采用撑靴提供反力掘进，在穿越断层破碎、软弱地层时，利用管片提供推进反力，可以有效保证掘进效率。且通过不良地质洞段，由于人员及设备在衬砌管片的保护下，较为安全。

综合地质适应性、施工安全及工期控制等方面综合考虑，推荐采用双护盾 TBM 掘进。

3.4 T4 段选型

T4 段为 3 号检修交通洞至铁岗工作井区间，总长 4431.95m，埋深大部分在 60～160m 之间，主要为黑云母二长花岗岩，岩体完整，围岩稳定。其中II类围岩占比 91.8%，III类围岩占比 0.5%，IV类围岩占比 7.7%。围岩单轴饱和抗压强度为 100.4～103.8MPa，平均 102.6MPa。石英含量高，岩体完整性系数范围为 0.56～0.83。穿越 3 条断裂带，断层及影响带总长度约 110m，占比 2.5%，地质纵断面图如图 6 所示。

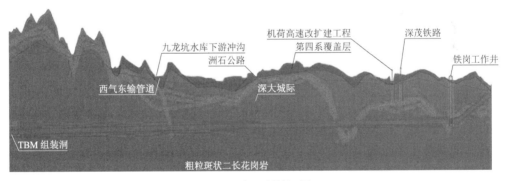

图 6 T4 段地质纵断面图

从不同掘进机的适应性及优缺点可知：

从地质构成看，该段以硬岩为主，石英含量高，非常适合于敞开式 TBM 掘进。该段穿越 3 条断裂带，可以提前处理或在掘进过程中处理。

从工效方面，敞开式 TBM，开挖速度快，支护简单，施工效率高。从工程成本看，敞开式 TBM 设备造价低，同时支护量少，工程成本更优。

综合地质适应性、经济性及工期控制考虑，推荐采用敞开式 TBM 掘进。

4 结论

本文以罗铁输水隧洞工程为背景，根据该工程特点，从地质适应性、安全性、施工工效及经济性等多角度，开展掘进机分段选型研究。根据各分段边界条件及地质特点，提出了罗铁输水隧洞各分段适宜的掘进机机型。结论如下：

（1）系统地梳理了隧洞掘进机的新分类，通过分析不同类型隧洞掘进机地质适应性，总结了各种类型掘进机的适应地层以及优缺点，为隧洞掘进机选型提供参考依据。单模掘进机包括土压平衡盾构机、泥水平衡盾构机、主梁撑靴 TBM、单护盾 TBM 四类，双模掘进机包括土压/TBM 双模、泥水/TBM 双模、土压/泥水双模、双护盾 TBM 四类。

（2）通过综合分析罗铁工程输水隧洞地质适应性、安全性、施工工效、经济性，进行分段选择适宜的掘进机。T1 段和 T2 段主要从多地层复杂地质条件适应性和施工安全考虑，推荐采用土压/TBM 双模式掘进机。T3 段主要从利于施工安全及工期控制等方面综合考虑，推荐采用双护盾式 TBM。T4 段主要从施工进度及经济性考虑，推荐采用敞开式 TBM。

参 考 文 献

[1] 张照煌, 安涛. 复合地层施工全断面隧道掘进机选型探讨[J]. 矿山机械, 2023, 51(9): 1-9.

[2] 周凯, 杨延栋, 周建军, 等. 城际铁路隧道软硬交变地层掘进机选型研究[J]. 盾构工程, 2023, 44(3): 20-23.

[3] 宋天田, 刘川昆, 陈凡, 等. 地铁区间隧道盾构/TBM 双模选型适应性研究[J]. 铁道工程学报, 2022, 39(1): 107-113.

[4] 刘东亮, 康峰. EPB 和 TBM 双模盾构选型探讨[J]. 建筑机械化, 2021, 42(8): 26-28.

[5] 吴文龙. 深圳城市轨道交通 8 号线工程中的 TBM 双护盾施工技术[J]. 工程建设与设计, 2022(10): 130-133.

[6] 石小政, 马偃辉. 双护盾 TBM 在深圳地铁中的应用[J]. 珠江水运, 2019(10): 69-70.

盾构泥浆高效分离与循环利用技术研究

李少华[1]　黄昌富[1]　李建旺[1]　甘　虎[2]　郑贺斌[3]

（1. 中铁十五局集团有限公司　上海　200070；2. 三川德青工程机械有限公司　湖北　443000；
3. 西南石油大学　四川　610500）

摘　要： 泥水盾构穿软黏土地层时常面临泥浆指标快速恶化及废浆量巨大等问题。本文针对软黏土中盾构泥浆超细颗粒及有害杂质的特性，优化多级处理流线，提出盾构工程泥浆湿法梯次分离循环利用技术，并应用三级旋流＋压滤组合废浆处理工艺，实现泥浆高效分离与循环再利用；此外，基于盾构泥浆模块化处理技术，建立了盾构泥浆旋流筛分立体空间集成化系统。本文研究将实现盾构泥浆集约化高效分离与循环利用技术的革新与突破。

关键词： 软黏土地层；泥水盾构；盾构泥浆；湿法梯次分离；泥浆循环利用

1　引言

我国是世界上城市化速度最快的国家之一，大规模城市轨道交通建设是解决城市拥堵的重要手段。盾构法施工凭借其系统高度集成化和施工安全高效化成为地下交通的主流施工方法，其中泥水平衡盾构则常被用于跨江海等水下大直径隧道施工。盾构泥浆含水率高、力学性质差，不利于直接外运和处置，极大地制约了盾构施工效率；大量盾构废弃泥浆直接外排还易影响生态环境，造成水污染和土壤污染。因此，如何能够实现盾构泥浆高效分离与循环再利用对于盾构隧道绿色化施工至关重要。

当前，高含水率泥浆处置技术包括混凝絮凝脱水、高速离心脱水及压滤固化等。Zhang等通过将三种絮凝剂复配制备了一种新型絮凝剂，表明阳离子聚丙烯酰胺、接枝淀粉和絮凝沉降促进剂按质量比为 1∶0.5∶0.75 配制的絮凝剂效果最好，可快速实现泥水分离；张华等依托京沈客专望京隧道工程，基于地层情况选取合适的离心机设备参数、运行参数及外加剂掺入量，使废弃泥浆中 $20\mu m$ 以下细颗粒得到有效处理；周洋等选取高含水率疏浚淤泥开展试验，证明水平排水板具有较好的脱水效果。此外，谢亦朋等总结了盾构废浆经处理后作为再生建筑材料、植被复垦材料等资源化利用材料的再利用技术。

虽然泥浆处置方式各异，但软黏土地层盾构泥浆分离技术和循环利用工艺不成体系，泥浆处理设备地层适应性差、工作效率低、占地面积大、智能化程度低，造成泥浆循环利用不充分和资源浪费。鉴于此，针对软黏土中盾构泥浆超细颗粒及有害杂质的特性，从优化多级处理流线入手，提出了盾构工程泥浆湿法梯次分离循环利用技术，同时应用三级旋流＋压滤的组合废浆处理工艺，以期为盾构泥浆集约化高效分离与循环利用提供技术参考。

2　软黏土地层大直径泥水盾构机泥水集约化分离技术

2.1　盾构工程泥浆湿法梯次分离循环利用技术

盾构在城市软黏土地层中施工时，存在泥浆中超细颗粒及有害杂质分离困难、传统废浆

作者简介：李少华（1989—），男，博士，高级工程师，目前主要从事隧道与地下工程方面的科研工作。电子邮箱：zz16lish@yeah.net。

处理工艺存在处理效率低、设备投入量大、废浆中可再造浆颗粒浪费大等问题。针对软黏土地层中盾构泥浆超细颗粒及有害杂质的特性,优化多级处理流线,构建了盾构泥水分离工艺、盾构泥浆快速高效筛分脱水和多级旋流处理工艺的梯次组合,在此基础上提出了盾构工程泥浆湿法梯次分离循环利用技术。

当泥水盾构机在城市软黏土地层中施工时,通过盾构工程泥浆湿法梯次分离技术,将产生的废弃泥浆由泥浆泵输送至大块分离机,首先将粒径大于50mm的土块、淤泥团进行预分离。预分离后产生的废弃泥浆则通过预筛机将粒径3~50mm的砂石、小泥团进行初步分离,初步分离产生的渣土因粒径较大,故可直接将其外运进行循环利用。经初步分离后的泥浆经泥浆管输送至储浆槽,由透筛进一步分离粒径3~0.045mm的砂粒,砂粒经脱水筛脱水后可外运并再利用。泥浆槽泥浆由泥浆泵泵入旋流器组进行旋流筛分,底流泥浆经脱水筛分离后外运再利用。泥浆经旋流组处理后进入沉淀池,经过多级沉淀后上部清水可继续进行循环利用,而低密度泥浆经过二级浓缩进入压滤机脱水处理,并将粒径小于0.045mm的黏粒脱水后外运循环利用。

2.2 旋流分离器选型技术

旋流器是一种按照粒度、密度分级或分离的设备。在盾构工程泥浆湿法梯次分离过程中,对于泥浆中粒径小于3mm的砂、黏粒的分离起到至关重要的作用。通过选择优化旋流分离器配置参数,可极大地提高盾构泥浆的集约化分离效率,增加分离后砂、黏粒的再利用率。旋流器工作原理如图1所示,待分级或分离的泥浆沿切线从圆筒内壁高速给入,颗粒的混合体随旋流器旋转形成离心力场,不同的粒度、不同的密度的颗粒将会产生不同的运动轨迹,在离心力、介质黏滞阻力、浮力、重力等力场作用下,粗颗粒及大密度颗粒将向旋流器四周运动,并通过锥形体从沉沙嘴排出;细颗粒及低密度颗粒在向上的"空气柱"作用下向旋流器中心运动,并由溢流口排出,最终实现固体颗粒的粗细分级和不同密度流体的分离。

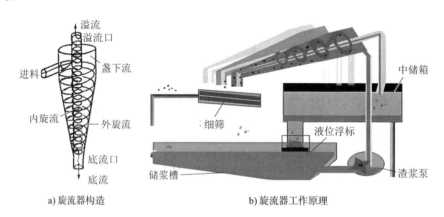

a) 旋流器构造　　　　　b) 旋流器工作原理

图1　旋流器构造及工作原理示意图

(1)考虑泥浆黏度对旋流分离的影响

由于带渣及护壁的需要,工程施工中对泥浆黏度有一定的要求,而随着泥浆黏度的提高,颗粒之间的作用力加强,在受到离心力作用的时候被分离的可能性减小,因此在泥浆处理中尝试提高入料压力以增大设备的泥水分离能力。

（2）入料浓度

旋流器的分级效率与入料浓度密切相关。因盾构掘进速度较高，导致泥浆密度较大，旋流器难以一次性将泥浆密度降到合适的数值。此外，盾构施工地层土体颗粒分布范围广，一种规格的旋流器分离范围难以覆盖，因此可采用多级组合分离方式：即通过一级处理，对泥浆中的大颗粒进行清除，降低泥浆密度，减轻后一级旋流器的负荷；之后再通过二级处理进行进一步小精度的分离。旋流器多级组合分离方式如图2所示。

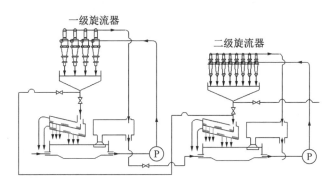

图2　一级和二级旋流器组合分离方式示意图

（3）多级处理泥水分离切点的确定

在确定旋流器分离切点时，通常采用分级效率曲线或迁移率曲线上分离效率为50%时所对应的分散相颗粒的粒度，即为分离粒度（简记为d50）。实践表明，分离粒度可以作为衡量旋流器分离能力的一个重要指标。

根据软黏土地层的颗粒分布特征，粗颗粒含量并不太多，因此一级分离切点可相对较小，以减小二级处理负荷。另外，旋流器底流通常使用脱水筛来降低浆液含水率，但脱水筛对黏细颗粒的脱水很难进行，因此在确定二级处理的分离切点时不宜太低。旋流器的处理能力Q可采用"庞学诗法"进行计算确定，见式(1)：

$$Q = 2.69 n D d_i \left(\frac{20}{\alpha}\right)^{0.2} \Delta P^{0.5} \left[\rho_\mathrm{m} \left(\frac{1.5D}{d_0}\right)^{1.28} - 1\right]^{-0.5} \tag{1}$$

式中：Q——旋流器处理能力（m³/h）；

　　　n——旋流器个数；

　　　D——旋流器直径（cm）；

　　　d_i——旋流器进浆口当量直径（cm）；

　　　α——旋流器锥度；

　　　ΔP——旋流器进口压力（MPa）；

　　　ρ_m——给进浆液密度（g/cm³）；

　　　d_0——旋流器溢流管直径（cm）。

3　三级旋流＋压滤的组合废浆处理技术

3.1　盾构工程泥水压滤技术

对于旋流分离仍无法处理的浆液，通过压滤技术可以有效地将其彻底分离。压滤技术所用的压滤机主要由主机框架、入料隔膜泵、吹风阀组、隔膜式滤板、液压泵站及可编程逻辑控制器（PLC）控制系统等组成，如图 3 所示。

图 3　压滤设备全景图

压滤循环的工作流程如图 4 所示。压滤机在工作过程中，液压油泵驱动主油缸带动三角板曲柄装置，通过连接的拉杆带动移动板关闭并压紧各个滤室。使用液压传动的隔膜泵可将物料注入相邻的滤室中，在滤室中注满后物料后继续泵料，并给滤室内的物料施压，产生压滤过程，使得浆液中大部分的水通过滤布，从滤板上的沟槽流出，最终汇集到滤液集中管中并排放到指定位置，从而实现进行固液分离。在压滤设备的滤板顶部设有吹风口，可向滤室吹入高压空气。在高压空气的作用下清洗滤布，同时带走残留在滤板沟槽中的滤液。当主液压缸再次启动后，可使移动板进一步挤紧滤室，从而使滤室内的滤饼厚度变薄，从而通过机械方式挤压出滤饼中的剩余水。

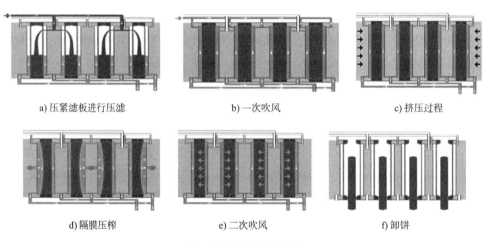

a) 压紧滤板进行压滤　　　　　　b) 一次吹风　　　　　　　c) 挤压过程

d) 隔膜压榨　　　　　　　　e) 二次吹风　　　　　　　f) 卸饼

图 4　压滤循环工作流程图

压滤系统在设计时需使循环泥浆的密度达到平衡。通过泥水系统处理后，应使重新进入 P1 泵的泥浆密度与上一个循环完全一致，即循环中的渣料完全被清除，水量仍达到平衡。压滤过程中需充分考虑时间上的缓冲，同时兼顾对处理能力产生影响的各种因素，包括预筛的前分离，最高掘进速度、地层含水率等，最终提出压滤机的处理能力。压滤机在工作过程中采用全自动流程控制，每台压滤机的工作完全独立，不会对相邻设备的工作产生干涉。压滤后清水直接回清水池或外排处理，压滤后的泥饼用装载机装车直接外运。

3.2　三级旋流处理工艺

当泥水盾构机通过软黏土地层进行掘进时，由于泥浆黏度较高，泥浆中细颗粒含量较多，旋流器的分离指标会逐渐下降。经二级分离设备处理后的泥浆中细微的黏土颗粒逐渐富集，如果不及时予以去除，则会引起泥浆的密度和黏度上升，从而降低泥浆的携渣能力及环流系统的泵送能力，进而降低泥水盾构机在软黏土地层中的掘进效率。三级旋流处理过程中最为重要的是控制进泥泥浆的密度，从而使盾构机在软黏土地层中掘进时保持相对稳定，从而避免泥浆在整个循环过程中出现密度恶化、环流泵超负荷、盾构机扭矩过大等问题，避免泥浆循环体系容量超限造成的浆液溢流。

3.3 三级旋流及压滤组合处理工艺

旋流离心分离器和压滤机在处理盾构浆液时有各自的优缺点。旋流离心分离器能连续工作，泥浆处理成本较低，旋流处理对泥浆密度的降低也有明显效果。但由于胶体类细微颗粒无法进行完全分离，加之泥浆在旋流分离器中经过高速搅拌后，泥浆的黏度不降反升，在离心后泥浆回用时造成旋流分离效果变差。而浆液经压滤机处理之后形成的是泥饼和清水，固-液分离更加彻底，清水回用不仅可以降低泥浆密度，还可以降低泥浆的黏度。但压滤机间断式工作会对其泥浆处理能力造成一定的影响。鉴于此，采用三级旋流＋压滤的组合废浆处理工艺，不仅可以有效降低泥浆的密度和黏度，还可以改善离心分离的增黏负效应。

通过采用三级旋流＋压滤的组合废浆处理工艺（图 5），可实现压滤水的重复利用。通过设置收集箱对经过压滤机滤液水进行收集取样，根据实际酸碱度调整至可利用程度后抽排至清水池作为调浆水使用，极大地降低了市政自来水使用量，提高了废水利用率，达到了节能减排、节资创效的施工要求。

图 5　三级旋流＋压滤的组合废浆处理工艺示意图

其次，在传统泥水处理系统增加三级旋流单元，实现了降低泥浆密度、减少泥浆弃浆量、提高泥浆循环利用率的目的。经过旋流分离后，旋流器底流浓缩高密度泥浆进入压滤单元压滤处理；溢流部分泥浆密度降低，进入调整池循环利用。

4　工程应用及效果

4.1　项目背景

依托横琴杧洲隧道工程（图 6），对软黏土地层泥水盾构泥浆集约化高效分离与循环利用技术进行应用探索。横琴杧洲隧道工程位于珠海市洪湾区和横琴新区之间，横琴一体化区域内。隧道跨越马骝洲水道，项目北侧接环港东路、南侧接厚朴道，起点位于洪湾大道—环港东路交叉口，终点位于厚朴道—胜洲九路交叉口。盾构隧道穿越的主要地层为第四系素填土、冲填土及淤泥、黏土、粉质黏土、碎石质粉质黏土、全风化砂岩及强风化砂岩等。盾构隧道穿越地层约 60% 为软黏土层，呈流塑状态，盾构施工过程中姿态难以控制，易造成管片错台、隧道轴线偏差超标以及成型隧道上浮等不良后果。

图 6　横琴杧洲隧道工程项目

4.2 泥浆集约化高效分离与循环利用总体方案

横琴杜洲隧道工程项目采用泥浆湿法梯次分离循环利用技术进行废弃泥浆处理。首先采用预筛分、一二级旋流分离，实现盾构循环泥浆中砂、泥的良好分离；其次采用脱水筛高频振动脱水，实现对外弃渣含水率≤25%，适合自卸汽车直接运输而不漏浆；之后采用压滤设备处理多余的废浆来保证地面泥浆实现零排放；最后采用制调浆设备，实现盾构环流系统的流量平衡、物质平衡及环流泥浆调节与快速补偿。泥浆处理过程中采用PLC集中控制室远程控制模式，实现地面泥水系统的远程集中控制及实时监控。工艺流程如图7所示。

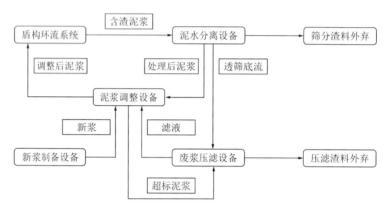

图7 泥浆集约化高效分离与循环利用工艺流程

4.3 旋流分离器的选型

根据软黏土地层的颗粒分布情况初步设定一级分离切点为30μm，选择直径250mm的旋流器；此外，旋流器底流采用脱水筛来降低含水率，但脱水筛对黏细颗粒的脱水很难进行，因此确定二级处理的分离切点不宜太低，因此将二级分离点定在10μm，选择直径100mm的旋流器。旋流器参数如表1所示。

二级旋流器计算参数表　　　　　　　　　　　　　　　表1

D（cm）	n（个）	μ_m（Pa·s）	ρ_d（g/cm³）	d_i（cm）	α（°）	ΔP（MPa）	ρ_m（g/cm³）	d_0（cm）
25	1	0.009	2.65	8.3	10	0.181	1.3	6.35
10	1	0.004	2.65	3.33	5	0.233	1.2	3.25

将参数代入式(1)计算可以得出直径250mm的旋流器泥浆处理能力为83.2m³/h，直径100mm的旋流器泥浆处理能力为19.8m³/h。在实际使用中，可能存在与计算结果有偏差，可以采取调整相关参数的方式来实现流量或分离粒度的变化。如改变溢流口大小、改变入料压力等。将参数代入式(2)可得二级旋流器的分离粒度分别为28.31μm和10.67μm，二级处理的计算分离粒度结果与现场选用分离粒度值基本一致，可达到实际要求。

4.4 功能单元设置

现场所用泥浆处理设备功能单元如表2所示。针对不同复合地层中盾构泥浆超细颗粒及有害杂质的特性，优化多级处理流线，构建了盾构泥水分离工艺、盾构泥浆快速高效筛分脱水和多级旋流处理工艺的梯次组合。解决了泥浆指标要求高的难题。在传统废浆处理工艺基础上，增加三级旋流浓缩单元，一方面对环流系统中的浆液在调浆池阶段进行离析处理，降低环流密度，另一方面将废浆进行浓缩，减少废浆量的同时，对良性颗粒进行循环利用。解决了废浆处理不及时的难题。现场所用泥水分离设备如图8所示。

泥水处理设备功能单元选择 表2

序号	设备名称	数量	装机功率（kW）
1	ZXSII-3000/20 泥水分离设备	1	1254
2	ZXZJ-150 制浆设备	1	106
3	ZXTJ-3000 调浆设备	1	354
4	ZXYL-192 压滤设备	1	2141
5	PLC 集中控制设备	1	11

图8 现场所用泥水分离设备示意图

4.5 应用效果与实践意义

实践结果表明，三级旋流＋压滤的组合废浆处理新工艺将泥浆分离的粒径从 20μm 提高到 5μm，降低废浆量约 35%，为盾构高效施工提供了有力保障。提浓后泥浆通过压滤进行固化，经压滤后滤液水可循环应用于泥浆制备、同步及二次注浆制浆、场地冲洗等，节约施工用水，降低了施工成本，实现绿色环保、资源节约。泥浆湿法梯次分离循环利用技术的成功实践进一步推动了盾构泥浆集约化高效分离与循环利用技术及智能化成套装备的革新与突破。

5 结论

本文针对泥水盾构在软黏土地层中施工时，泥浆中超细颗粒及有害杂质分离困难，传统废浆处理工艺存在处理效率低、设备投入量大、废浆中可再造浆颗粒浪费大等问题，开展了盾构泥浆集约化高效分离与循环利用技术研究，主要结论如下：

（1）针对软黏土地层中盾构泥浆超细颗粒及有害杂质的特性，优化多级处理流线，构建了盾构泥水分离工艺、盾构泥浆快速高效筛分脱水和多级旋流处理工艺的梯次组合，提出了盾构工程泥浆湿法梯次分离循环利用技术，实现了盾构泥浆高效循环利用。

（2）在传统废浆处理工艺基础上增加三级旋流浓缩单元，对环流系统中的浆液在调浆池阶段进行离析处理，降低环流密度；同时将废浆进行浓缩，减少废浆量的同时，对可再造浆颗粒进行循环利用，进一步提高了盾构泥浆处理和废水利用的效率。

（3）针对横琴杧洲隧道工程等项目开展应用实践，针对项目然黏土到淤泥质地层的变化、泥水分离精度高等施工难点，确定了最佳的泥水集约化高效分离与循环利用方案，并达到了较好的应用效果。

参 考 文 献

[1] LI S H, HUANG C F, YAO T J, et al. The influence of non-synchronous excavation of twin curved shield tunnels[J]. KSCE Journal of Civil Engineering, 2022, 26(5): 2456-2467.

[2] YANG Y, LI X G, LI H Y, et al. Assessing clogging potential and optimizing driving parameter of slurry shield tunneling in clay stratum assisted with CFD-DEM modeling[J]. Underground Space, 2024, 14: 197-218.

[3] 吴言坤, 陈健, 李小冬, 等. 大直径泥水盾构废弃浆渣处置及管理策略研究[J]. 现代隧道技术, 2024, 61(1): 229-235.

[4] 郭卫社, 王百泉, 李沿宗, 等. 盾构渣土无害化处理、资源化利用现状与展望[J]. 隧道建设 (中英文), 2020, 40(8): 1101-1112.

[5] 李高春. 卧式离心机高含水率盾构泥浆絮凝剂比选及现场应用[J]. 建筑机械化, 2021, 42(3):46-48.

[6] 武亚军, 顾赛帅, 骆嘉成, 等. 无机药剂对工程废浆药剂真空预压的影响[J]. 中国公路学报, 2018, 31(9): 34-42.

[7] ZHANG F J, KONG C, SUN X Y, et al. Study on preparation and properties of novel ternary flocculant for rapid separation of underground continuous wall waste mud[J]. Pigment & Resin Technology, 2020, 49(6): 421-429.

[8] 张华. 大直径盾构泥水分离处理技术研究与应用[J]. 隧道建设 (中英文), 2020, 40(S2): 264-270.

[9] 周洋, 蒲诃夫, 李展毅, 等. 水平排水板-真空预压联合处理高含水率疏浚淤泥模型试验研究[J]. 岩石力学与工程学报, 2019, 38(S1): 3246-3251.

[10] 谢亦朋, 张聪, 阳军生, 等. 盾构隧道渣土资源化再利用技术研究及展望[J]. 隧道建设 (中英文), 2022, 42(2): 188-207.

盾构机主驱动高强度连接螺栓的选型及装配技术

付明坤　孟晓宁　杨　云　杜国正　刘金松

（济南重工股份有限公司　济南　250109）

摘　要： 盾构机作为城市地下空间基础交通建设的重要设备，近几年在国内已经大规模生产制造和施工应用，本文主要介绍了高强度螺栓的种类和设计使用特性，以及在盾构机主驱动上应用的选型及装配技术，为后续盾构机的生产制造提供借鉴和参考。

关键词： 高强度螺栓；盾构机主驱动；选型；装配

1　引言

随着经济和基础设施建设迅速发展，城市的规模和人口逐渐扩大，大型和超大型城市的公共交通运输能力正面临着巨大的挑战。目前，盾构机作为能够安全高效开拓城市地下空间和建设地铁管线的重要设备，正广泛地应用到城市的地下轨道交通建设中。

盾构机上的主驱动部分是盾构机工作的动力输出核心，其与盾构机的刀盘连接，为盾构机的刀盘提供开挖地层的扭矩和转速，从而驱动盾构机的刀盘旋转，同时又支撑盾构机的刀盘并使之旋转破岩。盾构机主驱动部分主要由电机（液压马达）、减速机、小齿轮、主轴承、驱动箱、内外密封环、驱动盘等结构组成，如图1所示。

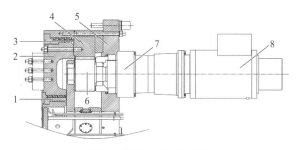

图1　盾构机主驱动组成图

1-内密封；2-驱动盘；3-外密封；4-主轴承；5-驱动箱；6-小齿轮；7-减速机；8-电机

由于盾构机处于地下工程施工的特殊工作环境中，在隧道掘进施工过程中一旦出现问题，将很难对其进行调整和维修。因此，盾构机对整体结构和各组成部分功能的稳定性和可靠性要求非常高。而盾构机的主驱动部分结构复杂，零部件众多且零部件之间大多需要进行相应的密封处理，对制造和装配的工艺要求较高。因此设计和选择合理、可靠的零部件及其连接方式对于盾构机的生产制造和应用尤为重要。主驱动中高强度连接螺栓是重要的受力和扭矩传递零件，其正常使用确保了主驱动的整体完整性。高强度螺栓在主驱动运转过程中除正常的承受扭矩和剪切力外，还承受预紧拉应力、连接部件的自重弯矩、掘进振动冲击交变应力等复杂受力工况，对其进行合理选型及装配是确保盾构机主驱动正常运转的前提和技术保障。

作者简介：付明坤（1999—），男，硕士研究生，目前主要从事城市轨道交通施工与管理工作。电子邮箱：1767902871@qq.com。

2 高强度螺栓

2.1 高强度螺栓简述

螺栓是一种广泛应用于工程领域的重要的机械连接件，螺栓与螺母相互配合共同应用于两个带有通孔的需要紧固连接的零部件。随着现代结构材料性能和标准件制造能力的提高，高强度螺栓在工程中得以越来越多的应用，而高强度螺栓与普通螺栓相比，由更高强度的材料制造而成，经过热处理或加入其他合金元素等特殊的工艺处理后，使其具有更高的抗拉和抗剪强度，因此能够承受更大的荷载和扭矩。这使得高强度螺栓能够应用于桥梁、钢轨以及对连接需求较高的设备上，并能够在各种恶劣环境和极端条件下保持稳定且有效的连接。高强度螺栓的工作原理是向螺栓施加较大的预紧力，从而使被连接件的接触表面之间相互挤压并产生挤压应力，进而在垂直于螺杆方向上产生很大的摩擦力，最终依靠这种摩擦力来抵抗被连接件之间的相对滑移。

2.2 高强度螺栓的类型

目前，高强度螺栓按照设计和受力要求不同，主要可分为摩擦型高强度螺栓和承压型高强度螺栓两种类型，摩擦型高强度螺栓和承压型高强度螺栓在本质上属于同一种螺栓，只是根据被连接件的极限状态进行区分。因此，两种高强度螺栓在设计时的计算方法、使用要求和范围上有一定的区别。

摩擦型高强度螺栓在使用时保证了被连接件在整个被连接期间内其剪切力均不超过被连接件之间所产生的最大摩擦力，故被连接件之间不会发生相对的滑移变形。使用摩擦型高强度螺栓连接被连接件时能够始终保持被连接件接触面间的摩擦力，被连接件之间不发生相对滑移，因此，摩擦型高强度螺栓所连接的整体性和刚度较好、变形小、连接可靠且耐疲劳，其大多用于直接承受动荷载结构的安装连接以及大型结构件的现场连接等。

承压型高强度螺栓允许被连接件在被连接期间内其剪切力超过被连接件之间所产生的最大摩擦力，此时被连接件之间会发生相对的滑移变形，此过程直至高强度螺栓的螺杆与被连接件的孔壁接触并产生相互作用力，此后被连接件之间的残余剪切力就会施加到螺栓螺杆上，由螺栓螺杆进行承压，与摩擦型高强度螺栓连接相比其整体性和刚度稍差，主要用于承受静力或间接动力荷载结构中允许发生一定滑移变形的连接。

2.3 高强度螺栓不同表面处理方式

为了能够有效保证高强度螺栓在使用过程中的稳定性和可靠性，在工程中所使用的高强度螺栓通常需要对其进行一定的表面处理等工艺，进一步提高高强度螺栓表面的螺纹精度以及耐腐蚀等性能，其的表面处理的方式主要有：磷化发黑处理、达克罗处理、镀锌钝化处理以及喷涂防腐材料等。

（1）磷化发黑处理是最为普遍的处理方式之一，其处理工艺方便简洁，但其防腐性能较差，高强度螺栓装配完成以后，需要对被连接件进行进一步的防腐处理。

（2）达克罗处理是对高强度螺栓表面进行锌铬涂层处理，其耐腐蚀性能极好，耐高低温性好，无氢脆性，达克罗的表面硬度不高、耐磨性不好，连接装配过程中易损坏。此外，达克罗中含有对人体及环境有害的铬离子且具有致癌能力。

（3）镀锌钝化处理是对高强度螺栓表面进行锌电镀后，再采用铬酸盐溶液来对其进行钝化处理使高强度螺栓表面的锌层外表面形成一层铬酸盐转化膜层，从而使螺栓具有良好的耐腐蚀性能，但螺纹精度受会受到一定影响，10.9级以上高强度螺栓产品存在氢脆风险。

3 盾构机主驱动装配连接

3.1 高强度螺栓选型

在进行盾构机主驱动部分的装配时，由于盾构机主驱动上的零部件大多为回转结构，其零件螺栓连接方式均为圆周分布，即高强度螺栓均匀分布安装在被连接件的圆周上。因此，盾构机主驱动上的通常采用型号为 10.9 级的摩擦型高强度螺栓进行连接件的连接与紧固。为了方便主驱动的拆装和保证连接强度，在刀盘和驱动盘、驱动盘和主轴承、驱动箱和盾体之间通常采用进口的双头螺柱进行连接，并使用螺纹保护罩对紧固的螺母和双头螺柱的螺纹进行保护；在对其他关键部件的连接上，通常则采用不同尺寸大小的进口内六角螺栓。

3.2 盾构机主驱动高强度螺栓装配

（1）准备工作

盾构机的主驱动部分的装配需要在装配前需准备好主驱动装配总图及各部件的图纸，熟悉图纸中主要部件相关参数及装配的技术要求。检查螺栓、螺母的规格是否正确，型号是否与设计要求相符，螺纹是否完好无损，有无变形、磨损或裂纹等问题。同时也要检查主驱动连接部位的尺寸、形状和位置精度是否符合装配要求，如有偏差应及时进行调整或修复。通常对于盾构机主驱动的装配需要按照图纸要求在装配需要的位置涂上专用的平面密封胶来覆盖接触平面，如主轴承与驱动箱连接平面处，驱动盘与主轴承连接平面处、减速机法兰与驱动箱连接平面处，表面涂层应连续，无漏涂、气泡、剥落、裂纹、麻点、夹杂物等缺陷，涂层应均匀，无明显的局部过厚现象，涂层允许有轻微色差。根据螺栓的规格和拧紧要求，选择合适的工具，如扭矩扳手，液压拉伸器等，并确保工具的精度和可靠性。对于扭矩扳手要提前进行校准；液压拉伸器要检查气密封性能和压力输出是否正常。

（2）装配拧紧

如图 2 所示，盾构机的主驱动装配以驱动箱、主轴承和油脂环组装为例，驱动箱平放置等高垫铁上，将主轴承吊平辨识标记后与驱动箱对应，并放置于驱动箱上，塞尺检测均布 12 点 0.05mm 不入，深浅尺检测主轴承端至驱动箱距离均布 12 点，用螺栓检查螺栓孔是否对正，油脂孔进行通气检查；将油脂环吊平，辨识标记与驱动箱、主轴承对应。放置于主轴承上，塞尺检测均布 8 点 0.05mm 不入，深浅尺检测油脂环端面至主轴承距离均布 12 点，对三个零件组合后的油脂孔进行通气检查。取双头螺柱 M42×860 较长端拧入油脂环，另取对应数量的垫片、螺母 M42。用螺栓、垫圈、螺母将三工件把合，且对称点均布进行。

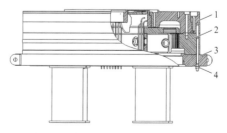

图 2　驱动箱、主轴承和油脂环的组装图
1-油脂环；2-主轴承；3-驱动箱；4-双头螺柱、垫圈、螺母

盾构机主驱动高强度螺栓装配时，其拧紧力矩值时重要的技术指标。高强度螺栓的紧固需在严格应用条件下通过用扭矩扳手或液压拉伸器的可控方法进行紧固，采用扭矩扳手进行紧固时需按《扭矩扳手作业指导书》进行操作，采用拉伸器进行紧固时需按《拉伸器作业指

导书》进行操作。依据螺栓尺寸和法兰等级决定相应紧固方法，无论是采用扭矩法还是拉伸法，拧紧力矩和紧固顺序严格按照盾构机主驱动装配图纸标定的内容执行，紧固件预紧时还需技术人员旁站见证检查。紧固操作者使用扭矩工具对螺栓、螺钉、螺母紧固，所有螺栓装配时需涂抹螺纹紧固胶，涂胶区域为 2～3 个完整螺距，通常先进行初步拧紧，达到一定的终拧扭矩值的 50% 左右后，检查主驱动各连接部位的间隙、平整度等是否符合要求，如有问题及时调整。最后再进行复拧，将扭矩值拧紧到规定的预紧力，通过目测和敲击的方法检查螺栓是否出现松动。终拧一般在复拧完成后尽快进行，且在同一天内完成初拧、复拧和终拧。高强度螺栓装配紧固全程均需要安排专人旁站监督检查并做好初拧、复拧和终拧的状态记录，紧固完成后完成后依据技术资料、质检资料进行扭矩确认，并按要求做好螺栓紧固标识。

（3）防松标识

高强度螺栓紧固完成后需要对其进行防松标识，先用洁净抹布将防松标识部位（螺栓、螺母及安装面）进行清洁，随后用规定的油漆记号笔涂打防松标识。油漆记号笔的颜色应能与被标识部分颜色明显区分开来，一般情况下自检选用黑色油漆记号笔（黑螺栓用白色），互检或抽检选用红色油漆记号笔（黑螺栓用白色），同一项目同一类型紧固件防松标识颜色应一致。

防松标识的记号笔选用中粗记号笔，标识线的宽度一般是 2～4mm，小于或等于 M8 的螺栓用双点标识，双点分别在螺母（螺栓头）、被连接工件上，双点标识应对齐、一致；大于 M8 的螺栓采用标示线标识，标识线的宽度一般是 2～4mm。标识线应对齐，不能歪斜错位，标识线在固定的连接件上的长度为 4～10mm。标识线应做到清晰、粗细均匀、平直且连续，不同的紧固方式采用不同的标识方式，特殊情况下需要标识双线的具体按照该产品组装工艺文件规定执行。另外，盾构机主驱动进行返修或重打防松标记时（高强度螺栓需拆卸或松动的情况），应先用抹布蘸取少量清洗剂去除原有的防松标识，然后进行返修或重打，返修完成后重新涂打防松标识。

同一产品的相同部位防松标识应一致，相邻或成组螺栓（螺钉）、螺母的防松标识应一致，其中圆形布置的螺栓标识线呈辐射状朝外，如图 3 所示。

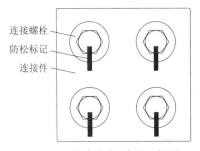
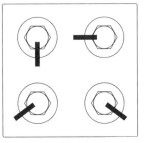

a) 相邻或成组布置正确标注　　　b) 相邻或成组布置错误标注

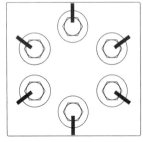
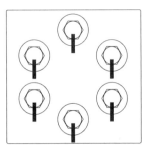

c) 圆形布置正确标注　　　d) 圆形布置错误标注

图 3　防松标识示意图

从螺母端紧固的，防松标识应从工件的表面划到螺母的侧面并延长到螺纹处；从螺栓端紧固的，防松标识应从工件表面划到螺栓的头部，如图4所示。

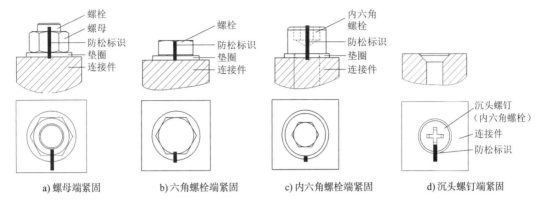

a) 螺母端紧固　　　b) 六角螺栓端紧固　　　c) 内六角螺栓端紧固　　　d) 沉头螺钉端紧固

图 4　防松标识示意图

4　结语

高强度螺栓连接技术作为快速发展的一种可靠的钢结构装配连接技术，为各工程领域的设计施工和装配提供了极大的便利性。盾构机主驱动各零部件之间大多采用高强度螺栓进行连接紧固，本文总结了高强度螺栓的类型和设计使用特性，探究高强度螺栓在盾构机主驱动上应用的选型及装配工艺技术如下：

（1）本文通过对盾构机主驱动高强度螺栓的布置和受力进行分析，并开展主驱动高强度螺栓的选型研究，确保了盾构机最重要部件主驱动的整体完整和平稳运转。

（2）通过大直径盾构机主驱动高强度螺栓装配应用实例，探讨主驱动连接螺栓群组的装配顺序、拧紧方式、检查检测等技术，取得了盾构机主驱动高强度螺栓装配成套工艺方法。

（3）结合盾构机应用环境和地质条件的差异情况，继续开展不同受力条件下高强度螺栓的选型及装配技术研究，为大型构件连接技术发展提供技术支撑和保障。

（4）通过盾构机主驱动高强度螺栓选型及装配研究，以及成功应用，可将成果推广到后续盾构设备的生产制造，并提供借鉴和参考。

参 考 文 献

[1]　冯斌. 盾构机用高强度螺栓工艺设计[J]. 铁路采购与物流, 2021, 16(6): 73-75.

[2]　付剑雄. 高强度螺栓的使用及更换[J]. 建筑机械, 1998 (11): 41-42.

[3]　金峰, 付艳鹏. 高强度螺栓在国际钢结构工程中的应用分析[J]. 冶金设备, 2019 (5): 64-68, 77.

[4]　徐付平. 谈高强度螺栓的使用[J]. 山西建筑, 2001(3): 82-83.

设 计 篇

北京市域快线盾构隧道管片设计选型研究

李 肖 范祚文 高辛财 李名淦

（北京市市政工程设计研究总院有限公司 北京 100082）

摘 要：近年来，随着各大都市圈的快速发展，城市地域内部、中心城区外围、都市圈城市间大量通勤交通的产生，各地开始了大规模市域快线的建设工作，市域快线一般线路较长，站距大，运行速度达 120～160km/h，受车辆选型、供电形式、阻塞比等控制，其单洞单线盾构隧道内径一般为 7～8m。本文以北京首条跨市域的区域快线平谷线为例，开展了盾构隧道管片设计选型研究，包括管片内径、厚度、衬砌环类型、环宽、分块、楔形量、连接方式等内容，其成果可为其他市域快线盾构隧道管片结构设计提供指导。

关键词：市域快线；管片内径；管片分块；楔形量

1 概述

近年来，随着各大都市圈的快速发展，城市地域内部、中心城区外围、都市圈城市间大量通勤交通的产生，各地开始了大规模市域快线的建设工作。盾构法因其安全快捷、对周边环境影响小、地层适应性广、工程质量高等工艺特点和较高的技术经济性，成为市域快线地下区间的主要施工方法。盾构管片设计是盾构工程设计中比较关键的环节，盾构管片的内径、厚度、分块、楔形量等直接关系到工程的安全、造价及施工质量。市域快线一般线路较长，站距大，运行速度 120～160km/h，受车辆选型、供电形式、阻塞比等控制，其单洞单线盾构隧道内径一般为 7～8m，与速度为 80km/h 的常规地铁隧道内径（5.2～5.8m）相比较大，管片的厚度、环宽、分块、楔形量等设计也与常规地铁隧道有所不同。经过对国内在建及已建成的市域快线调研统计，国内运行速度 120～160km/h 的市域快线单洞单线盾构隧道，内径多为 7.0～8.1m，管片厚度 400～450mm，衬砌环环宽 1.5～1.8m，衬砌环分块除个别采用"5 + 2 + 1"的 8 分块形式外，大多采用"4 + 2 + 1"的 7 分块形式，衬砌环类型多采用通用衬砌环，楔形量 40～50mm。

北京地铁平谷线作为北京首条跨市域的地铁快线，西起中央商务区（Central Business District，CBD）东大桥站，东至平谷中心城，设计速度地上段 160km/h，地下段 120km/h，线路全长约 81.82km，其中地下区间总长度 51.9km，盾构区间长度 45.6km，占比 87.8%，盾构管片设计是否经济合理，对工程建设投资和质量、安全都影响较大。线路采用市域 D 型车、交流电（AC）25kV 供电，全线盾构隧道较长范围穿越通州、燕郊地震高烈度区域，地层以富水粉土、砂土为主，类似车辆、供电形式的地铁盾构隧道在北京区域应用较少。本文结合国内调研及平谷线情况，对盾构管片内径的确定、管片分块形式的比选、楔形量的计算等进行了详细研究，确保工程安全、经济、可行，也为后续市域快线盾构隧道管片结构设计提供指导。

2 管片内径的确定

轨道交通盾构隧道的内径需考虑区间建筑限界、结构施工误差和后期补强空间。

作者简介：李肖（1985—），男，硕士研究生，高级工程师，目前主要从事城市轨道交通设计工作。电子邮箱：254890385@qq.com。

2.1 建筑限界

盾构区间建筑限界需满足轨道结构、供电接触网、纵向轨旁设备的空间布置要求，以接触网供电线路为例，隧道竖向高度主要包括轨道结构高度及超高、车辆受电弓落弓高度、受电弓工作高度、接触网结构高度。盾构断面限界控制因素示意图如图1所示。

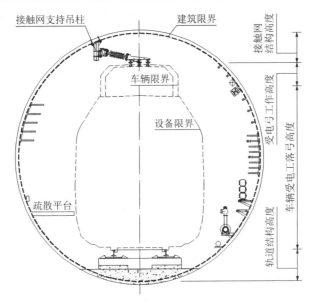

图1 盾构断面限界控制因素示意图

由竖向要素控制的建筑限界计算详见下式：

$$D_{JX} = H_{轨} + \frac{1}{2}H_{全超} + H_{落} + H_{弓} + H_{网}$$

式中：D_{JX}——盾构区间建筑限界；

$H_{轨}$——盾构区间轨道结构高度，一般按减振段轨道高度确定，本线取 900mm；

$H_{全超}$——轨道采用全超高方式时的最大超高量，采用半超高时此值为 0，本线采用全超高，最大超高为 150mm，轨道中心抬高$\frac{1}{2H_{全超}} = 75mm$；

$H_{落}$——车辆受电弓落弓高度，受电弓落弓状态下，受电弓最高点至轨面之间的距离，本线为 D 型车，AC 25kV 交流供电，按 4500mm 考虑；

$H_{弓}$——受电弓工作高度，最高运营速度 120km/h 及以上 AC 25kV 供电线路，宜取 660mm；

$H_{网}$——接触网结构高度，交流供电线路，刚性接触网结构高度不宜小于 850mm，柔性接触网结构高度不宜小于 1400mm，本线接触网结构高度取 850mm。

通过竖向控制因素计算可知本线盾构区间建筑限界后，还需对疏散平台布置和阻塞比进行校核。疏散平台按照最小曲线半径和最大超高情况校核后，D 型车直径 5900mm 的建筑限界即可满足直线段 850mm、曲线困难地段 600mm 的最小疏散平台宽度要求。对于最高运行速度 120km/h 的列车，其隧道断面阻塞比不宜大于 0.4，D 型车断面面积 11.5m²，直径 6500mm 的建筑限界即可满足阻塞比要求。综上分析，D 型车交流供电，速度 120km/h 的市域快线盾构隧道建筑限界主要受竖向控制因素影响，不受疏散平台和阻塞比影响，经计算，本线建筑限界D_{JX}为 6985mm，取整按 7000mm 考虑。

2.2 结构限界

结构限界包括施工误差与结构变形预留量以及后期补强空间两方面。施工误差、变形误差预留量通常为100mm。后期补强空间主要是盾构隧道运营期间出现病害或损坏时，需要采用技术措施对隧道结构进行修补、修复、补强、加固等，建设期盾构限界为补强措施预留一定的空间，近年来国内北京、上海、重庆等多地的地铁盾构隧道内径由原来的 5400mm、5500mm 调整为 5800mm，一方面可解决疏散平台、轨旁设备布置空间狭窄的问题，另一方面可以为后期运营过程中隧道病害处理预留约 200mm 的补强措施空间。

本线隧道建筑限界主要受竖向控制，两侧按阻塞比控制 6500mm 直径限界即可满足，采用 7000mm 的建筑限界，除接触网支持吊柱部位外，隧道两侧均有不小于 250mm 的富裕空间。本文针对是否外扩 200mm 加固空间问题对内径 7600mm 和内径 7200mm 隧道方案进行了对比分析，见表 1。

不同内径隧道方案对比表 表 1

内径（mm）	建筑限界（mm）	施工误差（mm）	后期补强空间	双线延米造价（万元）
7600	7000	200mm	全环满足 200mm 加固空间	19.17
7200	7000	200mm	除接触网支持吊柱局部外均满足 200mm 加固空间	17.90

内径 7200mm 的隧道除支持吊柱局部外均满足 200mm 加固空间，接触网支持吊柱安装空间尺寸约为 400mm × 400mm，纵向间距为 8m，即使后续运营期间出现局部病害问题，对加固方案影响也较小，可在立柱处采取局部加强措施处理。内径 7600mm 的隧道虽全环满足 200mm 加固空间，但隧道两侧空间富裕较多，造价相比内径 7200mm 的隧道增加约 7.1%，对工程整体投资影响较大，结合目前轨道交通建设降本增效的发展趋势，建议采用内径 7200mm 方案。

3 盾构衬砌环选型

3.1 盾构衬砌环厚度

钢筋混凝土管片厚度应根据隧道直径、覆土厚度、工程地质及水文地质条件等因素综合考虑确定，其对隧道结构工程造价影响极大，在满足结构安全和功能合理的前提下，应尽量采用较经济的厚度。根据《盾构隧道工程设计标准》(GB/T 51438—2021)，隧道外径 $D_0 \geqslant 8m$ 时，管片厚度宜取 $0.04D_0 \sim 0.05D_0$。参考国内既有类似直径盾构隧道工程经验并结合本线的工程地质条件，选取不同厚度的管片方案进行内力变形和经济技术比选后，确定本线管片厚度为 400mm，隧道外径为 8000mm，厚度为 $0.05D_0$。

3.2 盾构衬砌环类型

管片拼装宜采用错缝拼装方式，错缝拼装的管片常用的组合形式有"标准环 + 左、右楔形环"和"通用楔形环"两种方案。标准环 + 左、右楔形环通过不同的组合方式可以拟合不同曲率半径的隧道，拼装较容易，但在转弯处通缝率较高，每套模版需要 3 组，在国内比较常用。通用楔形环主要通过封顶块位置的改变，即选择不同的拼装点来拟合平面和竖曲线，因此封顶块位置需要根据实际情况变换，对设备选型和拼装技术要求较高，通过模拟排版能有效避免通缝，每套模版只有一种形式。早期受施工经验不足的影响，通用楔形环在国内应用比较少，但近年来，随着计算机软件辅助管片拼装的普遍应用，实现了管片拼装自动化，降低了拼装难度，加上钢模数量较少、管片生产便于管理的优势，目前在多个城市轨道交通工程中得到应用，本线线路较长，盾构管片用量较大，推荐采用通用楔形环管片。

3.3　盾构衬砌环环宽

衬砌环环宽应根据隧道最小曲线半径、隧道直径、管片制作、运输、管片拼装工艺以及盾构千斤顶行程等因素综合确定，并宜采用较大的管片宽度。根据国内经验，随着环宽的增大，管片纵向刚度逐渐增大，附加内力增大，抗变形能力通常增强，且接缝减少，螺栓和防水材料用量相应减少，降低了工程造价，但其最大宽度有着一定的限制。衬砌环环宽增大，盾构机千斤顶的行程以及盾尾的长度也要增大，施工难度亦有一定提高，盾构机转弯时，受盾构机盾尾间隙的大小限制，若每环转弯角度过大，管片容易在盾尾间隙卡住，不仅会增大盾构转弯的推进阻力，管片也会被挤坏。在小半径曲线上，管片环较宽的隧道曲线拟合误差也较大。

目前，国内轨道交通盾构隧道工程（外径 6m 左右）常用的衬砌环环宽尺寸有 1.0m、1.2m 和 1.5m，大直径和超大直径盾构隧道衬砌环环宽常采用 1.5m、1.6m、1.8m 和 2.0m。本线盾构段长度 45.6km，曲线段长度 16.67km，占比 36.6%，直线段及大曲线半径转弯在全线占比较大，选取线路最小曲线半径 350m，按管片外径 8.0m，采用《盾构隧道工程设计标准》（GB/T 51438—2021）给出的楔形量计算公式得出不同环宽所需楔形量，见表 2。

不同环宽楔形量对比表　　　　　　　　　　　　　　　　　　表 2

环宽（m）	1.5	1.6	1.8	2.0
楔形量（mm）	33.3	36.6	41.1	44.4

通过楔形量计算及计算机排版软件模拟排版可知，1.8m 和 2.0m 环宽管片需要更大的楔形量，对隧道平顺性不利，综合比选推荐采用 1.6m 的环宽。

3.4　盾构衬砌环分块

盾构管片的分块方案主要有等分方案、1/2 封顶块方案、1/3 封顶块方案 3 种，目前国内轨道交通工程管片基本均采用 1/3 封顶块方案。经调研，国内市域快线隧道外径为 8～9m 的管片分块主要有 7 分块（4 标准块 + 2 邻接块 + 1 封顶块）、8 分块（5 标准块 + 2 邻接块 + 1 封顶块）两种，分块形式如图 2 所示。

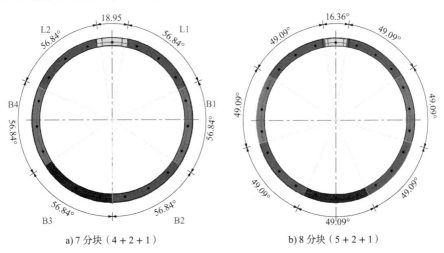

a）7 分块（4＋2＋1）　　　　　　　　b）8 分块（5＋2＋1）

图 2　两种管片分块图

8 分块形式单块质量较小，对盾构拼装能力要求低，相反 7 分块形式单块较重，但拼装速度快，整体环向刚度较大，接缝较少，防水性能好，但因 7 分块为奇数个拼装点位，在长直线段拟合线路上容易造成通缝。本文主要对这两种管片分块形式进行比较分析。两种管片分块主要参数见表 3。

管片分块主要参数　　　　　　　　　　　　　　　　　　　　　　　表 3

分块形式	标准块弧长（m）	标准块质量（t）	纵向连接螺栓（个）
7 分块	3.768	5.65	19
8 分块	3.254	4.88	22

针对两种分块形式，选取本线典型地层工况进行验算，隧道拱顶埋深 15m，侧压力系数 0.40，垂直和水平基床系数均取 30MPa/m。采用梁-弹簧模型对管片进行力学分析，管片接头刚度按弯螺栓连接计算，均采用错缝拼装，其最大弯矩及相应轴力、最大变形结果见表 4。

管片内力、变形对比表　　　　　　　　　　　　　　　　　　　　　　　表 4

分块形式	最大正弯矩（kN·m）	最大正弯矩对应轴力（kN）	最大负弯矩（kN·m）	最大负弯矩对应轴力（kN）	单点最大变形量（mm）
7 分块	431	2102	300	2444	6.14
8 分块	423	2121	293	2436	6.56

通过计算机排版软件模拟排版可知，在线路直线段试拼装模拟中，8 分块方式能实现完全错缝拼装，7 分块方式每隔 4 环有两处通缝，其余均能实现错缝拼装，两种分块模拟拼装如图 3、图 4 所示。

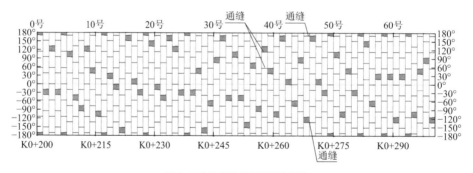

图 3　7 分块管片拼装展开示意图

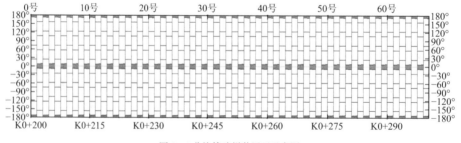

图 4　8 分块管片拼装展开示意图

综上所述，7 分块相对 8 分块管片弯矩稍有增大，但对配筋影响较小，虽因奇数个拼装点位问题，局部会有个别通缝，但能有效减少整体纵缝数量，对于管片拼装效率和防水效果均是有利的；结合国内在建及已建外径 8～9m 的盾构隧道调研结果，大多采用 7 分块形式，可见现有盾构拼装技术满足大分块重量要求。本线采用 7 分块形式有利于在盾构机选型时利用既有盾构机和设备设计技术，减少新盾构机的设计和改造难度，实现既有设备的高效循环利用，也相应减少了工程施工费用，综合比选本线盾构衬砌环推荐采用 7 分块形式。

3.5 楔形量

楔形量的确定对通用环管片拟合隧道平面、竖向曲线至关重要。楔形量小具有利于隧道平顺、避免错台、减小拟合误差及增加耐久性等优点，因此设计中在满足线路需求的前提下，楔形量宜尽量减小。根据国内轨道交通隧道统计，管片环外径为 5～7m 时楔形量多为 30～60mm，外径为 8～11m 时楔形量多为 40～70mm。

常用的方法是根据线路最小曲线半径，同时综合考虑管片拼装方式、管片外径、管片环宽，按照几何相似关系确定一种通用环。《盾构隧道工程设计标准》（GB/T 51438—2021）给出了楔形量计算公式：

$$\Delta = B_c \times \frac{D_0}{R}$$

式中：Δ——计算平均楔形量（m）；

B_c——衬砌环在隧道中心轴线水平投影位置的平均环宽（m）；

D_0——隧道外径（m）；

R——最小曲线半径（m）。

但其计算公式中未考虑管片错缝拼装等情况，得出的楔形量为理论最小楔形量。张稳军研究了其他几种考虑错缝拼装的楔形量计算方法，提出对称间隔交错计算方法更适用于初步计算通用环管片楔形量，并且将最小曲线半径折减 50～100m 能够更快地确定初步设计的楔形量。对称间隔交错法公式为：

$$\Delta = \frac{B_c \times D_0}{R_{min} \times \cos \alpha}$$

式中：α——相邻拼装点位之间的夹角（°）；

R_{min}——考虑折减后的最小曲线半径（m）。

结合本线线路条件，按管片外径 8.0m，环宽 1.6m，最小曲线半径 350m，采用三种方法分别计算楔形量，见表 5。

不同方法计算楔形量对比表 表 5

方法	国标方法 $R = 350m$	对称间隔交错法 $R_{min} = 300m$	对称间隔交错法 $R_{min} = 250m$
楔形量（mm）	36.6	45.1	54.1

为确定适用于本线的楔形量取值，选取平面、竖向线形均较复杂且含最小曲线半径的运一城区间，采用管片排版选型软件对楔形量 36～55mm 分别以 1mm 为增量取整进行模拟拼装。模拟结果为：本段区间 36～43mm 的楔形量无法完成拟合排版，多环管片线路拟合偏差超过 50mm；44～54mm 的楔形量可以完成拟合排版，但也有个别环管片拟合偏差超过 20mm，其中 50mm 的楔形量最大竖向和平面拟合偏差均小于 20mm，且拟合偏差最小，因此本线管片推荐采用 50mm 的楔形量。建议后续线路设计可采用此方法初步得出楔形量范围，最优楔形量仍需通过排版软件在初步选定的楔形量附近进行加密研究分析得出。

3.6 连接方式

管片间的连接分为连接衬砌环内部管片的结构及衬砌环与环之间的结构,接头之间的缝隙对应也称之为纵缝和环缝。国内盾构管片一般采用单排螺栓连接形式,常用的螺栓连接主要有弯螺栓、直螺栓、斜螺栓3种,如图5所示。

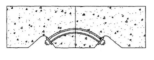 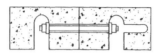 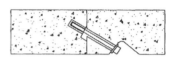

a) 弯螺栓连接   b) 直螺栓连接   c) 斜螺栓连接

图 5 螺栓连接示意图

弯螺栓特点:造价高;接头易变形;施工穿孔困难,施工时间较长;柔性好;抗弯刚度强,剪切位移量小;目前国内应用最为广泛,一般地铁工程中较为常见。斜螺栓特点:制作简单;用料省;管片间接缝刚度近于铰接,衬砌整体性差,结构抵抗不均匀沉降能力差,不利于结构抗震;斜螺栓由于存在一定的角度,预埋螺栓套进入管片较深,在较薄的管片中,大直径螺栓的预埋螺栓套锚固深度和保护层厚度较难满足,因此通常用于厚度大于 450mm 的管片中。直螺栓在国内应用较少。

本线盾构管片厚 400mm,线路穿越通过通州、三河等高烈度(0.30g)区域,工程场地分布较深厚的富水砂土、粉土层,存在液化可能,管片抗震性能要求较高,因此推荐管片采用剪切位移量相对小的弯螺栓连接,每环管片设纵缝螺栓 14 根,环缝螺栓 19 根。

4 结语

通过对平谷线盾构隧道管片选型的比选研究,确定了管片内径、壁厚、环宽、分块形式、楔形量、连接形式等,深化后的管片设计在平谷线工程得到全面应用。目前平谷线盾构区间隧道均已开始现场施工,部分区间已洞通。根据现已施工完成隧道的现场测量结果,管片拼装完成外观质量良好,无贯穿裂缝和大于 0.2mm 宽的裂缝,混凝土无剥落现象,环纵缝张开量均小于1mm,相邻管片环向错台和纵向错台均小于或等于2mm,管片收敛变形均小于3‰D (D 为隧道外径),衬砌环轴线平面位置及高程偏差符合规范要求,管片总体拼装效果良好。主要结论如下:

(1)市域快线交流供电、时速 120km 的线路盾构隧道的建筑限界主要受竖向接触网安装、受电弓高度、车辆落弓高度、轨道高度等控制,侧向疏散平台和轨旁设备安装空间较富裕,可为后期补强预留空间。

(2)采用梁-弹簧模型分析得出不同管片分块方案的内力变化较小,7 分块较 8 分块管片变形较小,虽局部存在通缝,但整体纵缝少,防水性能更好,拼装速度更快。

(3)采用国标法和对称间隔交错法公式初步确定,再进行排版软件校验能确定更合适的管片楔形量。

参 考 文 献

[1] 张稳军, 朱战魁, 张琪, 等. 地铁盾构通用环管片楔形量计算方法研究[J]. 隧道建设 (中英文) , 2019, 39(5): 746-753.

[2] 肖明清, 张忆, 薛光桥. 盾构法隧道管片环缝面不平整对结构受力影响研究[J]. 隧道建设 (中英文) , 2020, 40(2): 153-161.

[3] 宋成辉. 软土地层地铁盾构通用环管片结构设计研究[J]. 地下空间与工程学报, 2011, 7(4): 733-740.

[4] 李围, 何川. 盾构隧道通用管片结构力学行为与控制拼装方式研究[J]. 铁道学报, 2007(2): 77-82.

[5] 中华人民共和国住房和城乡建设部.盾构隧道工程设计标准: GB/T 51438—2021 [S]. 北京: 中国建筑工业出版社, 2021.

大直径盾构机盾体周围荷载研究与计算

郝振国　袁正涛　许京伟　贾　研　邓小杰

（济南重工集团有限公司　济南　250109）

摘　要： 本文以济南黄冈路下穿黄河隧道工程为例，对盾构法施工中盾构机在高水土压力条件下盾体周围的荷载进行计算。根据施工地层的地质、水文等特点，分析计算施工时盾体所受的水土压力值，为进行下一步有限元分析奠定基础，为同等施工条件下的盾构设计提供参考，同时为盾构工法在水域下施工提供更多理论依据。

关键词： 盾构机；盾体；荷载计算；盾构工法

1　引言

随着科技的进步，综合国力的增强，盾构法施工越来越多地被国内各城市施工认可，盾构法施工是指使用盾构机进行挖掘，边掘进边出渣，同时拼装管片形成衬砌，在不影响地上建筑的情况下进行隧道的建设。盾体在盾构机中起着保护支撑的作用，盾体的受力计算可为盾构设计提供参考，其计算依据包括地质纵断面图、地质勘察报告、盾体参数。盾体荷载计算的结果是盾体结构分析的基础数据。

2　盾体和地质参数

2.1　盾体参数

根据盾体设计文件，盾体参数包括盾构机直径D、盾构机主机自重G、盾构机主机长度L，本工程中三个参数分别取为17.33m、3330000kg、14.9m。

2.2　地质参数

根据本工程地质勘察报告，盾构隧道穿越的主要地层包括黏土、粉质黏土、粉砂、细砂和钙质结核。主要穿越地层的岩土物理力学性质综合统计见表1。

岩土物理力学性质综合统计表　　　　　　　　　　　表1

地层名称和序号	重度γ（kN/m³）	内摩擦角φ（°）	侧压力系数k_0	黏聚力c（kPa）	弹性模量E（MPa）
①填土	9.5	25.0	0.50	15	15
②粉砂	9.5	25.0	0.50	3	20
③淤泥	9.0	25.0	0.55	6.5	15
④黏土	8.5	16.5	0.53	28.0	18
⑤粉质黏土	9.2	18.5	0.51	29.0	20
⑥粉质黏土	9.4	19	0.45	33.0	20

作者简介：郝振国（1992—），男，硕士研究生，工程师，目前主要从事全断面隧道掘进设备的研发设计工作。电子邮箱：717639257@qq.com。

地层名称和序号	重度γ（kN/m³）	内摩擦角φ（°）	侧压力系数k_0	黏聚力c（kPa）	弹性模量E（MPa）
⑦细砂	10	30	0.41	3.0	30
⑧粉质黏土	9.5	19	0.40	40.5	25
⑨粉质黏土	9.6	19	0.40	47.0	25

3 断面选择

隧道埋深范围为10.1～48m。盾构机将经过全断面土层，隧道线路穿过黄河和另一条河流，且最大水压位于最高水位下45m。经过初步对比，以下选取的断面为尾盾受力不利的情况。断面位于线路最低点，如图1所示。隧道顶部覆土厚度为34.5m，且隧道位于河流下方，距隧道拱部45.05m，水压较高。隧道断面为全断面粉质黏土层。由于隧道埋深34.5m，不足隧道直径的2倍，因此采用埋深下的满荷载（无拱效应）计算有效竖向荷载。由于隧道位于河流下方，地面荷载考虑为0kN/m²。

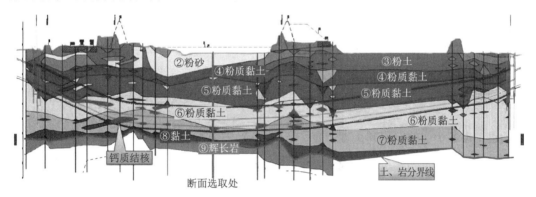

图1　选取的断面位置图

3.1 断面的土层分布

根据地质纵断面图，所选断面隧道埋深范围的地质条件如图2所示。

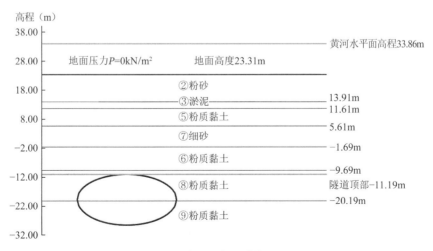

图2　断面地质层状结构图

117

3.2 断面的荷载计算

（1）竖向荷载

盾体底部的竖向荷载 = 盾体拱部的竖向荷载 + 自重荷载 − 浮力

①盾构机主机自重荷载

因盾体自重对盾体底部的支撑土层产生的竖向应力σ_{v1}（kN/m²）按下式计算：

$$\sigma_{v1} = \frac{G}{LD} \times 10^{-2} = 129 \text{kN/m}^2 \tag{1}$$

式中：G——盾构机主机自重（kg）；

L——主机的长度（m）；

D——盾体的直径（m）。

②浮力

计算时需要考虑浮力的作用，浮力$F_浮$计算公式为：

$$F_浮 = \rho_水 g V_排 = \rho_水 g \left(L \times \frac{\pi D^2}{4} \right) = 35145.8 \text{kN} \tag{2}$$

浮力作用在盾壳上的竖向应力σ_{v2}（kN/m²）按下式计算：

$$\sigma_{v2} = \frac{F_浮}{LD} = \rho_水 g \pi \frac{D}{4} \times 10^{-3} = 136.1 \text{kN/m}^2 \tag{3}$$

③隧道拱部竖向有效土压力

由于隧道埋深约为 34.5m，不足隧道直径的 2 倍，因此采用埋深下的满荷载计算有效竖向荷载。

隧道上覆各土层的厚度和重度见表 2。

隧道上覆各土层的地质参数平均值　　　　　　　表 2

土层i	厚度h_i（m）	重度γ_i（kN/m³）
②粉砂	9.4	9.5
③淤泥	2.3	9.0
⑤粉质黏土	6.0	9.2
⑦细砂	7.3	10.0
⑥粉质黏土	8.0	9.4
⑧粉质黏土	1.5	9.5

垂直有效土压力为：

$$\sigma_{v3} = \sum (\gamma_i \times h_i) + P = 327.7 \text{kN/m}^2 \tag{4}$$

（2）有效水平土层荷载

顶部：

$$\sigma'_{h_1} = k_0 \left(\sigma_{v3} + \gamma'_1 \times \frac{h_1}{2} \right) = 0.4 \times (327.7 + 9.5 \times 9\text{m} \div 2) = 148.2 \text{kN/m}^2 \tag{5}$$

底部：

$$\sigma'_{h_2} = k_0 \left(\sigma_{v3} + \gamma'_1 \times h_1 + \gamma'_2 \times \frac{h_2}{2} \right)$$

$$= 0.4 \times \left(327.7 + 9.5 \times 9 + 9.6 \times \frac{8.33}{2} \right) = 181.3 \text{kN/m}^2 \tag{6}$$

（3）水压力

水压力是按照隧道拱部水位深度为45.05m的水静力荷载。

顶部荷载：$\sigma_{w1} = h_{w1} \times \gamma_{水} \times g = 45.05 \times 1000 \times 10 = 450.5 \text{kN/m}^2$

底部荷载：$\sigma_{w2} = h_{w2} \times \gamma_{水} \times g = 62.38 \times 1000 \times 10 = 623.8 \text{kN/m}^2$

3.3 土层的反力系数

盾体周围的地层看作弹性基础，仅当盾体发生向外变形时，接触压力弹性元件才发生作用。弹性元件拉向的刚度设为零，因而没有必要为弹性地层定义区域，因为盾体向内变形的计算不受外部土层的影响。

土层反力系数k的计算公式为：

$$k = \frac{E_s}{r} \ (\text{MN/m}^3) \tag{7}$$

对于粉质黏土，$k = 25/8.67 = 2.89 \text{MN/m}^3$。

根据德国地下施工协会DAUB的文献，盾体受地层反力作用时只考虑径向的地层反力。

拱部竖向有效荷载：$\sigma_{v3} = 327.7 \text{kN/m}^2$

底部竖向有效荷载：$\sigma_s = \sigma_{v1} + \sigma_{v3} - \sigma_{v2} = 320.6 \text{kN/m}^2$

顶部水平有效荷载：$\sigma_{h_1}' = 148.2 \text{kN/m}^2$

底部水平有效荷载：$\sigma_{h_2}' = 181.3 \text{kN/m}^2$

顶部荷载：$\sigma_{w1} = 450.5 \text{kN/m}^2$

底部荷载：$\sigma_{w2} = 623.8 \text{kN/m}^2$

根据计算结果，绘制盾体周围荷载分布图，如图3所示。

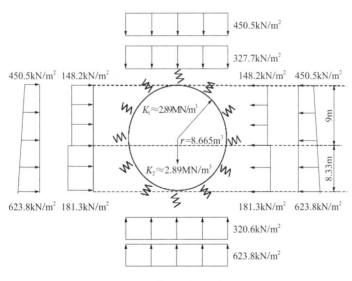

图3 盾体周围荷载分布图

4 结语

本文以济南黄冈路下穿黄河隧道工程为例，根据现场实际地质条件，计算出盾体周围荷载，为盾体设计提供了设计依据，为后期进行尾盾有限元分析提供了理论数据，同时为后期结构优化提供了思路。

（1）在对盾体受力进行分析研究时，当盾体发生向外变形时需考虑土层反力。

（2）在对盾体施加作用力时，顶部侧压力和底部侧压力呈线性变化。

（3）盾体受土压力和水压力的综合作用，盾体发生向外变形时需叠加土层反力。

参 考 文 献

[1] 张雪辉, 白云, 徐晓扉, 等. 大深度超大直径盾构盾尾受力性能探究[J]. 地下空间与工程学报, 2017, 13(S1): 100-106.

[2] 赵洁咏, 王伟钢. 盾尾应力分析及有限元计算[C]//地下交通工程与工程安全——第五届中国国际隧道工程研讨会文集, 2011: 693-701.

[3] 王小盾, 王炳彦, 黄德中, 等. 类矩形盾尾受力性能数值模拟研究[J]. 隧道建设 (中英文), 2018, 38(9): 1463-1470.

双掺纤维混凝土抗压性能预测模型研究

刘墨池　蒋　华　孙树良　吴道强

（中交隧道工程局有限公司　北京　100102）

摘　要： 本文针对双掺钢纤维和聚丙烯纤维混凝土，在不同纤维掺量与不同型号聚丙烯纤维下的抗压性能进行研究。在此基础上研究了双掺纤维混凝土的力学行为，并分析了钢纤维和聚丙烯纤维在混凝土抗压试验中不同阶段所起到的作用。研究结果表明，钢纤维与聚丙烯纤维混合可有效提高混凝土的抗压性能。钢纤维的添加显著提高了混凝土在抗压试验后期的抗裂能力，而聚丙烯纤维则提高了混凝土的韧性和对初始裂缝扩展的抵抗能力。随着纤维总掺量的增加，抗压强度整体上呈现先增加后减少的趋势，表明存在一个最优的纤维掺量比例。

关键词： 纤维混凝土；抗压强度；单轴抗压试验

1　引言

近年来路面交通逐渐趋于饱和，开辟地下交通空间成为解决交通问题的新方向，盾构隧道是开辟地下交通空间的主要方式。随着建筑技术的不断进步，装配式建筑技术日益成熟，预制盾构隧道管片逐渐在建筑市场中占据一席之地。双掺钢纤维-聚丙烯纤维混凝土的出现与发展，进一步推动了预制盾构隧道管片在经济市场中的应用和普及。

双掺钢纤维-聚丙烯纤维混凝土的发展极大地迎合了盾构隧道管片少筋化、无筋化的发展趋势。通过在混凝土中同时掺入钢纤维和聚丙烯纤维，不仅可以利用钢纤维的高强度和高韧性来增强混凝土的承载力和抗裂性，还可以利用聚丙烯纤维的耐腐蚀性和抗冲击性来提高混凝土的耐久性和安全性。在混凝土中添加钢纤维与聚丙烯纤维，不仅可以提高管片的力学性能，还可以增强混凝土材料对多变环境的适应能力，尤其是在复杂的地质和环境条件下表现出色。

研究表明，双掺纤维混凝土不仅能够显著提高管片的抗压强度、抗弯强度和韧性，还能改善管片的耐火性和抗裂性，减少维护成本，延长服务寿命。这进一步推动了预制盾构隧道管片市场的发展，随着未来生产技术的进一步改进和优化，双掺纤维混凝土在隧道建设中的应用将更为广泛。

2　试验材料

本文试验所用双掺纤维混凝土原材料如图 1 所示。

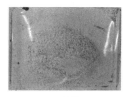

a) 水泥　　　　　　　　b) 粉煤灰　　　　　　　　c) 矿粉

图　1

作者简介：刘墨池（1991—），男，大学本科，工程师，目前主要从事城市轨道交通施工与管理工作。电子邮箱：604507756@qq.com。

d) 砂   e) 细集料   f) 粗集料

g) 钢纤维   h) 聚丙烯纤维   i) 减水剂

图 1 钢纤维混凝土所用原材料

本文所用试验材料规格参数如表 1 所示。

双掺纤维混凝土试验原材料   表 1

材料名称	规格参数	材料名称	规格参数
水泥	P·Ⅰ 52.5 级	钢纤维	3D80/60BG
粉煤灰	F 类 Ⅰ级	聚丙烯纤维	泰利聚丙烯网状纤维
矿粉	S95	减水剂	PC A-I 聚羧酸高性能
砂	Ⅱ区 中砂	水	黄岛区自来水
碎石	5~25mm		

注：双掺纤维混凝土设计强度等级为 C50，允许坍落度为 30~70mm。

2.1 钢纤维

在混凝土材料中加入钢纤维可以显著增强其抗裂性和韧度，增强抗冲击及抗疲劳性能，并改善其抗火性能。这是因为在混凝土中随机分布的钢纤维能有效控制混凝土基体裂缝的扩展，受损的混凝土基体在承受外力时，纤维拉拔作用能够延缓或防止裂缝的进一步发展，从而增强混凝土结构的整体性能。

本文采用端钩型钢纤维，可以通过其两端端钩对混凝土基体起到良好的锚固作用，延缓钢纤维与混凝土基体之间的脱黏滑移过程，从而增加混凝土的耐久性与可靠性，试验中所用钢纤维的物理性能指标如表 2 所示。

钢纤维物理性能指标   表 2

型号	长度	直径	抗拉强度	长径比
端钩型	35mm	1mm	≥2000MPa	35

2.2 聚丙烯纤维

聚丙烯纤维能在混凝土体内形成微细网络结构，提高钢纤维混凝土的均匀性，减少微裂缝的形成。在高温工况下聚丙烯纤维熔化形成的微孔有助于降低内部蒸汽压，防止混凝土基体爆裂。试验中所用聚丙烯纤维的物理性能指标如表3所示。

聚丙烯纤维物理性能指标　　　　　　　　　　表3

物理性能指标	数值	物理性能指标	数值
密度	0.91g/cm³	熔点	157℃
断裂强度	650MPa	吸水率	< 0.1%
弹性模量	3.5GPa	纤维直径	50μm
断裂伸长率	22%	纤维长度	9mm、12mm、18mm

3 试验设计与结果分析

为进一步研究双掺钢纤维-聚丙烯纤维对混凝土力学性能的影响，从水灰比和聚丙烯纤维掺量两个角度出发，设计不同水灰比和聚丙烯纤维掺量的混凝土试块抗压试验，混凝土试块的配合比如表4所示。

混凝土配合比　　　　　　　　　　表4

编号	水泥（kg/m³）	粉煤灰（kg/m³）	矿粉（kg/m³）	砂（kg/m³）	集料（kg/m³）	水（kg/m³）	减水剂（kg/m³）	钢纤维掺量（kg/m³）	聚丙烯纤维掺量（kg/m³）	聚丙烯纤维长度（mm）	水胶比	28d标准抗压强度值（MPa）
1	323	149	50	688	1122	144	6.4	40	1.5	9	0.28	62.8
2	323	149	50	688	1122	144	6.4	40	1.5	12	0.28	65.3
3	323	149	50	688	1122	144	6.4	40	1.5	18	0.28	58.4
4	323	149	50	688	1122	144	6.4	35	1.5	12	0.28	60.6
5	323	149	50	688	1122	144	6.4	45	1.5	12	0.28	53.8
6	323	149	50	688	1122	144	6.4	40	1	12	0.28	60.2
7	323	149	50	688	1122	144	6.4	40	2	12	0.28	49.2

根据表4所设计的双掺纤维混凝土配合比，制备双掺纤维混凝土试块，并进行28d标准养护后开展混凝土单轴抗压试验，如图2所示，并将结果汇总至表4最后一列。

对编号1、2、3组试验结果进行分析可以发现（图3），在保持钢纤维与聚丙烯纤维掺量一定的情况下，当聚丙烯长度为12mm时，混凝土基体抗压强度最好，增加聚丙烯纤维的长度至18mm会导致双掺纤维混凝土的抗压强度降低，这是由于过长的聚丙烯纤维在混凝土拌和过程中无法均匀分散，导致聚丙烯纤维的聚团，进而影响混凝土基体的抗压能力。聚丙烯纤维较短，其对混凝土微裂缝起到的阻裂作用较低，无法较好地提高混凝土的抗压强度。

图2　双掺纤维混凝土试块抗压损伤图

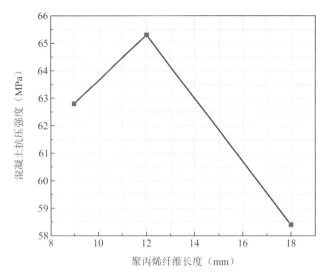

图 3 聚丙烯纤维长度对混凝土抗压强度的影响

对编号 2、4、5 组试验结果进行分析可以发现，在保持聚丙烯纤维掺量不变的情况下，调整钢纤维的掺量为 35kg/m³、40kg/m³、45kg/m³，混凝土的抗压强度也呈现出先增加后降低的趋势。对编号 2、6、7 组试验结果进分析，同样可以发现当保持钢纤维掺量不变的情况下，调整聚丙烯纤维的掺量为 1kg/m³、1.5kg/m³、2kg/m³，混凝土的抗压强度亦呈现出先增加后降低的趋势。

对三组双掺纤维混凝土抗压强度试验结果的原因进一步研究，得出以下结论：一味地提高钢纤维掺量与聚丙烯纤维掺量无法保证混凝土强度的线性上升，甚至会产生负面影响，这主要是由于过高的钢纤维或者聚丙烯纤维掺量，极易导致纤维聚团，影响混凝土的均匀性；相较于钢纤维对混凝土抗压强度的平缓提升，随着钢纤维产量的增加，混凝土的抗压强度缓慢增强，即在双掺纤维混凝土配合比设计中应当着重考虑聚丙烯纤维的掺量。

4 双掺纤维混凝土抗压强度预测

本文基于不同钢纤维掺量、聚丙烯纤维掺量、聚丙烯纤维长度下双掺纤维混凝土抗压强度的试验结果，通过 MATLAB 内置的 scatteredInterpolant 函数对试验结果进行插值，生成双掺纤维混凝土强度关于钢纤维掺量、聚丙烯纤维掺量的三维数据预测图。

scatteredInterpolant 是 MATLAB 提供的一个用于处理散点数据插值的工具。它支持几种不同的插值方法，包括线性插值、最近邻插值和自然邻近插值。本文采用线性插值方法对离散的试验数据进行处理，其原理描述如下：对于给定的插值点 (x_q, y_q)，假设它位于由顶点 (x_1, y_1)，(x_2, y_2) 和 (x_3, y_3) 组成的三角形内。假设在这些顶点处的函数值分别为 v_1、v_2、v_3，那么插值点的函数值 v_q 可以表示为：

$$v_q = \alpha v_1 + \beta v_2 + \gamma v_3 \tag{1}$$

式中，α、β、γ 是顶点的重心坐标，满足以下关系：

$$\alpha + \beta + \gamma = 1 \tag{2}$$

通过线性插值获取的预测图如图 4 所示。

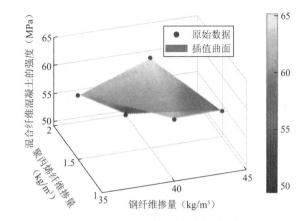

图 4 双掺纤维混凝土抗压强度预测图

图 4 清晰地展示了双掺纤维混凝土抗压强度随纤维参数变化的趋势，能够直观地反映出不同参数组合对混凝土强度的影响。将插值数据与试验数值进行均方误差分析，其均方误差值为 0.13，证明了插值结果的准确性。基于此有效地分析并设计满足不同抗压强度需求的混凝土配合比，这不仅提高了混凝土配合比设计的科学性和针对性，也为实际工程应用提供了可靠的数据支持。

5 结语

本文基于 C50 强度双掺纤维混凝土，开展钢纤维掺量、聚丙烯纤维掺量与聚丙烯纤维长度对双掺纤维混凝土的抗压强度影响研究，发现当钢纤维掺量为 40kg/m³，聚丙烯纤维掺量为 1.5kg/m³ 且采用长度为 12mm 的聚丙烯纤维时，双掺纤维混凝土具有最佳的抗压强度。并且通过 MATLAB 内嵌的 scatteredInterpolant 函数对本文所作试验结果进行插值分析，得到了双掺纤维混凝土强度关于钢纤维掺量、聚丙烯纤维掺量与聚丙烯纤维长度的三维数据预测图，可以为后续的工程实践提供参考和借鉴。

参 考 文 献

[1] 曹倩颖. 混杂纤维在地铁管片混凝土中的应用研究[D]. 合肥: 合肥学院, 2024.

[2] 李东升, 丁一宁. 纤维对混凝土梁开裂弯矩和弯曲韧性的影响[J]. 混凝土, 2021(5): 88-91, 95.

[3] 何少华, 熊哲, 朱江. 纤维增强混凝土的性能研究综述[C]//天津大学, 天津市钢结构协会. 第二十一届全国现代结构工程学术研讨会论文集. 2021: 5.

[4] 付操, 宋海清. 低温钢纤维混凝土梁抗折疲劳特性的试验研究[J]. 混凝土与水泥制品, 2012(4): 40-43.

[5] 秦哲焕, 毛建国, 尹道道, 等. 双掺膨胀剂和纤维的混凝土裂缝控制技术及应用研究[J]. 中国建筑防水, 2021(10): 13-17.

深基坑边坡回填对下伏盾构隧道的变形影响分析
——以南宁地铁 1 号线某盾构区间为例

潘洪义 [1,2]　陈文晓 [1,2]　李晓峰 [3]　黄湛智 [1]

（1. 北京城建勘测设计研究院有限责任公司　北京　100101；2. 城市轨道交通深基坑岩土工程北京市重点实验室　北京　100101；3. 南宁轨道交通建设集团有限公司　南宁　530029）

摘　要：本文以南宁地铁 1 号线某盾构区间隧道邻近基坑建设为例，采用有限元软件 midas GTS NX 研究不同材料回填方案对下伏盾构隧道的变形影响，分析得到采用可发性聚苯乙烯（EPS）轻质板回填对盾构隧道影响最小，泡沫轻质土回填次之，土方直接回填影响最大，且变形远超监测控制值。通过对施工阶段的监测数据分析，说明 EPS 轻质板回填能够有效地减小对既有盾构隧道的影响。

关键词：深基坑边坡回填；盾构隧道；泡沫轻质土；EPS 板减载

1　引言

城市轨道交通建设中，对盾构隧道有严格的变形控制要求。随着城市地块的开发，不可避免地涉及对既有城市轨道交通设施的影响与保护问题。基坑开挖会在邻近盾构隧道周围产生附加应力，破坏隧道原有的受力平衡，从而引发隧道的不均匀变形。在北京、广州、上海、深圳等城市均发生过由于基坑工程施工引起的邻近地铁隧道安全事故，对地铁运营造成严重威胁。本文以南宁地铁 1 号线某盾构隧道邻近基坑建设为背景，采用有限元软件分析不同回填方案对下伏盾构隧道的变形影响，结合施工过程的监测数据进行研究分析，得出基坑开挖及回填方式对侧向盾构隧道的变形影响，对同类工程具有一定的指导意义。

2　工程概况与基坑回填方案

2.1　工程概况

基坑采用围护桩＋多级土钉放坡开挖，开挖深度约 18m，盾构隧道位于项目基坑边坡正下方。隧道施工前，该项目基坑已开挖并完成放坡及护坡桩施工。隧道采用盾构法施工，圆形断面，内径 5.4m，外径 6.0m，壁厚 0.3m，采用 C50 混凝土。场地内地层主要为人工素填土、古近系强风化泥质粉砂岩及中风化粉砂质泥岩。基坑与地铁盾构隧道位置关系示意图如图 1 所示。

2.2　基坑回填方案分析

在地铁盾构隧道施工完成后，基坑内主体建筑也逐步完成，首先需要对基坑及基坑边坡进行回填，回填深度约 18m，其次上部铺盖混凝土及绿化用土，用作市政道路及景观。根据对盾构隧道的影响程度，提出了三种回填方案：土方回填、泡沫轻质土回填、EPS 轻质板回填，如图 2 所示。

作者简介：潘洪义（1988—），男，大学本科，工程师，目前主要从事岩土勘察及涉及地铁保护区监测工作。电子邮箱：1061143781@qq.com。

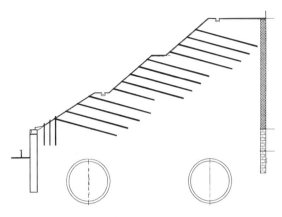

图 1 基坑与地铁盾构隧道位置关系示意图

方案一：土方直接回填方便快捷，成本相对较低，施工工艺成熟可靠，但其重度较大；方案二：泡沫轻质土具有质量相对较轻、施工性较好、强度较高、耐久性好、环保的特点，成本较土方回填高；方案三：EPS轻质板具有重度小，吸水性小，有一定的结构强度，施工方便等优点，但成本较高。

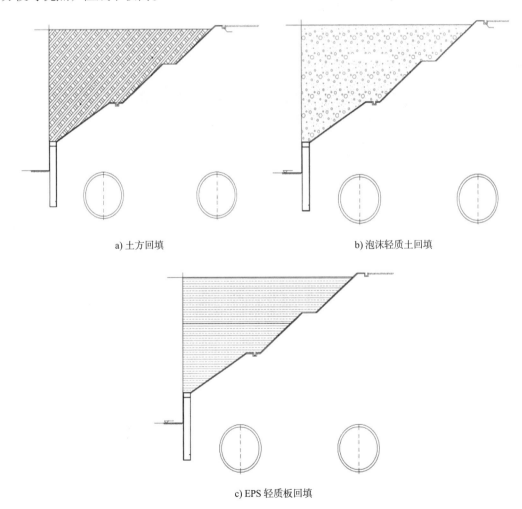

a) 土方回填   b) 泡沫轻质土回填

c) EPS轻质板回填

图 2　基坑边坡回填处理方案

3 数值模拟分析

3.1 模型的建立

根据工程概况及回填方案，采用有限元软件 midas GTS NX 对本工程不同回填方案进行数值分析。假定岩土体水平层状分布，模型尺寸为 $X \times Y = 60m \times 50m$，共划分 2461 个单元，3274 个节点，模型底面边界约束 X、Y 方向的自由度，在模型左右两侧边界约束 X 方向的自由度而释放 Y 方向上的自由度。通过改变属性的方式实现基坑边坡土方回填、泡沫轻质土回填和 EPS 板回填。模型计算采用莫尔-库仑准则（Mohr-Coulomb 准则），如图 3 所示。

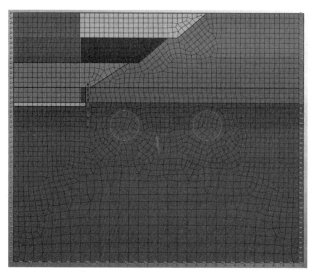

图 3　数值计算平面模型

3.2 模型材料参数的确定

岩土体物理力学参数取自地质成果资料，盾构隧道衬砌及支护桩参数分别取自对应混凝土的数值，回填土的参数根据工程实际及经验值预估，泡沫轻质土、EPS 板材参数参考已有成果，具体物理力学参数及材料本构模型见表 1。

材料物理力学参数及本构模型 表 1

材料类别	物理力学参数					本构模型
	重度 γ（kN/m³）	黏聚力 c（kPa）	内摩擦角 φ（°）	弹性模量 E（MPa）	泊松比 υ	
人工填土	20	20	12	12	0.30	Mohr-Coulomb 模型
强风化泥质粉砂岩	20.70	40	20	20	0.25	Mohr-Coulomb 模型
中风化粉砂质泥岩	21.00	60	18	25	0.25	Mohr-Coulomb 模型
回填土	20.00	20	15	15	0.30	Mohr-Coulomb 模型
泡沫轻质土	5.00	60	10	50	0.25	Mohr-Coulomb 模型

材料类别	物理力学参数					本构模型
	重度γ（kN/m³）	黏聚力c（kPa）	内摩擦角φ（°）	弹性模量E（MPa）	泊松比υ	
EPS轻质板	0.15	—	—	3.5	0.25	弹性模型
隧道衬砌	25.00	—	—	36000	0.20	弹性模型
护坡桩	25.00	—	—	30000	0.20	弹性模型

3.3 施工工况

模型中的模拟施工步骤与实际施工流程保持一致，具体如下：

（1）初始地应力平衡，并将计算位移清零。

（2）逐级挖除土方，施作边坡至第三级，再施工护坡桩。

（3）施作地铁盾构隧道及衬砌结构。

（4）开挖剩余土方至基坑底部设计高程，随后施作主楼地下结构并施加上部荷载。

（5）位移清零后，改变属性分别为土方、泡沫轻质土、EPS轻质板并施加地面荷载。

（6）对以上3种回填工况分别进行计算。

3.4 数值模拟结果分析

3.4.1 隧道竖向位移分析

根据数值模拟结果，土方回填方案沉降量最大为–69.9mm，位于左线隧道顶部；泡沫轻质土回填方案沉降量最大为–23.1mm，位于左线隧道顶部；EPS轻质板回填方案沉降量最大为9.2mm，位于左线隧道顶部。数值模拟分析结果如图4所示。

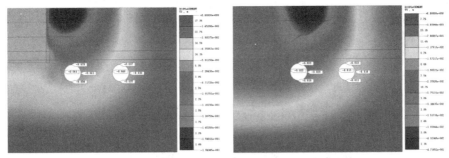

a) 土方回填　　　　　　　　　　　　b) 泡沫轻质土回填

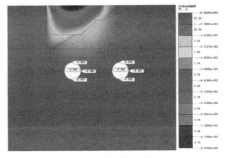

c) EPS轻质板回填

图4　竖向位移云图

根据数值模拟结果，分别绘制左线隧道及右线隧道的土方回填、泡沫轻质土回填、EPS轻质板回填方案雷达对比分析图，如图5所示。

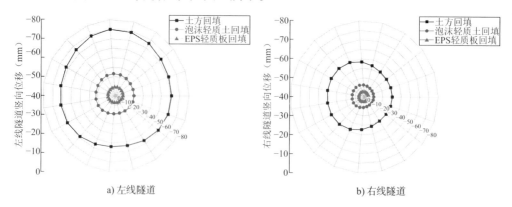

a) 左线隧道　　　　　　　　　　b) 右线隧道

图5　隧道上各点竖向位移对比雷达图

3.4.2　隧道水平位移分析

根据数值模拟结果，土方回填方案最大水平位移为向右 16.5mm，位于左线隧道右侧；泡沫轻质土回填方案最大水平位移为向右 4.3mm，位于右线隧道右侧；EPS 轻质板回填方案最大水平位移为向右 2.1mm，位于右线隧道右侧。数值模拟分析结果如图6所示。

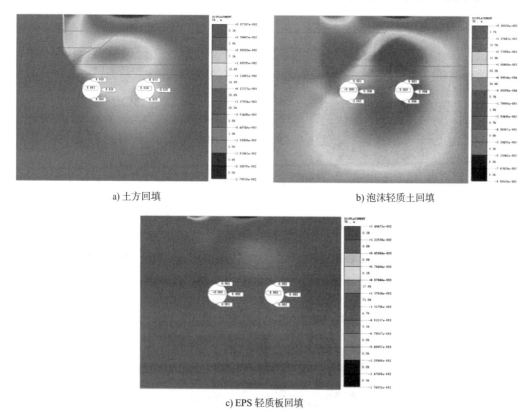

a) 土方回填　　　　　　　　　　b) 泡沫轻质土回填

c) EPS 轻质板回填

图6　水平位移云图

根据数值模拟结果，分别绘制左线隧道及右线隧道的土方回填、泡沫轻质土回填、EPS轻质板回填方案雷达对比分析图，如图7所示。

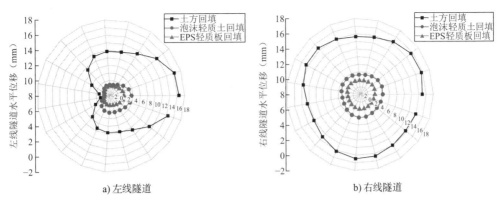

a) 左线隧道　　　　　　　　　　　b) 右线隧道

图 7　隧道上各点水平位移对比雷达图

左线隧道，土方回填方案盾构隧道水平位移最大，平均向右 8.7mm；泡沫轻质土回填方案盾构隧道水平位移较小，平均向右 1.7mm；EPS 轻质板回填方案盾构隧道水平位移最小，平均向右 0.6mm。

右线隧道，土方回填方案盾构隧道水平位移最大，平均向右 14.1mm；泡沫轻质土回填方案盾构隧道水平位移较小，平均向右 3.6mm；EPS 轻质板回填方案盾构隧道水平位移最小，平均向右 1.7mm。

盾构隧道水平位移按照由大至小依次为土方回填方案 > 泡沫轻质土回填方案 > EPS 轻质板回填方案，说明 EPS 轻质板回填方案能够有效降低隧道结构的水平位移，有利于隧道结构的安全。

3.4.3　隧道剪应力分析

根据数值模拟结果，土方回填方案最大剪应力为 186.1kN/m²，位于右线隧道左下；泡沫轻质土回填方案最大剪应力为 183.8kN/m²，位于右线隧道右下；EPS 轻质板回填方案最大剪应力为 183.5kN/m²，位于右线隧道右下。数值模拟分析结果如图 8 所示。

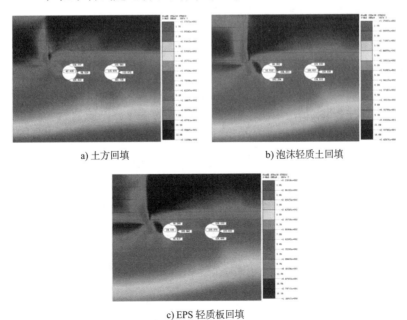

a) 土方回填　　　　　　　　　b) 泡沫轻质土回填

c) EPS 轻质板回填

图 8　剪应力云图

根据数值模拟结果，分别绘制左线隧道及右线隧道的土方回填、泡沫轻质土回填、EPS轻质板回填方案雷达对比分析图，如图9所示。

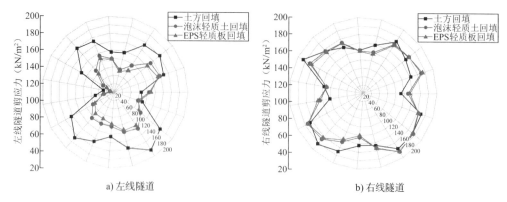

a) 左线隧道　　　　　　　　　　　　　b) 右线隧道

图9　隧道上各点剪应力对比雷达图

左线隧道，土方回填方案盾构隧道平均剪应力为131.4kN/m²；泡沫轻质土回填方案盾构隧道平均剪应力为94.0kN/m²；EPS轻质板回填方案盾构隧道平均剪应力为88.0kN/m²。

右线隧道，土方回填方案盾构隧道平均剪应力为150.5kN/m²；泡沫轻质土回填方案盾构隧道平均剪应力为150.2kN/m²；EPS轻质板回填方案盾构隧道平均剪应力为148.9kN/m²。

左线隧道剪应力按照由大至小依次为土方回填方案 > 泡沫轻质土回填方案 > EPS轻质板回填方案，说明EPS轻质板回填方案有助于减小隧道衬砌结构的工作应力，有利于隧道结构的安全。

3.4.4　分析计算结果与控制指标对比

综上所述，3种回填方案的竖向位移模拟结果均超过规范的隧道变形控制值要求，基坑边坡的回填对下伏盾构隧道的影响不可忽视。EPS轻质板回填方案对双线盾构隧道的影响相对较小，泡沫轻质土回填方案影响次之，土方回填方案影响最大。根据模拟结果，建议采用对双线盾构隧道的影响最小的EPS轻质板回填方案。

4　监测数据对比分析

本工程最终采用EPS轻质板回填方案，并在基坑回填的施工过程中对盾构隧道进行了监测。监测期间，左线盾构隧道竖向位移测点最终累计沉降值介于−8.52mm～+2.17mm 之间，其中累计最大值−8.52mm，与模拟值−8.1mm 较为接近。右线盾构隧道竖向位移测点最终累计沉降值介于−1.42mm～+1.10mm 之间，其中累计最大值为−1.42mm，小于模拟值−5.2mm。盾构隧道竖向位移变化时程曲线如图10所示。

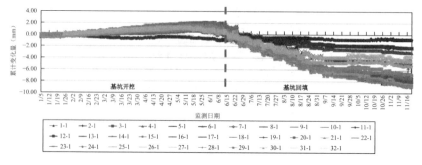

图10　盾构隧道竖向位移变化时程曲线

监测期间，盾构隧道水平位移测点最终累计值介于−0.96mm～+1.09mm之间，其中累计最大值为+1.09mm，小于模拟值1.7mm，监测数据在正常范围内。盾构隧道水平位移变化时程曲线如图11所示。

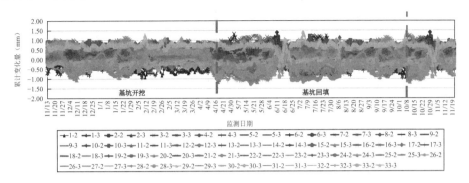

图11　盾构隧道水平位移变化时程曲线

通过与监测数据的对比分析，实测竖向位移的最大值与模拟的最大值的相差为0.42mm，实测水平位移的最大值与模拟的最大值的相差为0.61mm，模拟结果较为接近实测值。

5　结论

（1）采用土方、泡沫轻质土、EPS轻质板等三种不同的材料对深基坑边坡回填时，其对下伏盾构隧道的影响效果不同，当采用传统的土方材料压实回填时，其密度及重度较大，对下伏盾构隧道的影响最大；当采用泡沫轻质土回填时，其密度及重度相对较小，对下伏盾构隧道的影响明显小于土方回填；当采用EPS轻质板回填时，其密度及重度最小，对下伏盾构隧道影响最小。

（2）本文根据实际工程，通过对不同回填方案进行分析，确定了相同工况下，采用EPS轻质板回填基坑对下伏盾构隧道的影响最小。根据实测数据说明EPS轻质板回填在一定程度上能够有效控制既有地铁结构变形，使回填施工对既有结构变形影响减小，安全风险降低。

（3）邻近盾构隧道的荷载条件变化会导致隧道围岩应力发生改变，从而产生位移。基坑开挖卸荷会导致下伏盾构隧道的上浮，基坑回填则会导致下伏盾构隧道的沉降。盾构隧道对上部荷载的变化相对敏感，在工程建设时应尽量避免盾构隧道上方荷载发生较大变化。

参考文献

[1] 顾晓卫, 易子浩, 王哲, 等. 深基坑开挖对邻近双线地铁隧道变形影响实测分析[J]. 岩土工程学报, 2023, 45(S2): 214-219.

[2] Yang Y , Zhou B , Xie X , et al.Characteristics and causes of cracking and damage of shield tunnel segmented lining in construction stage－a case study in Shanghai soft soil[J]. European Journal of Environmental and Civil Engineering, 2018, 22 (sup1): s213-s227.

[3] 郭院成, 张博闻, 孟潮, 等. 堆土加卸载与基坑开挖叠加对既有隧道变形的影响研究[J]. 建筑科学与工程学报, 2023, 40(1): 142-149.

[4] 史世波, 刘尚各, 陈飞飞, 等. 新建路基开挖换填对下方既有盾构隧道影响研究[J]. 路基工程, 2021, (3): 165-170.

[5] 高墅. 地铁保护区事件案例与管理分析及地保系统应用[J]. 铁道运营技术, 2020, 26 (3): 8-10.

[6] 李春宝, 李笑天, 李申, 等. 盾构隧道回填用自流平泡沫混凝土试验研究[J]. 混凝土与水泥制品, 2022, (8): 83-86. DOI: 10.19761/j.1000-4637.2022.08.083.04.

[7] 牛天平, 唐森, 李贵荣. 泡沫混凝土在地铁保护区的应用[J]. 混凝土世界, 2021, (12): 82-85.

[8] 罗吕青, 张谢东, 李彬, 等. 基于模型试验的高填方涵洞 EPS 板减荷作用研究[J]. 武汉理工大学学报 (交通科学与工程版), 2022, 46 (2): 308-312.

[9] 伊哈卜. EPS 轻质材料力学特性及工程应用试验研究[D]. 西安: 长安大学, 2006.

[10] 中华人民共和国住房和城乡建设部. 城市轨道交通工程监测技术规范: GB 50911—2013[S]. 北京: 中国建筑工业出版社, 2013.

市域铁路盾构隧道下穿南水北调
中线干渠关键技术研究

袁创辉　沈明刚

（北京城建勘测设计研究院有限责任公司　北京　100101）

摘　要：为确保郑州机场至许昌市域铁路穿越南水北调中线干渠工程顺利实施，从设计方案、控制标准、施工措施等角度，对盾构隧道下穿干渠的重难点和风险处置进行探索研究。通过建立三维有限元模型，求取开挖面极限主动和被动支护压力以及开挖面和干渠结构的变形情况，验证隧顶与渠底竖向距离大于 2 倍洞径、选用粉质黏土作为掘进地层的技术可行性；对盾构隧道下穿干渠可能遇到的风险进行分析，并制定了针对性工程对策。研究结果对类似下穿工程具有积极的借鉴意义。

关键词：盾构隧道；南水北调；极限支护压力；风险分析；工程措施

1　引言

　　南水北调是国家跨流域调水的重大民生工程，极大地缓解了北方地区的水资源短缺问题，并优化了我国水资源配置格局。随着沿线城市地铁和城际铁路等隧道下穿南水北调中线干渠工程日益增多，期间既要保证盾构隧道安全施工，又要结合变形控制标准确保干渠安全运行，这势必给项目设计和施工带来较大挑战。杨喜等建立考虑盾构推力、盾壳、管片和盾尾空隙的三维施工过程数值模型，研究了在未通水及通水两种工况下，盾构下穿南水北调干渠期间左、右线隧道的合理间距和隧顶覆土厚度；李新臻等对盾构下穿干渠施工过程进行模拟，研究发现地表沉降随地层损失率增大而增大，随覆土厚度增大而减小，并提出地层损失率控制在 0.5% 以内及覆土厚度大于 2 倍洞径较优；陈超依托实际工程，采用数值模拟和现场实测手段，结合洞内注浆加固措施，研究了盾构双线掘进对干渠结构变形的影响规律；贾晓凤等采用现场监测和数值模拟手段，研究了克泥效工法对地铁盾构隧道下穿干渠期间结构物和地表位移的影响情况。

　　由于南水北调干渠属重点水源保护区，致使干渠内布设监测点困难，大多数工程均通过在建设前期围绕施工过程开展大量安全评估，用以优化实施方案，并结合岸坡或者马道监测结果，观察干渠内渗漏水情况，最终论证方案的优劣，同时为后期项目提供借鉴。而根据大量工程经验总结可知：土压平衡盾构机施工期间引起地层损失大小主要受制于土压仓内支护压力，以及对超挖空隙和盾尾间隙进行的壁后注浆。其中，超挖空隙与刀盘大小和盾壳尺寸有关，而盾尾间隙则由超挖空隙、盾壳锥度、管片尺寸等客观因素综合决定，该区域往往通过控制注浆量、注浆压力和材料性能等指标控制地层损失，学者们已做了研究，同时研究成果也在施工中得到了很好的印证。但对于开挖面主动和被动支护压力，其既受制于复杂的地质环境，又被渣土改良效果和施工人员技术水平所

作者简介：袁创辉（1980—），男，大学本科，高级工程师，目前主要从事勘察、岩土、监测方面的工作。电子邮箱：190711348@qq.com。

影响，尽管相关学者结合理论分析、数值模拟和模型试验的手段也取得了一定的成果，但大多数主要针对单一地层条件下开挖面的失稳和支护压力问题，而对复合地质条件下的研究鲜有报道，同时对于开挖面上面存在既有运营结构物时的稳定性控制技术研究更是少见，因此本文依托实际工程，采用数值模拟方法，开展盾构隧道在复合地层中下穿南水北调干渠期间开挖面稳定性的研究，并分析开挖面支护压力对干渠底板变形的影响，验证设计方案的合理性，并针对施工风险提出相应对策，确保干渠运行和隧道施工安全。

2 工程概况

2.1 工程简介

郑州机场至许昌市域铁路工程是实现郑许融合发展的重要交通支撑，其中洎美路站—思存路站区间隧道下穿南水北调中线干渠。区间隧道与干渠平面及竖向位置关系如图1所示，在下穿南水北调干渠段，左右线隧道中心间距13m，与中线交角均为82.5°，隧道纵坡均为6‰，隧顶与渠底最大竖向距离为14.53m，满足大于2倍隧道外径的技术要求。

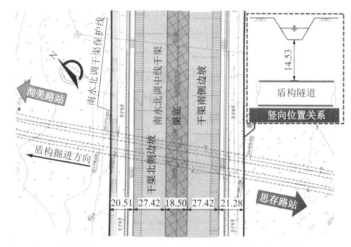

图1　区间隧道与南水北调干渠平面及竖向位置关系图（尺寸单位：m）

区间隧道采用刀盘直径6.48m的土压平衡盾构掘进，衬砌管片外径6.2m，内径5.5m，厚0.35m，环宽1.5m。

2.2 工程地质及水文地质条件

区间隧道下穿南水北调中线干渠主要在③$_{21}$粉质黏土层掘进，上覆土主要为②$_{32}$砂质粉土、②$_{33}$黏质粉土和②$_{41}$粉细砂。地下水类型主要为第四系松散堆积物孔隙潜水，埋深5.50～11.50m，受地形影响，水位标高呈北高南低趋势，主要赋存于弱～中等透水层的②$_{33}$黏质粉土和②$_{41}$粉细砂中，而下部的③$_{21}$粉质黏土层为相对隔水层。

2.3 下穿区域干渠结构

干渠断面如图2所示。下穿区域中线干渠过水断面为梯形，渠底和渠口宽分别为18.5m和73.32m，在正常通水情况下干渠水位为7m，而在加大水位情况则可达7.68m。干渠两侧路堤顶5m宽沥青混凝土路面，渠底采用8cm厚C20现浇混凝土板，干渠两侧1：2.5边坡采用10cm厚C20现浇混凝土板，板按间隔4m设纵、横伸缩缝，缝宽为2cm，缝上部2cm

为聚硫密封胶或聚氨酯密封胶嵌缝，缝下部为闭孔泡沫板填缝。

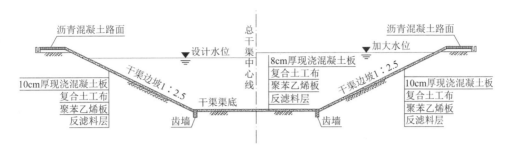

图 2　盾构隧道穿越段中线干渠横断面

3　三维数值模型构建

3.1　模型建立及参数选取

结合圣维南原理（隧道开挖仅对 2~4 倍洞径范围内土体影响显著），根据区间盾构隧道下穿南水北调干渠区域情况和干渠尺寸，建立三维有限元数值分析模型。模型尺寸 45m × 100m × 60m（$X \times Y \times Z$），如图 3 所示。

考虑隧道中心线与干渠中线交角接近 90°，为保证网格划分质量，按垂直相交等效。为简化计算模型，且考虑干渠铺砌密封性较好，无明显下渗，故将处于正常通水状态的干渠水头以水压力荷载形式施加于渠底和两侧边坡铺砌板上，大小按设计水位 7m 计取。模型四周约束法向位移，底部设置固定位移边界。

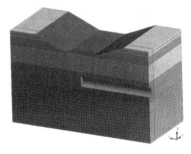

图 3　三维数值模型

由于该区间盾构隧道主要在黏土中掘进，且经添加剂改良后的理想渣土具有较好的抗渗性能，同时壁后注浆和管片环均为不透水边界，因此模型不再考虑流固耦合效应。土体采用莫尔-库仑弹塑性本构模型，干渠结构采用线弹性本构模型。为简化分析，将性质相近土层进行合并，模型中土层物理力学参数见表 1。

土层物理力学参数　　　　　　　　　　　　　　　　　　表 1

地层	重度γ（kN/m³）	弹性模量E（MPa）	泊松比μ	黏聚力c（kPa）	内摩擦角φ（°）
砂质粉土	18.2	15	0.32	10	23
黏质粉土	18.5	25	0.31	15	21
粉细砂	19.4	40	0.30	2	31
粉质黏土	19.6	60	0.29	34	17

干渠铺砌 C20 现浇混凝土重度取 25kN/m³，弹性模量取 25500MPa，泊松比取 0.2。干渠结构与土体之间通过界面单元建立连接关系。

3.2　计算方法

（1）支护应力比

根据工程经验，土压仓内实际支护压力为自上而下逐渐增大的梯形分布，由于网格划分时节点数较多，故为方便研究，取隧道开挖面中心点支护压力作为研究指标，同时引入支护压力比λ进行支护压力大小的衡量，见式(1)。

$$\lambda = \frac{\sigma_s}{\sigma_o} \tag{1}$$

式中：σ_s——开挖面中心点的支护压力值（kPa）；

σ_o——原始地层同位置处的静止水平土压力值（kPa）。

其值通过经典土力学计算公式，并与数值模型初始地应力平衡计算结果验证后获得。

（2）计算流程

本文主要研究开挖面极限支护压力及稳定性，模拟过程如下：首先建立原始地层模型；然后一次性开挖隧道至干渠底部中心线位置（模型中 $Y = 50m$），并及时对洞周施加固定约束，模拟既有衬砌管片（该方法可消除管片自身变形对开挖面计算结果的影响），同时对隧道开挖面施加梯形支护压力，其值等于原始地层侧向静止土压力（根据初始地应力分析步提取）；将梯形支护压力按一定间隔逐级增加或减小，并通过试算不断优化间距，然后逐级增加或减小开挖面支护压力，结合数值计算结果，作出支护压力比与开挖面中心点水平位移的关系曲线，曲线出现突变位置即为支护压力比极限值。

4 干渠变形控制标准及数值计算结果分析

4.1 穿越段中线干渠变形控制标准

对于南水北调干渠结构受施工影响的变形，由于控制标准受多种因素制约，管理单位目前尚未给出明确范围，但结合相关经验，本项目将竖向变形控制标准设为（+10～−5）mm。

4.2 开挖面主动失稳计算结果

图 4a）为主动支护压力比与开挖面中心点水平位移关系曲线，较为光滑，没有明显的破坏阶段，故采用"双切线法"确定开挖面主动破坏极限支护压力比为 0.275，可得开挖面中心点处极限支护压力约为 61.59kPa，同时从插入的极限支护压力对应的云图中可以明显看出，水平位移最大处位于开挖面中心点区域，且未明显发展至上部砂土层。

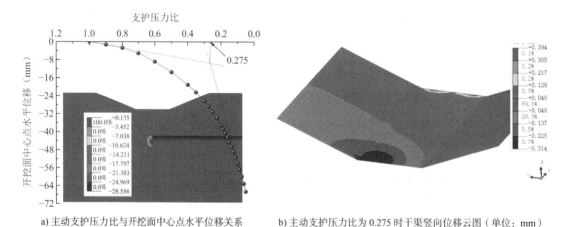

a）主动支护压力比与开挖面中心点水平位移关系　　　b）主动支护压力比为 0.275 时干渠竖向位移云图（单位：mm）

图 4　开挖面主动失稳计算结果

由图 4b）可以看出，变形最大处位于开挖面前方 $D/2$（D 为隧道外径）位置，但量值较小，说明在该黏土层掘进时，因开挖面支护力不足引起干渠结构发生破坏的概率较低，进一步验证设计方案可行性。

4.3 开挖面被动失稳计算结果

由图 5a）可知，关系曲线较为光滑，没有明显的破坏阶段，同样采用"双切线法"确定开挖面被动破坏极限支护压力比为 6.0，则开挖面中心点处极限支护压力约为 1344kPa，同时从极限支护压力对应的云图中可以看出，水平位移最大处位于开挖面中心点区域，同样未明显发展至上部砂土层。

由图 5b）可知，变形最大处位于开挖面正上方，主要变形区域为开挖面前后各一倍洞径，由于黏土层较大的黏聚力，致使较大的支护压力仅引起开挖面前方发生局部破坏，并未引起上方地层及干渠发生隆起破坏，反倒是开挖面区域土层受挤压发生远离开挖面位移后，因上方地层损失而引起干渠结构受其下方地层沉降影响而产生向下的位移。

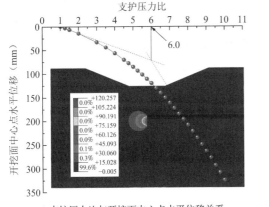

a) 支护压力比与开挖面中心点水平位移关系   b) 支护压力比为 0.275 时干渠竖向位移云图（单位：mm）

图 5   开挖面被动失稳计算结果

综合极限主动支护压力和被动支护压力以及变形规律可知，本项目设计方案合理，安全储备较大，施工风险较低，结合较优的壁后注浆措施后，干渠结构受全过程施工影响较小。

5   盾构隧道下穿干渠风险分析与工程对策

5.1   风险分析

（1）盾构施工风险

通常来说，影响盾构隧道安全施工的风险因素较多，如复杂的地质条件、盾构沿线路掘进期间姿态调整不合理、盾构隧道施工间距设置不合理引发沉降叠加效应、施工防水措施不到位、盾构土仓压力和注浆压力等施工参数设置不合理、盾构掘进速度和停顿时机控制不当、监控量测不精准、机组人员操作熟练程度及施工经验不足等。

（2）干渠结构变形风险

盾构隧道开挖导致洞室周围岩土体发生地层损失，在压力差作用下，洞周地层发生指向隧道开挖方向的位移。当应力松弛范围扩展至结构物周围地层，引起地基承载性能降低，设计在地基上同时受水压力作用的既有干渠混凝土铺砌将不可避免会产生差异沉降效应，严重时将导致缝隙位置出现渗漏水，引起底部脱空甚至结构物开裂，从而影响南水北调干渠运行安全。

（3）环境安全风险

作为国家级民生工程和生态工程，南水北调中线干渠具有较高的战略发展地位，其保护管理范围为从干渠边线向外延伸至200m以内的区域，弃渣和废弃浆液的就近无序存放，容易引起污染物在地层中发生渗流作用，而施工扰动容易导致不连续的纵、横伸缩缝位置张开，经一系列作用影响导致污染物经结构缝隙进入干渠，将对渠内水质造成一定影响。

（4）干渠受地铁运营影响风险

干渠结构在市域铁路运营期间，将持续不断地遭受下部地铁列车振动荷载的影响。尽管地铁列车运行时由振动引起的基底动应力幅值小，但作用时间长、数次多，长期往复振动将对渠周地层和干渠结构产生安全影响。

5.2 工程对策

（1）设置试验段确定最优试验参数

盾构机自干渠南侧向北掘进，故在南侧保护范围前200m提前设置试验段，并对施工影响范围内地层变形和地下水变化实施监测，并结合掘进参数，为土压平衡盾构施工地层损失及扰动机理研究提供参考依据，为盾构掘进参数优化提供参考，为完善干渠变形监测方案做好铺垫。对试验段进行土仓压力监测，绘制代表性断面监测数据如图6所示。

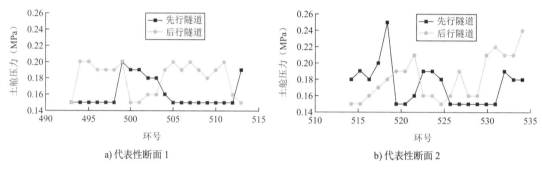

图6 试验段监测断面前后10环土仓压力

由图6可知：在通过代表性断面1前后，先行隧道土仓压力基本保持在0.15MPa，后行隧道变化范围为0.15～0.20MPa，整体上后行隧道土仓压力大于先行隧道；在通过代表性断面2前，先行隧道土仓压力在0.15～0.25MPa范围波动，通过代表性断面2后基本稳定在0.15MPa，后行隧道通过代表性断面2前后土仓压力在0.15～0.24MPa范围内不断变化。两断面监测值在第4节计算结果范围内变化。

（2）穿越段隧道结构加强措施

为避免隧道运营期间由于地下水引起上浮、干渠输水及列车循环荷载等因素导致隧道结构发生破坏，故采取结构加强措施：首先在穿越段采用配筋加强管片，提高管片安全系数；其次，提高穿越段隧道防水等级，执行不允许渗水、结构表面无湿滞的一级标准；最后对盾构管片进行无损检测，评估性能指标，同时检测同步注浆及二次注浆效果，并根据检测结果协商确定进一步加强处理措施。

（3）采取轨道减振措施

为减少市域铁路运营期列车往复循环振动对隧道管片和干渠地基的影响，在穿渠段采用双块式减振型（CRTSI型）无砟轨道。

（4）加强环境保护

根据对南水北调水源保护区的相关要求，施工期间合理布置场地，同时对废弃泥浆、开挖渣土等进行外运处理，做到远离干渠集中存放或经处理后二次利用，减少对干渠水质及环境安全的影响。

（5）监测方案及结果

①监测方案

地层竖向变形监测点断面布置如图7所示，因干渠渠底距隧顶14.53m，故竖向位移监测点自隧顶向上，正在距隧顶5m、10m、15m地层和地表竖向布设。深层水平位移需借助测斜仪完成。

由于南水北调干渠在盾构下穿阶段运行正常，且对水源保护要求较高，显然在干渠渠底布设测点的难度较大，但为掌握盾构施工参数对干渠结构的影响，故在干渠两侧顶部各布置一排（15个）自动化监测点，同时设置1个基准点。

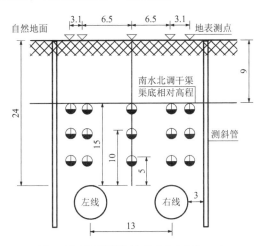

图7　试验段监测断面布置（尺寸单位：m）

②监测结果

对于南岸测点，先行隧道轴线顶测点的沉降量为4.83mm，后行隧道轴线顶测点沉降量为3.96mm，两隧道连线中轴线对应测点沉降量为2.85mm；北岸测点最大沉降3.57mm，发生在先行隧道轴线顶测点位置。干渠南北两侧沉降监测结果满足变形控制标准，说明设计和施工中采取的一系列工程对策是有效的。

6　结论

（1）对开挖面极限主动和被动支护压力以及开挖面和干渠结构的变形情况展开研究，得出极限主动支护压力比约为0.275，对应的干渠结构竖向变形最大处位于开挖面前方$D/2$（D为开挖深度）位置；开挖面被动破坏极限支护压力比为6.0，对应的干渠结构竖向变形最大处位于开挖面正上方，结合计算结果，进一步验证隧顶与渠底竖向距离大于2倍洞径、选用粉质黏土作为掘进地层的技术可行性。

（2）为降低盾构隧道下穿干渠风险，须采取切实可行的工程对策措施，结合施工监测结果和现场情况，得出工程对策措施较为有效，既确保了隧道施工安全，又保证了干渠安全运行。

参 考 文 献

[1]　张延. 大直径盾构隧道下穿南水北调中线总干渠设计研究[J]. 铁道标准设计, 2019, 63(9): 78-83.

[2] 杨喜, 邹琦, 王庆. 地铁隧道穿越南水北调干渠施工影响分析[J]. 隧道建设, 2013, 33(7): 562-566.

[3] 李新臻, 杜守继, 孙伟良. 大直径盾构隧道下穿南水北调干渠施工影响分析[J]. 河北工程大学学报 (自然科学版), 2017, 34(4): 64-69.

[4] 陈超. 盾构下穿南水北调干渠施工技术及地层变形研究[D]. 郑州: 郑州大学, 2021.

[5] 贾晓凤, 李春剑, 任磊. 地铁盾构隧道下穿南水北调干渠的沉降控制研究[J]. 安全与环境工程, 2022, 29(1): 77-84, 118.

[6] 秦建设. 盾构施工开挖面变形与破坏机理研究[D]. 南京: 河海大学, 2005.

[7] 苟长飞, 叶飞, 纪明, 等. 盾构隧道壁后注浆柱形孔压滤扩散模型[J]. 铁道科学与工程学报, 2016, 13(2): 325-331.

[8] 刘玮, 谢佳伟, 赖友君. 富水复合砂层大直径盾构掘进同步注浆性能配比试验研究[J]. 铁道标准设计, 2018, 62(4): 141-145.

[9] 王新强, 晏启祥, 孙明辉. 盾构隧道同步注浆对管片上浮的影响分析[J]. 铁道建筑, 2022, 62(2): 118-122.

[10] 徐前卫, 唐卓华, 朱合华. 盾构隧道开挖面极限支护压力研究[J]. 岩土工程学报, 2017, 39(7): 1234-1240.

[11] 曹利强, 张顶立, 孙振宇. 盾构隧道穿越富水砂层开挖面稳定性分析[J]. 铁道建筑, 2019, 59(3): 35-38.

[12] 康志军, 谭勇, 李金龙. 基于流-固耦合的盾构隧道开挖面稳定性研究[J]. 隧道建设, 2017, 37(10): 1287-1295.

[13] 吕玺琳, 赵庚成, 蔡剑韬. 盾构隧道施工扰动诱发富水砂层地陷变形数值模拟[J]. 现代隧道技术, 2020, 57(5): 104-109.

[14] WONG K S, WANG C W, CHEN Y M, et al. Centrifuge and numerical investigation of passive failure of tunnel face in sand[J]. Tunnelling and Underground Space Technology, 2012, 28: 297-303.

[15] 吕玺琳, 周运才, 李冯缔. 粉砂地层盾构隧道开挖面稳定性离心试验及数值模拟[J]. 岩土力学, 2016, 37(11): 3324-3328, 3335.

[16] 米博. 水下浅埋盾构隧道开挖面极限失稳模式和支护压力研究[D]. 北京: 北京交通大学, 2021.

[17] 肖鹏飞, 冯光福, 贾少东. 近距离下穿车站富水圆砾地层盾构隧道开挖面稳定性研究[J]. 隧道与地下工程灾害防治, 2021, 3(1): 75-81, 91.

施 工 篇

盾构施工过程中成型隧道管片更换施工技术研究

杨智麟　邓志强　张海鲲　赵　江　闵庆华

（中建交通建设集团有限公司　北京　100166）

摘　要： 由于盾构施工面临更多大埋深、小半径、大纵坡、复杂地质条件等因素，难免产生隧道管片严重错台凸起、破损导致涌水涌泥甚至隧道整体大变形等问题，严重影响到隧道安全。本文介绍了南昌地铁 1、2 号线延长线工程辛家庵站—楞上站区间采用隧道内管片支撑及托换、洞内局部冷冻加固条件下现浇型钢骨架混凝土结构及管片槽钢加固施工等工艺在盾构掘进过程中成功更换管片的技术，可供今后类似工程鉴赏与参考。

关键词： 盾构掘进；成型隧道；管片更换；冷冻加固

1　引言

近年来盾构法隧道在城市轨道交通建设中广泛应用，随着城市地下空间开发日益增速，受地表及地下构筑物等影响，盾构隧道施工面临更多大埋深、小半径、大纵坡、复杂地质等条件，因而难免在施工中出现隧道管片严重错台凸起、破损导致涌水涌泥甚至隧道整体大变形等问题，严重影响到隧道安全。盾构隧道掘进过程中盾尾设备桥处管片底部易发生破损错台，无法满足盾构掘进施工需求，尤其盾构设备与隧道管片之间净空较小时，管片更换施工极为困难，且暂无类似工况实施案例。因此，选择安全、经济、合理的管片更换方案极为重要。

2　工程概况

南昌地铁 1、2 号线延长线工程辛家庵站—楞上站区间，线路出辛家庵站后，沿上海路向南行进，依次下穿 23 栋居民建筑物群，在解放西路到达楞上站，区间采用盾构法施工。区间隧道双延米长 623.60m，线间距 12.6～14m，最小平面曲线半径 320m，最大坡度 27.796‰，设联络通道兼废水泵房 1 座。隧道埋深 11～15m，管片外径 6m，环宽 1.2m，厚 30cm。主要地层为砾砂③₆、圆砾③₇、强风化泥质粉砂岩⑤₁₋₁、中风化泥质粉砂岩⑤₁₋₂，地下水类型主要为上层滞水，水位埋深一般为 0.70～2.10m。辛家庵站—楞上站区间平面图如图 1 所示。

区间左线隧道 190～220 环底部处于强风化泥质粉砂岩层与圆砾层交界面，隧道拱顶覆土厚度约 15m，地下水位于 13.5m 位置。盾构在该地层掘进过程中，发现一环管片底部脱出盾尾后标准块右侧出现错台，并加强观测和优化施工参数，在后续掘进时（当前地层为砾砂层、圆砾层），该管片底部出现漏浆，管片错台持续加大、破碎严重，与之相连的标准块螺栓孔位置出现破损，监测错台达到 180mm，现场立即启动应急预案，采用管片等加重反压，底部注浆封堵，隧道内采用型钢及槽钢进行加固，隧道底部浇筑反压混凝土等措施，避免了不可接受的风险发生，隧道整体稳定，同时加强洞内及地表监测频率，监测无异常。

作者简介：杨智麟（1988—），男，大学本科，高级工程师，主要从事城市轨道交通施工与管理工作。电子邮箱：2810908 236@qq.com。

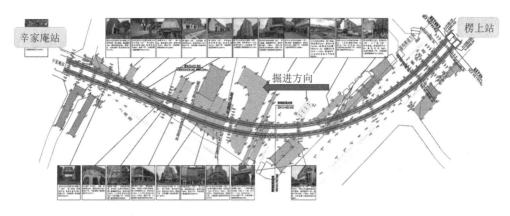

图 1　辛家庵站—楞上站区间平面图

3　管片更换施工

3.1　现场调查

（1）现场将隧道管片错台凸起应急处置稳定后，对周围管片错台、裂纹、破损等进行全面排查登记，并重新布设监测点。对地面周边环境详细调查，加密布设监测点，加大监测频次。

（2）对错台凸起管片相邻 10 环实际点位绘制展开图，标注错台量，如图 2 所示。根据现场实测实量精确绘制管片与设备空间关系，既有支撑体系等横、纵断面图，反压混凝土等构筑物，将现场情况进行精准描绘，为后续更换方案比选做好准备。现场临时支撑横断面图如图 3 所示。

（3）根据施工参数及现场情况，管片吊装孔处打设验证孔，对错台凸起管片位置处水文地质情况详细调查和分析，摸清真实地层状况。

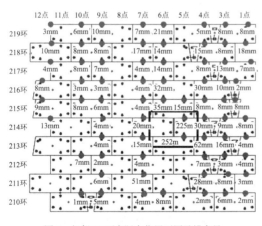

图 2　相邻 10 环实际点位展开图及错台量

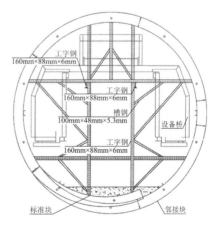

图 3　现场临时支撑横断面图

3.2　盾构机设备部分拆除施工

破损管片位于该土压平衡盾构机设备桥中部，考虑后续管片更换施工支撑架设及开挖空间，需拆除设备桥处皮带架前端及设备桥左右两侧与拼装机连接平台、设备桥左侧后端小平台等。拆除时要保证既有管片处支撑受力不受影响，且考虑便于后续设备恢复。

3.3 冷冻加固施工

对管片错台凸起处（即 B3 块处）采用洞内冷冻法加固。冷冻施工关键工序流程：冷冻设计→冻结孔施工（同时安装冻结制冷系统，盐水系统和监测系统）→积极冻结→维护冻结（探孔试挖、破除管片及土方开挖、结构施工）→冷冻管封孔及融沉注浆。

（1）冷冻设计

①结合实际管片拼装点位进行布孔，冷冻孔应避开管片螺栓、接缝处，最大限度避开管片中纵向受力钢筋，现场施工位置与设计位置偏差应不超过 10cm，超过时须得到设计等各方确认，保证冷冻范围冻结交圈。

②对冷冻孔施工打断管片纵向钢筋影响管片强度进行受力计算，采取数值模拟计算冻胀对管片造成的应力和变形影响。因冻胀产生的管片变形增量最大值为 0.8mm，影响较小；因冻胀管片产生的最大弯拉应力、压应力、剪应力的附加应力约为 2MPa，对管片影响不大，避免了冷冻施工带来的次生灾害。数值模拟应力及变形分布如图 4 所示。

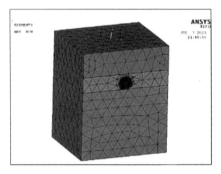

a) 冻胀计算模型

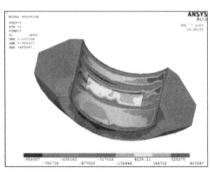

b) 冻结壁附加应力σ_1分布

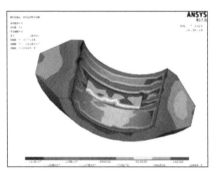

c) 冻结壁附加应力σ_3分布

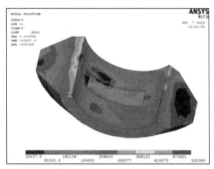

d) 冻结壁剪应力分布

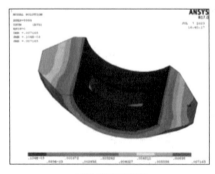

e) 冻结壁变形分布

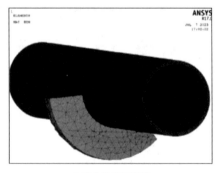

f) 冻土及管片模型

图　4

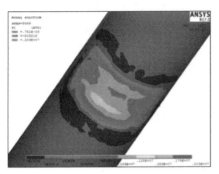
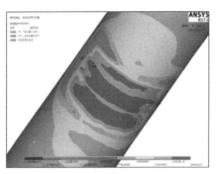

g) 管片附加应力σ₁分布   h) 管片附加应力σ₃分布

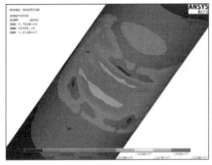
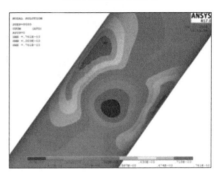

i) 管片剪应力附加应力分布   j) 管片变形增量分布

图 4 数值模拟应力及变形分布

③设计冻结壁的有效厚度应经过详细的分析计算，保证冷冻效果，本工程中洞口周围冻土帷幕有效厚度不小于 1.8m，冻土帷幕与管片交界面厚度不小于 1.5m，冻土设计平均温度不高于−10℃，交界面平均温度不高于−5℃。冷冻范围横、纵断面如图 5、图 6 所示。

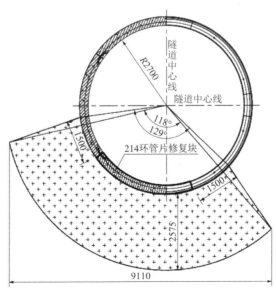

图 5 冷冻范围横断面图（尺寸单位：mm）

（2）冻结孔施工

施工过程详细记录地层打孔流出泥浆性质、孔深、施工时间及顺序，做好实际地层与设计的分析对比。高度关注每一步施工过程中的密封性能，特别是孔口管密封装置安装、孔口管封孔等工序，要求施工冻结孔时的土体流失量应小于冻结孔体积，避免再次造成地层水土损失。

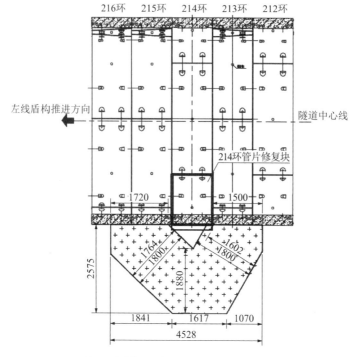

图 6　冷冻范围纵断面图（尺寸单位：mm）

（3）积极冻结

根据实测温度资料判断冻结帷幕是否交圈和达到设计厚度，是否与隧道完全胶结，满足设计技术指标后，通过打设验证孔再次确定冻结效果后，方可破除管片进行开挖施工。

（4）维护冻结

专人 24h 现场监控冷冻运行状况，保证冷冻效果，管片更换结构施工在维护冻结下进行，精心筹划工序衔接，尽量缩短开挖冻土暴露时间，随时覆盖保温。

（5）冷冻管封孔及融沉注浆

①混凝土达到设计强度后，进行冻结站拆除，回收供液管，按设计要求进行封口，并预埋注浆管进行注浆堵漏。

②解冻采用自然解冻方式，并配合融沉注浆。整个施工过程，管片更换处连续 5 环布设洞内管片收敛点，加大监测频率，根据隧道沉降和解冻温度场的监测，适时调整注浆量和注浆时间间隔，确保沉降稳定。

3.4　管片支撑安装及托换施工

该盾构隧道管片错台凸起处前期应急处置时，隧道内采用型钢、木方等进行洞内支撑，部分受力支撑位于开挖更换位置处，须对这些支撑进行托换，拆除部分障碍支撑，提供永久结构更换工作空间。在保证原有支撑受力不变的条件下，对原支撑进行托换，并对新支撑进行受力计算分析，保证盾构隧道管片变形可控。关键工序流程：支撑设计及计算→支撑安装（新增）及验收→既有支撑部分拆除→观测→全部拆除（待管片更换后达到强度）。

（1）新增支撑结合现场实际情况布设，尽量减少盾构机部件拆除，避开破损处管片开挖更换需要空间为原则。

（2）新增支撑结构及型钢大小，根据受力验算分析选择，受力按圆环缺口最不利计算，即管片加固计算按 15m 全土柱（隧道埋深约 15m），受力不考虑管片之间、土体之间等相互作用，通过计算满足修复施工阶段受力需求。新支撑计算有限元模型如图 7 所示。

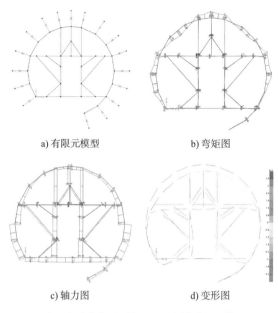

a) 有限元模型　　　　　　b) 弯矩图

c) 轴力图　　　　　　d) 变形图

图 7　新支撑按圆环缺口最不利计算有限元模型

（3）新增支撑根据现场实量尺寸对型钢进行精确下料，保证单根支撑完整性。竖向支撑安装到位后顶部采用一块 20mm 厚钢板 + 10mm 厚橡胶垫，确保支撑顶部与管片密贴，及时加焊横向支撑，保证支撑整体性。

（4）支撑安装完成并经验收和观测稳定，且冻结达到设计要求后，方可开始拆除原支撑中部分障碍支撑，进行托换。并对支撑体系进行观测，观测无异常后方可进入下一道施工工序。

3.5　管片结构更换施工

该盾构隧道设计年限为 100 年，考虑隧道管片耐久性及强度，更换采用现浇型钢骨架混凝土。保障更换施工管片变形及稳定性，B3 块（长 3.4m、宽 1.2m）分 3 段凿除开挖（先第一段、再第三段，最后第二段），一次浇筑成型，具体分段凿除如图 8 所示。关键工序流程：管片分块拆除及土方开挖→分段型钢骨架安装［保温层及垫层施工→植筋开孔→防水施工→迎水面钢筋网片安装→型钢骨架支撑安装（含骨架底部焊接钢筋）］→型钢骨架整体安装（整体连接定位、植筋安装、螺栓安装、内环面钢筋网片安装）→混凝土浇筑→混凝土养护。

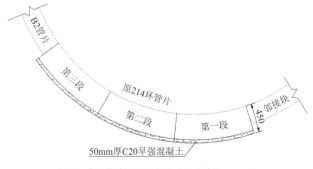

图 8　分段凿除施工示意图（尺寸单位：mm）

（1）管片分块拆除及土方开挖

①保证管片凿除过程管片整体稳定，分三段凿除，开挖顺序为第一段→第三段→第二段。

②为避免拆除部分后，管片径向和相邻管片纵向有变形，每段拆除采用切割机横向切槽，采用提前下好的轨道及时支撑。

③提供充足的资源保障现场 24h 施工连续，采用风镐分块破除，开挖时限越短越好，开挖到位后立即施作后续工序，做好保温覆盖措施。

④开挖过程中重点关注地层冷冻变化，现场准备长短不一的型钢和方木等物资，应急人员现场值守，出现异常情况及时处置。

（2）分段型钢骨架安装

①型钢骨架设计充分考虑混凝土浇筑流动性、保护层厚度、植筋孔定位偏差、扇形分块安装后拼接施工空间等，须提前加工完成运至现场预拼装调整，管片型钢骨架配筋断面和平面布置如图 9 所示。

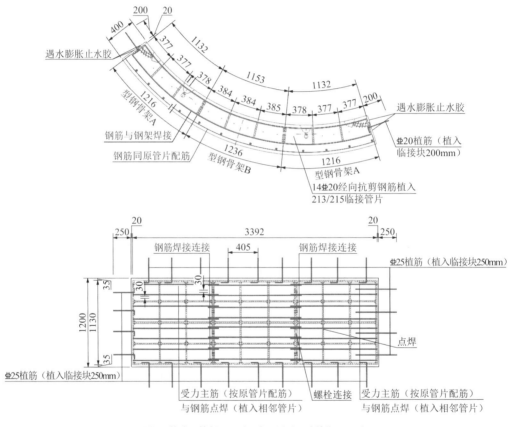

图 9　管片配筋断面和平面布置图（尺寸单位：mm）

②每段土方开挖到位后，依次施工保温层、垫层、植筋开孔、防水、迎水面钢筋网片后，立即将该部位型钢骨架安装到位，并用木楔块垫实定位。每段安装完成后进行下一段破除。

（3）现浇结构与相邻管片连接及防水

①若现浇结构相邻管片原有螺栓孔部分损坏，更换新螺栓，螺栓伸入现浇结构部分与型钢骨架焊接牢固，浇入混凝土结构中。

②考虑现浇结构相邻管片原有螺栓孔部分被拉裂及破坏，无法采用螺栓对现浇结构与相

邻管片纵向和环向连接，因此对相邻管片腰部进行植筋（钢筋直径为25mm，植入邻接块深度250mm），植筋与型钢骨架焊接固定一体，保证相邻管片的整体性。

③混凝土浇筑前，在型钢骨架四周采取保护层定位措施，保证保护层厚度不小于35mm，并在型钢骨架和相邻管片之间缝隙中插入振捣片充分振捣密实。同时，管片环缝和纵缝防水采用在现浇混凝土与相邻管片接触面上设置2道遇水膨胀橡胶条形成闭环，并在2道遇水膨胀橡胶条中间预埋全断面注浆管，保证防水施工质量，避免后期渗漏水。

（4）型钢骨架整体安装

三段型钢骨架分别安装到位后，整体连接调整定位后，进行植筋安装、未破坏螺栓孔处纵向和环向螺栓安装，同时在型钢骨架中纵向和横向各设置1根ϕ25mm的应力计，便于后期监测该管片受力情况。再次复核确认防水及混凝土保护层厚度及质量后，整体安装内环面钢筋网片，焊接成一体。

（5）混凝土浇筑

①根据管片混凝土强度和防水要求，提前做好混凝土供应来源和配合比，精准计算混凝土运输到工作面的时间，提前到搅拌站试验坍落度最合理范围（180mm±20mm），确保在3h内浇筑完成，保证高强度混凝土性能。

②采用强度高、坍落度较小的混凝土，现场人工采用铁锹浇筑，振捣密实，做好管片内弧面收面，严格控制现浇管片与相邻管片的保护层厚度。

③因地层冷冻温度较低，采用覆盖土工布及棉被保温养护。混凝土强度达到设计要求后，方可停止冷冻，拆除支撑及冷冻管等设施，清理管片表面。

3.6 管片槽钢加固施工

管片错台凸起处相邻周边管片存在不同程度破损，且距离盾构机盾尾较近，盾构长期停机后复推推力极大，且受现场盾构设备限制及管片净空较小，常规钢环片加固管片等无法实施。为提高整体受力性能，保证盾构安全复推，创新采用一种槽钢结构对相邻管片进行临时加固，便于后期拆除。关键工序：管片调查→管片裂缝修补→管片纵缝预处理→断面放样及槽钢设计→槽钢加固→槽钢拆除（后期洞通）。

（1）管片调查

管片表面所有障碍物清理干净后，通过现场调查管片裂缝、破损、渗漏水等情况，采用隧道断面扫描仪、裂缝检测仪、测量工具等，对加固区域管片变形情况及管片横断面现状尺寸详细调查记录。

（2）管片裂缝修补

根据现场调查，管片裂缝宽度不同（分细微裂缝、一般裂缝、贯通裂缝），需按照设计及规范要求采用相应的处理措施修补。

（3）管片纵缝预处理

①盾构隧道管片错缝拼装，考虑整体受力采用弹性环氧胶泥对管片纵缝进行压注密封。

②采用直径为15mm、长度为250mm的尼龙棒，增加节点内的填充度，保证纵缝内胶泥充实。

③对手孔接缝采用快干水泥裱糊密封。

④采用ϕ14mm钻头在胶泥上钻孔，钻孔深度约50mm，预设固定注浆管。注浆管颈壁预先涂刷底油，以便增加管壁和弹性环氧胶泥密封性能。

⑤在纵向缝内根据情况埋设1或2个注浆管，便于后期的灌浆作业。

⑥采用弹性环氧胶泥对注浆管表面接缝批刮宽 40mm 的密封带进行封缝，胶泥固结 12h后，方可施工下道工序。

⑦注浆采用电动泵由上至下，由低到高依次进行注浆，直至上一注浆孔出浆，对下部注浆孔进行封闭，再以上部出浆孔为注浆孔，继续对称注浆，直至顶部出气口出浆，注浆完成。注浆过程中压力控制在 0.1MPa 以内。

（4）断面放样及槽钢设计

①断面测量宜采用现场方钢放样，按设计管片半径将方钢弯制成型，放样时按管片收敛变形后的内径将方钢锤击成形，再将方钢编号注明，每环管片至少测量两个断面。

②断面测量完成后每个断面均应绘制横断面图，图中应包括线路中心线及槽钢竖向中心线及其横向距离；钢圈中心水平位置高程，理论高程；现状隧道内轮廓，钢圈理论放样内轮廓以及钢圈直径；里程、环号。

③隧道管片断面放样完毕后，对断面放样形成的基础成果进行技术审查，依此编制钢结构的深化设计大样图，报相关单位审核通过后方可进行加工。

④每环管片内的两个断面环向槽钢安装纵向间距为 900mm 或 600mm，横向设 16 道。采用 20 号槽钢，M16 螺栓，通过有限元计算，采用梁单元模拟内装钢圈，钢材料按弹性材料来模拟，可提高管片整体受力性能 15%。

（5）槽钢加固

①根据每个横断面数据加工好的槽钢，按断面及部位进行逐一编号，确保每段槽钢都安装在正确的位置上。同时，每环进行精准运输，防止在运输过程中与其他环的槽钢混淆，误装后会影响环形槽钢的加固效果。

②对施工范围内管片进行除尘清理，保证管片弧度平整和无渗漏水，特别应对原先管片进行堵漏后产生的环面高低不平和钙化物进行处理。

③槽钢安装先进行隧道底部的 2 段槽钢安装，再对称进行腰部两段安装，最后进行顶部调整段安装。其中顶部槽钢需根据底部和腰部槽钢安装后剩余空间来复核预加工是否符合实际情况要求，若出现尺寸偏差，遇无法调整的情况应根据最新的尺寸进行重新加工。槽钢安装如图 10 所示。

图 10　底部两段安装、腰部两段安装、顶部调整段安装示意图

④每段槽钢安装时采用 ϕ16mm 锚栓对槽钢进行固定，并进行相应的加劲钢板焊接，锚栓孔位置应根据现场放样位置进行确定，并错开管片间隙、管片钢筋位置。

⑤纵向连接槽钢安装可参考环向槽钢施工。

⑥灌注刚性环氧胶，在环形槽钢拼装及焊接完成后，对环形槽钢前后两侧与管片接缝处先用双快水泥塞平，再采用弹性环氧胶泥封边。封边的过程中预留注浆口并插入软管，软管

均匀分布在钢板的两侧并呈"Z"字形排布，每块板至少预留 5～6 个注浆口，压注顺序自下而上，直至上部预留注浆嘴溢出后方可停止注浆，注浆压力控制在 0.1MPa 以内，同时遵循少量多次压注原则，确保压注的质量。槽钢安装完及注刚性环氧胶示意如图 11 所示。

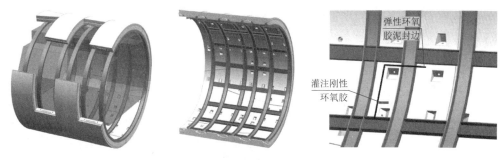

图 11　槽钢安装完及注刚性环氧胶示意图

（6）槽钢拆除

待隧道洞通后，割开槽钢连接处，加热槽钢背面刚性环氧胶，逐段拆除。

4　工程应用效果

本工程于 2023 年 7 月 8 日按处置方案开始施工，于 10 月 17 日盾构恢复推进，于 11 月 22 日隧道贯通，成功解决了盾构掘进过程中管片破损错台更换难题，洞通后更换管片处隧道正上方地表累计沉降最大值为 1.74mm、隆起最大值为 3.4mm；拱顶累计沉降最大值为 2.4mm，拱底累计沉降最大值为 1.86mm，累计净空变化最大值为 1.8mm，满足隧道设计与施工技术要求。

5　结语

针对盾构施工中成型隧道管片突发性严重错台凸起，成功实现成型隧道管片更换，降低了盾构隧道施工安全风险，避免了更大事故和次生灾害的发生，保障了隧道施工和周围环境的安全，保证了本条地铁线路如期开工运营，可为后续类似工程处理提供经验和借鉴。

参 考 文 献

[1] 罗昭明，董志超. 地铁盾构隧道管片破损修复技术研[J]. 人民长江，2015, 46(24): 59-62, 93.

[2] 王鹏. 地铁施工中冻结法地基加固可行性研究[J]. 城市轨道交通研究，2007(2): 44-47.

[3] 杨志国. 冷冻法在南昌地铁联络通道施工中的应用[J]. 高速铁路与轨道交通，2015: 4.

[4] 康元锋. 地铁盾构隧道衬砌管片损伤修复关键技术研究[J]. 交通世界，2019(8): 96-97.

[5] 杨智麟，邓志强，尹清锋，等. 一种盾构隧道衬砌结构的临时加固结构: 202322913793. 3[P]. 2024-05-17.

[6] 吕延豪，柳献，孙雪兵，等. 一种钢板加固盾构隧道衬砌结构及施工方法: 202310462564. 6[P]. 2023-04-26.

复合地层盾构盾体开孔掏挖脱困技术研究

严 辉 陈楚濂

（广东珠三角城际轨道交通有限公司 广州 510330）

摘 要：本文探讨了复合地层盾构脱困施工关键技术。针对某铁路隧道盾构机因浆液包裹导致受困的问题，分析了传统钢板桩振动脱困法的局限性，并创新性地提出了洞内开"天窗"式盾体开孔掏挖的脱困技术。该技术在地层自稳性好、岩石强度较高、地下水不丰富的条件下，通过在盾尾开孔，人工清理包裹在盾体上的浆液，有效降低盾体与周边土体摩擦阻力，最终实现盾构机脱困。本文详细介绍了该技术的施工流程，包括实施准备、"天窗"割除、人工清理浆体、回填及盾体修补等关键步骤，并对实施效果进行了评估；最后，总结了盾构脱困的几点建议，可为类似工程提供技术参考。

关键词：盾构脱困；复合地层；开天窗技术；人工掏挖；施工管理

1 引言

在复合地层中进行盾构法隧道施工，盾构被困现象时有发生，会对施工安全、工程进度、周边环境等造成较大不利影响。因此，快速、安全、经济的脱困技术研究是盾构施工中亟待解决的关键问题。

盾构在复合地层中经常会因地质突变等原因造成刀具异常磨损，进而采取从地表对地层进行加固，或采取超前注浆对前方土体进行加固后开仓处理异常刀具。在施工中往往因为控制不当造成浆液附着黏结在盾体上，致使盾构被困。魏兵超提出了对盾构壳体被凝固浆液包裹采用钢板桩进行振动的脱困处理方法。但是，该方法因不能精准推算盾构脱困所需推力或无法直观验证包裹体的处理效果，往往是边尝试边改进，导致脱困时间较长且难以预测效果。

基于此，本文结合某工程实例，在采用传统钢板桩振动脱困技术的基础上，创新性地提出了盾尾开"天窗"式盾体开孔掏挖的脱困解决方案，成功解决复合地层盾体脱困问题，该技术研究可为类似工程提供借鉴。

2 工程概况

新建铁路莞惠城际某标段位于广东省惠州市境内，项目右线盾构隧道长 4659.967m，第 2027～2090 环隧道埋深 18～20m，23.21‰上坡掘进，地层自上而下依次约为 0.7m 厚素填土，3.3m 厚硬塑性粉质黏土，4.7m 厚全风化泥质砂岩，11m 厚强风化泥质砂岩。隧道洞身范围上部为强风化泥质砂岩厚约 5.36m，标贯击数 $N = 27.6$ 击；洞身下部为中风化泥质砂岩厚约 3.44m，单轴抗压强度 25.2MPa；隧道洞身底部 5m 为中风化泥质砂岩，属于典型的上软下硬地层，盾构掘进异常及卡机地段地层纵断面如图 1、表 1 所示。

作者简介：严辉（1976—），男，大学本科，高级工程师，主要从事岩土工程、轨道交通暗挖、明挖、盾构、桥梁等土建工程技术和建设管理工作。电子邮箱：466461976@qq.com。

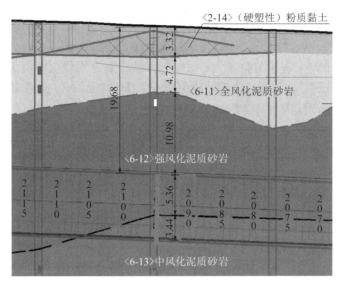

图 1　掘进异常段地质纵断面图（尺寸单位：m）

穿越段地层参数表　　　　　　　　　　表 1

项目	地层	厚度（m）	地层特征
1	素填土	0.7	素填土组成物主要为粉质黏土、中粗砂、碎石等，杂填土含有砖块、混凝土块等建筑垃圾或生活垃圾，大部分稍实密～欠密实，稍湿～湿
2	粉质黏土层〈2-14〉	3.3	硬塑状粉质黏土、褐黄色、浅灰色、硬塑，主要由黏粉粒组成，黏性一般。标贯击数12～25击，平均击数18.52
3	全风化泥质砂岩〈6-11〉	4.7	全风化，褐红色，岩芯呈坚硬土柱状，原岩结构已大部分风化破坏，矿物成分已显著变化。标贯击数36～59，平均击数44.62击
4	强风化泥质砂岩〈6-12〉	11	红褐色；岩石风化强烈，原岩结构大部分破坏，风化裂隙很发育，岩芯呈块状，遇水易软化，为极软岩～软岩，岩体破碎，岩体基本质量等级为V级。实测重型动探击数24～32击，平均击数27.6击
5	中风化泥质砂岩〈6-13〉	8.44	红褐色；砂质结构，层状构造，泥质胶结。裂隙发育，岩石主要呈短柱状，岩石质量指标（RQD）为40%～60%，实测单轴饱和抗压强度平均值为10.0MPa，最大值为25.2MPa，为软岩，岩体较破碎

　　盾构隧道衬砌环内径8000mm，外径8800mm，管片厚400mm，环宽1.8m。本标段采用土压平衡盾构机的主要技术参数：刀盘设计开挖直径9140mm、前盾直径9100mm、中盾直径9100mm、尾盾直径9070mm，整机总长118m，总质量1260t，被动铰接，尾盾钢板厚60mm，最大推进速度100mm/min，最大推力81895kN，额定扭矩18960kN·m、脱困扭矩19760kN·m。

3　盾构被困简述

　　（1）盾构机掘进至2027环时推力、扭矩及速度等掘进参数异常，出土超方约10m³，现场立即停机，采取地表注浆加固填充处理，并对刀盘周边超方位置进行注水泥浆及化学浆液填充，常压开仓并清理泥饼，更换磨损刀具。恢复掘进后至2028环时，参数再次异常，盾构机推进油缸推力达42500kN，掘进速度降低至5mm/min以下，被动铰接油缸无法正常泄压。在铰接处沿环向焊接6块6cm厚钢板以连接中盾和尾盾，盾构继续推进，掘进3环后，盾构掘进参数基本正常，即割除连接钢板。

（2）盾构掘进 2031～2034 环姿态调整至正常，但推进过程中铰接油缸压力超限，为锁死状态，继续掘进至 2051 环，盾构机姿态向右上方偏移趋势明显，并采取了常规纠偏措施。2055 环因姿态持续偏移，停机分析认为：因边缘刀具磨损造成开挖洞径变小，致使盾体与轮廓面摩擦力陡增，造成盾构机受困。随后将原 19in（1in = 2.54cm）边缘滚刀全部更换为 20in 滚刀，并对中心和正面滚刀进行了泥饼清理和检查。

（3）盾构掘进 2056～2086 环，推进过程中铰接油缸持续压力超限，继续处于锁死状态，盾构姿态趋势呈回调趋势。2087～2090 环时盾构机姿态再次向右上偏移，常规纠偏措施已收效甚微，于是再次在对应姿态超限点位铰接焊接 10 块 6cm 厚连接钢板；试推后，推进油缸推力达 70000kN，刀盘扭矩仅 300kN·m，贯入度为 0；6 块连接钢板焊缝被拉裂，被迫第三次停机。

4 盾构异常停机原因分析

4.1 排除刀盘结泥饼原因

该段盾构隧道洞身处于强风化、中风化泥质砂岩地层，土压平衡盾构在该地层掘进中容易结泥饼，进而造成盾构机推力、扭矩变大，掘进速度降低等参数异常。为探究盾构被困的原因是否为结泥饼导致，经两次开仓检查现场发现刀盘结泥饼不明显，且泥饼清理后仍无法恢复正常。因此，经开仓检查证明结泥饼并非盾构机受困的主要原因。

4.2 排除刀具磨损原因

盾构刀具磨损严重也是导致盾体被困的重要原因之一。经过开仓检查发现，刀具磨损量均较小。同时，两次开仓均已更换边缘滚刀，并将 19in 滚刀更换为 20in 滚刀，在开挖洞径增加后，盾构掘进参数仍无法恢复正常，因此，经过开仓检查发现刀具磨损也非盾构机受困的主要原因。

4.3 盾尾漏浆导致盾尾外侧包裹

盾构隧道总长 4660m，盾构第一次异常停机时已掘进 3650m，前期掘进阶段壁后注浆压力偏大、局部盾尾刷损坏致使盾尾局部漏浆，浆液击穿止浆板附着在尾盾外侧。由于漏浆长时间沉积后形成附着物包裹于盾体，包裹体体积伴随掘进逐渐增大，并向中盾发展，最终造成盾体被大体积沉积浆液包裹，形成了盾体背土掘进情形，当包裹体积过大致使与周边土体摩擦大于盾构装备推力时，造成盾构无掘进速度。

在盾构机尝试脱困时推力达到 70000kN，盾尾与中盾的连接钢板多条焊缝裂开，证明盾尾外周的附着物与周边土体摩擦力过大是造成盾构无掘进速度的主要原因之一。

4.4 地表注浆加固导致盾体包裹

盾构机掘进至 2027 环时参数异常，出现约 10m³ 超挖超排，为确保地表安全，在地表对超挖部位地层空隙进行了注浆填充。因刀盘前上方为全风化泥质砂岩，为确保盾构常压开仓换刀安全，对刀盘周围土体从地表进行了注浆。恢复掘进后，盾构姿态持续向右上方偏移且较难控制，盾构推力由 30000kN 增至 50000kN。经对 2050～2090 环的工况及掘进参数（图 2）分析，地表注浆包裹盾体也是盾体受困的主要原因，包裹部位主要为盾构机前进方向的右上侧盾体。

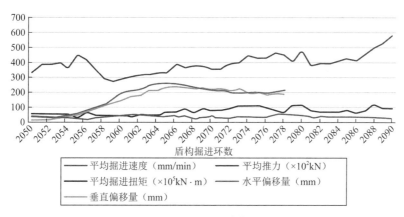

图 2　2050～2090 环掘进参数变化曲线

5　脱困方案的选择与实施

5.1　钢板桩振动脱困法

拉森钢板桩振动打桩法是利用高频液压振动锤对钢板桩施加激振力，扰动土体，使土体液化破坏其与钢板桩之间的摩擦阻力及吸附力并施加压力或提升力将钢板桩插入，采用地表钢板桩振动的措施对盾体被凝固浆液包裹的受困盾构机成功脱困。本工程按先简单后复杂的原则，先采用常规的辅助千斤顶＋钢板桩的方案。在盾尾下半部 6～7 号、8～9 号、11～12 号、13～14 号推进油缸之间增设 4 根 200t 辅助液压油缸，在中盾及盾尾环向肋板间均布焊接 15 块 60mm × 150 mm× 800mm 的连接钢板，使盾构机装备的推力由出厂时的 81895kN 增加至 89895kN。同时在土仓及中盾盾体注入孔注入分散剂及膨润土，填充盾壳与开挖面间的间隙，防止钢板桩振动造成盾体上方土体坍塌。

在盾尾对应地表打设 9 根钢板桩，第一排打设 5 根，距盾体铰接环 1m，分布在 10 点、11 点、12 点、1 点和 2 点位，12 点位横向布置，其他均纵向打设。第二排打设 4 根，距铰接环 2.5m，分布在 10.5 点、11.5 点、12.5 点和 1.5 点位，与第一排交叉布设，均纵向布置。所有桩端均接触盾壳，钢板桩采用拉森 4 号钢板桩，钢板桩在接触盾体后加大液压振锤的激振力，试图通过振动产生的振松砂浆包裹物，使砂浆与盾体剥离，实现盾体脱困。但受包裹物分布范围较大，且可能包裹物不在盾体正上方等因素影响，振动脱困效果仍不理想。地表钢板桩布设如图 3 所示。

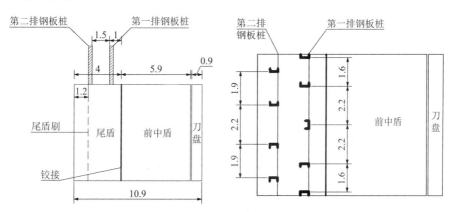

图 3　钢板桩布设图（尺寸单位：m）

5.2 盾尾开孔掏挖脱困法

（1）地质条件分析

盾体及顶部为较厚的强、全风化泥质砂岩，均为相对不透水层，地层含水率低、渗透性小，无涌水风险；盾体在强、中风化泥质砂岩地层中，岩石自稳性相对较好，无坍塌风险。

（2）总体流程

施工顺序：盾尾 1 号洞开窗→作业孔径向开挖（开挖 1m）→作业孔向下开挖（开挖 1.5m）→浆体清理→作业向两侧开挖（开挖 1m）→浆体清理→作业向两侧开挖（再开挖 1m）→浆体清理（直到盾体无浆体包裹）→作业孔回填尾→1 号天窗焊接封堵→盾尾 2 号洞开窗清理→盾尾 3 号洞开窗清理→直至将盾构机盾体外的砂浆清理干净。

依据盾构掘进姿态参数、钢板拉裂情形及钢板桩振动脱困情况，推测沿盾构机前进方向上盾尾右侧上部被包裹可能性最大。因此，采用先在尾盾开"天窗"，后人工清理包裹砂浆的方案。具体方案为：分别在尾盾 12.5 点位、1.5 点位、2.5 点位在盾尾壳体开孔，分别标定为 3 号、2 号、1 号天窗，每个天窗尺寸 750 mm×600mm，以利作业人员和小型机具、物料进出，开窗处避开盾尾油脂管和注浆管路。在割除尾盾钢板之后，人工清凿包裹在盾壳上的浆体，随着分区开挖空间的不断增大，进入作业空间继续扩大清理范围。开孔点布设如图 4 所示。

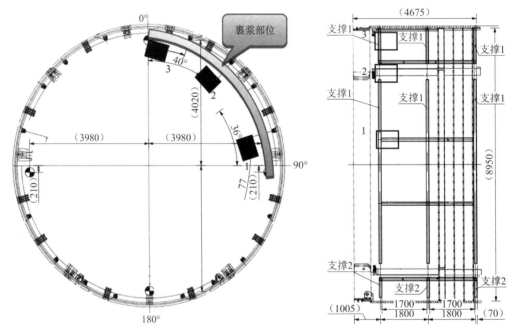

图4 盾体开窗示意图（尺寸单位：mm）

（3）实施准备

①在 2082～2083 环注入双液浆，形成止水环箍，阻断盾尾后方来水。止水环施作 6h 后，对脱尾 3 环盾管片 3、6、9、12 点位注浆孔开孔检查确认止水效果后进入下一步工序。

②常压开仓检查掌子面岩层的自稳性和渗水情况，符合要求时方进入下一步工序。

③在盾尾开孔周边打设 7 个探孔，探测的浆体厚度见表 2。

盾尾浆体厚度表 表 2

点位	9	10	11	12	1	2	3
浆体厚度（cm）	0	0	0	0.5	1	2	1.5
清理方式	无须处理			人工凿除			

④在探测孔周边检测有害气体，如遇检测出有毒气体超标（具体指标同盾构开仓气体检测标准），立即停止作业，并加强通风换气。

（4）“天窗”割除技术

“天窗”采用氧气乙炔切割盾体。切割盾体前，在检查刀盘前方掌子面地质稳定性及渗透性满足开窗作业的前提下，在切割盾体的过程中也实时观察作业面地层稳定及渗水情况并做好影像记录，方便对比。为避免盾尾因开天窗导致盾体变形，3 个天窗依序逐个开孔并进行浆体清理施工，1 号孔开孔并清理完成孔位周边盾体包裹浆体后，焊接封堵该天窗；再 2 号、3 号孔以此进行施作。盾体开孔时对盾体内部周边管线铺垫石棉布防护，切割前在天窗钢板上焊接拉环，用钢丝绳固定于盾体内部，防止切割钢板整体坠落伤人或滑出盾壳外。盾体开孔作业顺序为先切割左右、再上部、后底部。

（5）人工清理浆体技术

盾体开孔后，持续对外侧土体进行气体检测，并持续通风，按相关准备完成后进入凿挖工序。作业区域使用 12V 安全低压防爆照明，照明离孔底不小于 2m，电缆线须有安全护套等防护措施，人工采用风炮和洋镐进行砂浆清理和拟定区域土石方扩挖。

开挖施工顺序：盾尾 1 号孔开窗→作业孔径向水平开挖 1m→作业孔向下开挖 1.5m（视浆体包裹情况可下延）→浆体清理→作业向两侧开挖 1m→浆体清理→作业向两侧再开挖 1m→浆体清理（直到盾体无浆体包裹）→空腔回填→1 号天窗焊接封堵，2 号、3 号孔开窗、开挖、回填及封堵工艺同 1 号孔。盾尾开孔、外周岩土开挖施工布置如见图 5、图 6 所示。

包裹浆体清理完毕后，回填原状土至空腔底部，顶部用封口沙袋回填。回填完成后，用 CO_2保护焊封补天窗，盾体焊接顺序与切割时相反，天窗切割前须做好定位标记，确保盾体封补焊接密贴、无明显错台。

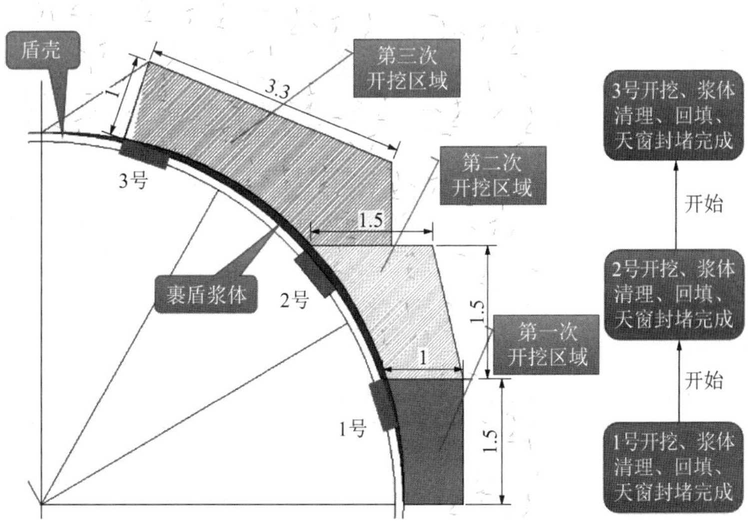

图 5　盾尾外周岩土竖向开挖清理示意图（尺寸单位：m）

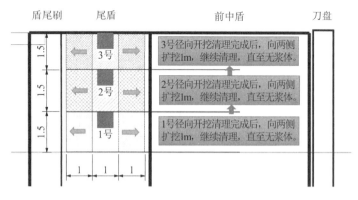

图 6　外周岩土水平向开挖清理示意图（尺寸单位：m）

6　实施效果评估

通过采取盾尾开孔措施后，人工刨除大量附着在盾体上的浆液凝固体，成功地剥离了盾体"背土"情况，现场施工操作场景如图7所示。在盾尾3处开孔并掏挖凝结体，之后恢复掘进过程，发现盾构推力下降至25000～30000kN，扭矩下降至6000～8000kN·m，其余掘进参数亦逐步恢复正常，具体见表3。通过分析盾构掘进数据，认为盾尾开孔掏挖对减小盾体摩擦阻力是有效的，该方法可以有效解决卡盾问题，恢复盾构掘进。

图 7　人工凿除包裹浆体图

脱困前后掘进参数对比表　　　　　　　　　　表 3

序号	项目	刀盘转速 （r/min）	刀盘扭矩 （×10³kN·m）	推力 （×10³kN）	掘进速度 （mm/min）
1	脱困前（2090环）	0.88	4～15	50～65	10～40
2	脱困后（2092环）	1	6～8	25～30	35～45

7　结论

复合地层盾构掘进过程中，通常采用注浆法加固软弱地层，注浆影响区域不可避免地扩散至刀盘、盾体等部位，常规采用土仓内膨润土置换、盾体径向孔压注惰性浆液（厚浆）等方法隔离刀盘和盾体，以减少凝固浆体包裹盾体的风险。但因注浆压力过大、盾体周边岩土裂隙较发育、保护性介质（如膨润土、惰性浆液等）置换填充效果不佳等因素，致使盾体被浆液包裹，安全、快速脱困是盾构施工人员心愿所在。针对复合地层盾构盾体脱困技术研究结论如下：

（1）盾构施工中要做好盾尾刷保护，选择优质盾尾刷；掘进过程中加强盾构机姿态管理，适量、及时压注盾尾油脂，高度重视同步注浆浆液凝结时间、注浆压力，确保盾尾刷及止浆板功能完备，防止漏浆固结盾尾。

（2）在进行超前地质加固、刀盘土体加固时，要提前用浓泥浆置换土仓内渣土，通过从盾体上注入孔向盾体周边间隙注入膨润土等措施减少泥浆扩散附着至盾体进而造成盾体"背土"推进。

（3）盾构受困原因若为盾构受凝结浆体包裹，在探明地下管线后，可采取打设钢板桩振动脱困，但须注意过大激振力可能会影响周边环境。

（4）当隧道所处洞身地层岩石强度高、地层自稳性好、地下水不丰富时，采用本文所研究的局部切割盾体钢板开"天窗"开孔后，分块、分层掏挖浆液包裹体的方式，是一种确定能够脱困而无须逐步摸索的方案。但其施工工序控制要求高，施工前须制订详尽的施工方案，整个作业流程需要周密策划，应急的物资、设备必须储备到位。

参 考 文 献

[1] 李海，朱长松，赵大朋. 土压平衡盾构接收脱困施工技术[J]. 隧道建设，2016，36(7)：872-876.

[2] 商啸旻，李文峰，王良. 地铁复合地层盾构机脱困技术[J]. 建筑技术，2014，45(9)：792-795.

[3] 李奕，钟志全. 膨胀岩土中盾构脱困技术[J]. 建筑机械化，2010，31(12)：61-63.

[4] 杜守峰. 某地铁隧道盾构脱困技术探讨[J]. 建筑机械化，2011，32(3)：63-66.

[5] 杜闯东，黎峰，薛景沛. 盾构到达端头遇断层水平加固与盾构机脱困技术[J]. 现代隧道技术，2008，45(S1)：378-381.

[6] 郑鹏，王琪琛. 盾构机卡盾原因分析及处理措施[J]. 河南科技，2021，40(14)：64-66.

[7] 李艳春，邓永忠，马杲宇，等. 姿态偏转引起的复合地层双模盾构卡机事故[J]. 科学技术与工程，2023，23(11)：4849-4857.

[8] 宋天田，马杲宇，姚超凡，等. 深圳地铁岩质地层双模盾构卡机原因及对策研究[J]. 铁道标准设计，2023，67(6)：131-139.

[9] 温森，杨圣奇，董正方，等. 深埋隧道TBM卡机机理及控制措施研究[J]. 岩土工程学报，2015，37(7)：1271-1277.

[10] 魏兵超. 浅谈一种盾构壳体被凝固浆液包裹的脱困方法[J]. 科学技术创新，2022(11)：109-112.

[11] 刘凯，王玉祥，陈霞. 旋喷桩技术在郑州地铁盾构脱困中的新应用[J]. 隧道建设，2015，

35(9): 945-948.

[12] XU Z H, WANG W Y, LIN P, et al. Hard-rock TBM jamming subject to adverse geological conditions: Influencing factor, hazard mode and a case study of Gaoligongshan Tunnel[J]. Tunnelling and Underground Space Technology, 2021, 108: 103683.

黏土地层盾构刀盘结泥饼防治措施分析与研究

甘信伟　邱　健　李　伟　于普涟　于　汝

（济南重工股份有限公司　济南　250109）

摘　要： 随着城市对空间拓展的需要不断增加，地铁隧道的建设蓬勃发展，在地铁隧道施工过程中盾构机被广泛应用。刀盘为盾构机上重要的掘进系统装置，针对不同的施工地质条件和客户需求，对刀盘设计、制造以及后期的维修提供数据支撑。本文介绍了一种用于隧道施工的六主梁刀盘，根据济南地铁一、二期现场刀盘使用过程中，刀盘结泥饼情况，针对济南地铁二期某区间地质和水文条件，对刀盘进行优化改造，对刀盘的磨损检测、泡沫喷口、轴向和径向高压水喷口进行合理布置，经现场使用情况对比发现，优化后的刀盘，有效地解决了刀盘掘进过程中结泥饼的问题，对后期类似工程提供了一种新的可行的刀盘方案和数据支持。

关键词： 刀盘；优化改造；结泥饼；泡沫喷口；径向喷口

1　引言

随着我国城市化进程的加速，市内交通越来越拥挤，随之提出的解决办法是建立立体的交通网络。为了适应我国经济的高速发展，满足城市交通日益增长的需求，各大城市掀起了地铁建设的高潮。由于在老城区、比较繁忙的街道和城市地面有大量建筑物群，开挖不方便，围挡占用道路进而造成交通堵塞和车辆行驶缓慢，因此在城市地铁建设中盾构法是目前使用较广泛的一种施工方法。

我国盾构的开发与应用始于1953年，起步比国外晚了100多年，经过20世纪80年代后20多年的发展沉淀，进入21世纪后，随着我国城市地铁建设的全面开展，盾构技术在我国得到了快速发展，其中应用于城市内和城市间的轨道交通建设的土压平衡式盾构机发展最快。盾构机穿越粉质黏土或者是黏土地层时，其刀盘和刀具极易黏附黏土，在刀盘中心位置出现结"泥饼"现象，若不及时处理，会造成盾构扭矩增大、土仓压力难以控制、掘进速度减小、加快刀具磨损进而降低盾构机工作效率，甚至可能会出现盾构停机等问题。

针对刀盘结"泥饼"这一工程难题，国内外学者进行了相关的研究。利用实际工况、地质条件和刀盘设计进行结泥饼问题的分析研究；在处理泥饼研究上，有学者提出，利用高压水流对刀盘前方泥饼进行冲洗；采用电渗法避免渣土黏附等方法，但是效果欠佳；Zumsteg等进行改良剂浸泡试验，研究了化学添加剂对土体黏附性的影响，研究发现分散剂只在土体黏稠指数低于0.8时作用效果明显；Wang等研究发现分散剂的注入会降低黏土的切向黏附强度，且随着分散剂含量的增大（<4%），切向黏附强度逐渐下降，然后几乎保持不变。

综上所述，本文依托济南地铁二期某区间，根据水文和地质条件，提前判别有结"泥饼"的风险，然后根据客户、专家和施工单位的反馈信息以及理论分析研究，通过优化刀盘磨损检测，泡沫喷口合理化布置，增加径向高压水喷口，通过正面泡沫喷口的改良剂、径向高压水喷口和轴向高压水喷口组合形式，对刀盘可能结泥饼和中心位置进行渣土改良，高压水流

作者简介：甘信伟（1990—），男，硕士研究生，中级工程师，目前主要从事城市轨道交通掘进装备的设计与研发工作。电子邮箱：Ganxw68adu@163.com。

对渣土进行冲刷，进而避免因为地质原因导致结"泥饼"。在施工区间，对优化改造后的刀盘掘进过程中使用情况以及刀盘出洞时，刀盘整体结泥饼的情况进行对比分析，以此验证优化改造前后刀盘防结泥饼措施的合理性、可行性和可靠性。

2 工程概况

济南地铁二期某盾构区间采用直径 6.4m 管片，采用六主梁土压平衡盾构机，刀盘开挖直径为 6680mm，区间主要位于城市繁华的道路下方。区间隧道穿越地层大部分为粉质黏土⑨₁、粉质黏土⑩₁、黏土⑩₂、粉细砂⑩₄、卵石⑩₅、粉质黏土⑭₁、黏土⑭₂、细中砂⑭₃等地层，以黏土和粉质黏土为主，如图1～图4所示。

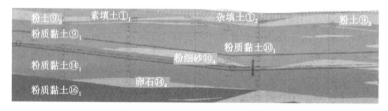

图1　济南地铁某区间 A—B 段地质剖面图

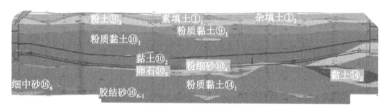

图2　济南地铁某区间 C—D 段地质剖面图

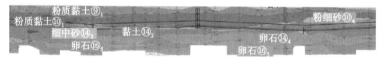

图3　济南地铁某区间 E—F 段地质剖面图

图4　济南地铁某区间 G—H 段地质剖面图

区间隧道穿越地层的特征描述如下：

（1）粉质黏土⑨₁：褐黄色、灰黄色、黄灰色，可塑～硬塑状态，混少量小径姜石，粒径2～10mm，偶见零星贝壳碎片。

（2）粉质黏土⑩₁：褐黄～灰黄色，可塑，土质较均匀，切面粗糙，含少量铁锰氧化物，局部夹粉土薄层，局部偶见姜石。连续分布。

（3）黏土⑩₂：深灰色、灰色、黄灰色，稍密，机质含量较低，混零星贝壳碎屑，局部混少量小径姜石，粒径2～5mm。

（4）粉细砂⑩₄：褐黄色，中密～密实，饱和，砂质不均，成分以石英、长石为主，含少量云母，局部含黏粒。

164

（5）卵石⑩$_5$：杂色，密实，饱和，母岩主要以灰岩、砂岩为主，呈亚圆形，次棱形，最大粒径不小于120mm，一般粒径20～40mm，粒径大于30mm不小于总质量的60%，余为砂土充填。

（6）粉质黏土⑭$_1$：褐黄色～棕黄色，可塑，土质均匀，切面较光滑，含有少量铁质氧化物及钙质结核、姜石，局部含角砾。连续分布。

（7）黏土⑭$_2$：褐黄色、灰黄色、黄灰色，稍密～中密，局部地段黏粒含量较高。

（8）细中砂⑭$_3$：棕褐色，饱和，中密，以石英，长石，云母为主，局部含少量粉质黏土及粉土。

区间隧道穿越各地层的岩土物理力学性质见表1。

岩土物理力学性质综合统计表　　　　　表1

层号	名称	黏聚力 c（kPa）	内摩擦角φ（°）	围岩分级	重度γ（kN/m³）	水平基床系数（MPa/m）	垂直基床系数（MPa/m）
⑨$_1$	粉质黏土	32.4	17.7	V	19.5	32	30
⑩$_1$	粉质黏土	32.4	16.2	V	18.8	34	35
⑩$_2$	黏土	32.4	13	V	19.3	53	52
⑩$_4$	粉细砂	0	25	VI	—	35	30
⑩$_5$	卵石	—	（30）	III	22	60	70
⑭$_1$	粉质黏土	39	16.8	V	18.7	35	34
⑭$_2$	黏土	55	15	V	18.7	34	32
⑭$_3$	细中砂	0	（30）	III	—	35	40

根据盾构隧道穿越的地质资料和区间地层岩土物理力学性质可知，在黏土和粉质黏土等黏性土中掘进，如果渣土改良不好，可能会在刀盘上产生"泥饼"及"糊刀"现象，影响掘进效率。穿越的粉质黏土地层，渗透系数小，黏粒易形成刀盘盘面泥饼、盘体结构泥饼、土仓中心泥饼，其中盘面泥饼会使刀具失去切削作用，盾构推力增大使得刀盘不能贯入。上述几种结"泥饼"情况会导致盾构机土仓排渣不流畅，刀具磨损加剧进而降低盾构机掘进效率，增加成本，影响工程计划工期，盾构掘进存在中度堵塞的风险，在此背景下，通过对刀盘优化改造和渣土改良等手段对该风险进行防控。

3 盾构刀盘改造

3.1 刀盘选型

（1）盾构选型主要依据本标段主要工程概况、工程勘察报告、地铁隧道设计、施工规范及相关标准等进行研究。其中刀盘的选型，根据区间的地质条件、围岩岩性、土体的颗粒级配、地层硬稠度系数、土层渗透率及弃土重度等特征以及线路的曲率半径、沿线地形、地面及地下构筑物等环境条件，以及周围环境对地面变形的控制要求，结合掘进和衬砌等诸因素。按照可靠性、安全性、适用性第一，技术先进性第二，经济性第三的原则进行，保证盾构施工的安全、可靠，选择最佳的盾构施工方法和选择最适宜的盾构。

（2）根据区间的地质，该盾构选择复合式六主梁刀盘，中心布置是双联滚刀，圆周布置单刃滚刀，六个梁分别均匀布置刮刀、刮刀磨损检测、面板磨损检测、正面喷口和高压水喷口，土仓隔板配备了4个被动搅拌臂，刀盘主动搅拌臂为2个，通过搅拌臂搅动渣土，渣土在土仓内充分改良，便于螺旋机出土连续、均匀等配置，如图 5 所示；刀盘喷口、面板和刮刀磨损检测如图 6 所示；刀盘实物图如图 7 所示。

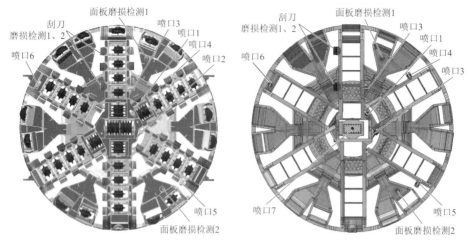

图 5　原刀盘示意图

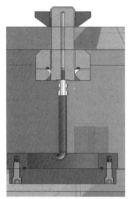

a) 原刀盘磨损检测

b) 原刀盘刀盘正面喷口

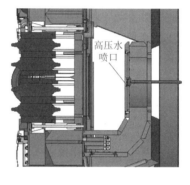

c) 高压水喷口侧面视图

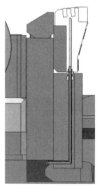

d) 刮刀磨损检测

图 6　喷口、面板和刮刀磨损检测示意图

图 7　刀盘实物图

3.2 盾构刀盘改造方案

针对济南地铁二期某区间的地质资料、土质分析以及数据分析，判断上述刀盘极易出现结"泥饼"现象，为了防止刀盘出现"泥饼"的现象发生，对刀盘进行如下的优化改造：

（1）刀盘中心位置增加 6 个径向高压水喷口，掘进过程中再配合高压水喷口（喷口 7）冲洗刀盘中心径向位置，两者的组合实现避免刀盘结"泥饼"。

（2）刀盘正面配置 6 路喷口泡沫管路，采用均匀布置，每环推进前检查泡沫混合液的效果，加强土仓的渣土均匀改良，提高渣土流塑性。

（3）合理优化布置 6 根主梁的刮刀布置，尽量布局合理，增加开口率。

（4）刮刀磨损检测和面板磨损检测均匀布置，并增加带状磨损检测。

具体优化改造如图 8 所示，优化改造后喷口和刮刀磨损检测示意图如图 9 所示，增加刀盘带状磨损检测如图 10 所示，刀盘改造后实物图如图 11 所示。

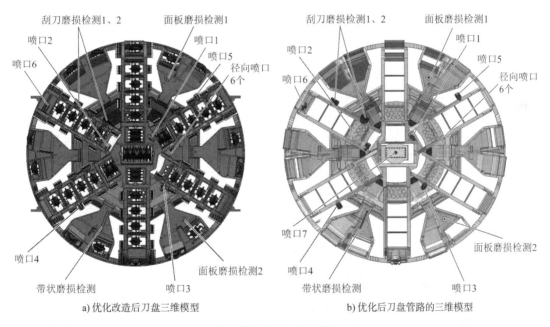

a) 优化改造后刀盘三维模型　　　　　　　　b) 优化后刀盘管路的三维模型

图 8　优化改造后刀盘示意图

  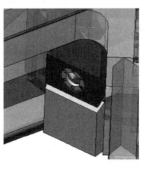 

a) 正面喷口　　　　b) 中心径向喷口　　　　c) 径向喷口侧面视图　　　　d) 刮刀磨损检测装置

图 9　优化改造后喷口和刮刀磨损检测示意图

167

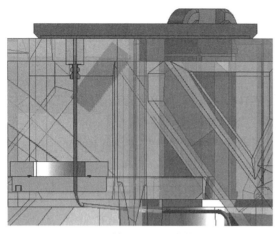

图 10　增加刀盘带状磨损检测　　　　　　　图 11　刀盘改造后实物图

4　刀盘前后优化改造后，刀盘使用对比分析及总结

（1）刀盘没有优化改造前，刀盘现场使用情况如下：

盾构施工区间：济南地铁 4 号线某工区；地质条件是粉质黏土、含碎石粉质黏土、黏土、中风化石灰岩，采用六主梁复合刀盘，开口率 32%，根据地质条件，针对土仓可能出现的泥饼情况，刀盘配置如下：刀盘 6 路泡沫管路，每环推进前检查泡沫混合液的效果，加强渣土改良，提高渣土流塑性；刀盘配置 4 个主动搅拌棒，土仓隔板配备了 4 个被动搅拌臂，设置面板磨损检测点 2 个 + 带状磨损检测点 1 个；掘进过程中可通过 1 个高压水喷口，冲洗刀盘背部，避免刀盘结"泥饼"等。如图 12 所示，可以清楚看到，刀盘中心位置几乎全部结"泥饼"，严重影响渣土的排出，降低了刀盘掘进效率。

图 12　原刀盘出洞现场图片

（2）刀盘优化后，刀盘配置和刀盘实际使用情况如下：

根据前期项目，该盾构机在掘进和出洞过程中刀盘的整体情况来看，刀盘出现不同程度的结"泥饼"问题，针对此种情况，对刀盘做了如下改造和优化：

刀盘中心区域开口率为 36%，刀盘面板布置了 6 路单管单泵喷口，刀盘中心增加 6 路单管单泵喷径向喷口，刀盘背部中心区域布置了 1 路高压水喷口，通过刀盘在正面轴向、正面径向和刀盘背部组合的形式，合理布置刀盘管路喷口，以解决和避免刀盘中心和土仓结"泥饼"的现象。并对渣土改良口防堵设计，Y 形止回聚氨酯喷嘴，提高喷口防堵能力。

由图 13 可知，刀盘优化改造后，刀盘的整体防结"泥饼"效果明显，整体的刀盘磨损均匀。①通过对盾构刀盘在黏性土地层中出现结"泥饼"现象的成因进行分析研究，对原有刀盘进行合理的优化改造，使其更加适应黏土地层的掘进施工，既节约了施工成本，又提高了施工效率。②在黏性土地层采用单管单泵的渣土改良系统，可有效防止刀盘和土仓结"泥饼"的情况发生。③刀盘渣土改良喷口采用轴向和径向多维度喷射，并结合刀盘中心高压冲洗功能，全方位解决黏土地层刀盘结"泥饼"难题。④该刀盘改造方案为今后其他地区相似区间，采用盾构法施工，提供了一种使用可靠掘进效率高的刀盘新方案和数据支持。

a) 原刀盘出洞现场图片　　　　　　b) 优化改造后刀盘出洞现场图片

图13　刀盘优化改造前后对比图

参 考 文 献

[1]　王梦恕. 中国盾构和掘进机隧道技术现状、存在的问题及发展思路[J]. 隧道建设, 2014, 34(3): 179-87.

[2]　何川, 封坤, 方勇. 盾构法修建地铁隧道的技术现状与展望[J]. 西南交通大学学报, 2015, 50(1): 97-109.

[3]　《中国公路学报》编辑部. 中国交通隧道工程学术研究综述·2022[J]. 中国公路学报, 2022, 35(4): 1-40.

[4]　严辉. 盾构隧道施工中刀盘泥饼的形成机理和防治措施[J]. 现代隧道技术, 2007(4): 24-27, 35.

[5]　邓如勇. 盾构刀盘结泥饼的机理及处置措施研究[D]. 成都: 西南交通大学, 2018.

[6]　HEUSER M, SPAGNOLI G, LERY P, et al. Electro-osmotic flow in clays and its potential for reducing clogging in mechanical tunnel driving [J]. Bulletin of Engineering Geology and the Environment, 2012, 71(4): 721-33.

[7]　ZUMSTEG R, PUZRIN A M, ANAGNOSTOU G. Effects of slurry on stickiness of excavated clays and clogging of equipment in fluid supported excavations [J]. Tunnelling and Underground Space Technology, 2016，5, 58:197-208.

[8]　WANG S, LIU P, HU Q, et al. Effect of dispersant on the tan-gential adhesion strength strength between clay and metal for EPB shield tunnelling [J]. Tunnelling and Underground Space

Technology, 2020, 95.

[9] 杨进, 陈向宇. 硬塑状粉质黏土地层盾构结"泥饼"防控技术研究[C]//2023 年全国工程建设行业施工技术交流论文集. 2023: 714-717.

[10] 吕专真. 盾构刀盘泡沫喷口防堵装置研究[J]. 建筑机械化, 2018, 39(5): 61-63.

[11] 于庆增, 杨兴亚, 龙伟漾, 等. 泥水平衡盾构刀盘掘进对比及优化建议[J]. 建筑机械化, 2021, 42(2): 24-27.

盾构穿越既有车站结构地下连续墙施工关键技术研究

赵立锋 郭 伟 胡适韬 黄琦明 沈凯伦

（苏州轨道交通建设有限公司 苏州 215000）

摘 要： 本文以苏州地铁盾构下穿既有运营车站作为工程背景，提出并验证了盾构磨削既有线车站混凝土地下连续墙和立柱桩基的关键技术。通过分析研究工程地质条件和控制要点，提出磨削混凝土地下连续墙施工技术方案，包括通过室内试验模拟组合刀盘切削试验墙体获得合理刀盘刀具布置，采用全方位高压喷射工法（MJS 工法）加固地层保证既有车站结构的稳定、盾构机刀盘及刀具配置、掘进参数设定等一系列关键技术措施，在保证盾构快速施工的同时，有效控制既有车站主体结构变形，减少盾构穿越施工对车站的扰动，确保车站的正常安全运营。本项目在软土地层盾构磨削穿越混凝土地下连续墙和立柱桩基施工上具有广泛的代表性，并取得较好的工程应用效果，该关键技术将为类似工程提供可靠的借鉴和参考价值。

关键词： 地铁施工；室内试验、盾构隧道；地下连续墙；磨削施工；刀具配置

1 引言

随着我国城市化的进行，城市轨道交通建设需求日益高涨。地铁线路持续增加，新建地铁线路不可避免会近距离下穿既有地铁车站，必然穿越建筑物地下结构，例如桩基、地下连续墙等。目前国内类似工程多采用爆破清障和盾构直接切削清障等处理方式。刘文广等介绍了土压平衡盾构机在穿越预留地下连续墙施工中，应用钻孔爆破快速通过的施工实例。Wang 等提出盾构直接穿越桥梁的磨桩技术，但没有研究磨桩刀盘布置。王哲等根据软土地区及大直径桩基特点研究刀具选型、刀间距及群刀布置方式。宋青君等考虑地铁盾构隧道穿越对桩基和基坑的影响，设计了合理的工程桩和基坑围护结构，避免留下后期成为盾构穿越障碍的刚性结构。金淮研究了新建隧道近距离下穿既有车站，采用了结构检测、施工影响模拟分析和第三方监测等控制手段，结果表明地铁站受隧道施工影响较小，地铁运营未受影响。金平等研究了在复合地层条件下盾构直接磨除地下连续墙的关键技术。本文针对苏州市轨道交通盾构下穿既有运营车站工程，研究盾构磨削混凝土地下连续墙的盾构机刀盘及刀具布置、掘进参数设定和对运营车站主体结构影响，并提出具体施工方案及变形控制措施，确保既有车站的安全运营。

2 工程概况

2.1 周边环境

本项目拟建地铁车站位于苏州市相城区阳澄湖西路与文灵路交叉口，是苏州地铁 4 号线与 8 号线的换乘车站。既有地铁 4 号线车站南北向设置，待建地铁 8 号线车站东西向设置。

作者简介：赵立锋（1981—），男，大学本科，高级工程师，目前从事轨道交通建设管理工作。电子邮箱：lifengzhao4290@163.com。

地铁 8 号线某区间总长 570m，埋深约 19.8m，采用土压平衡盾构机施工。新建隧道以 85°夹角斜穿既有地铁 4 号线车站，下穿过程中刀盘需直接切削混凝土地下连续墙和立柱桩基，穿越区域为钢筋混凝土地下连续墙，墙体厚度为 800mm。既有车站主体为双层双跨框架结构，下穿段隧道与车站主体结构底板垂直净距仅 3.62m。

2.2 工程地质条件

根据地质勘察报告，工程场地地表高程为 2.84～4.09m，地势较平坦，属于太湖水网平原区水网平原地貌。开挖范围内土层主要由黏性土和粉土组成。场地浅部地下水为潜水，其稳定埋深为 1.50～2.40m。承压水主要赋存于第⑥$_1$层黏质粉土和第⑦$_2$层砂质粉土夹粉砂中，水位埋深约 4.4m。由图 1 可知，盾构隧道主要穿越粉质黏土层和黏土层。

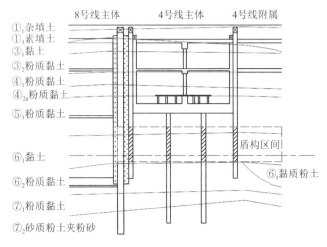

图 1　盾构下穿既有 4 号线车站地质剖面图

2.3 工程难点分析

（1）由于盾构机必须切削既有地铁 4 号线地下连续墙，根据工程经验必须对原软土地层中使用盾构机刀盘进行改造，以确保对地下连续墙和立柱桩基钢筋的切割效果。如图 2 所示，左线盾构隧道需穿越 2 道 800mm 厚 C30 混凝土地下连续墙和 4 根φ850mm 立柱桩，右线盾构隧道需穿越 2 道 800mm 厚 C30 混凝土地下连续墙。地下连续墙均为钢筋混凝土结构，配筋情况为主筋开挖侧 2φ25mm@150mm，迎土侧 2φ22mm@150mm，立柱桩配筋情况为 12φ25mm。

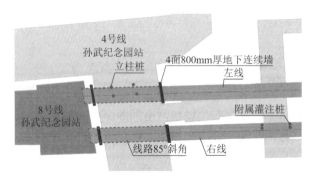

图 2　区间下穿节点平面图

（2）根据《江苏省城市轨道交通工程监测规程》（DGJ 32/J195—2015），自 2016 年 3 月 1 日起，地铁主体结构的绝对沉降量及水平位移量不得大于 5mm。在施工期间，运营地铁主体结构的允许变形量为 5mm。

本项目采用盾构机下穿地铁 4 号线孙武纪念园站，距离车站底板净空仅 3.62m。施工过程会对正在运营的车站主体结构造成较大扰动，从而影响既有线路的正常运营。

3 盾构机刀盘改造与刀具配置

3.1 盾构机刀盘改造

盾构磨削既有车站混凝土地下连续墙和立柱桩基，原有刀盘设计无法满足磨削要求，为保证安全顺利穿越，需对盾构机刀盘进行改造，原设计刀盘配备参数见表 1。

原设计刀盘配置参数　　　　　　　　　　　　　　　　表 1

参数名称	参数信息	参数名称	参数信息
类型与支撑方式	辐条式刀盘，中间支撑	周边焊接保径刀	4 把
刀盘直径	6880mm	中心鱼尾刀	1 把
刀盘厚度	475mm	仿形刀	2 把
开口率	40%	超挖刀形式	油缸驱动
切削刀	78 把	最大超挖量	125mm
周边刮刀	12 把	刀盘耐磨形式	正面网格状硬质合金，外圈板焊耐磨钢板
先行刀	A 型焊接先行刀 66 把 B 型焊接先行刀 12 把		

3.2 盾构机刀具配置

在实验室组合刀盘切削试验墙体，用以模拟盾构切削实际钢筋混凝土连续墙体工况。通过观察组合刀盘切削下的钢筋破坏类型、钢筋长度、刀具荷载及刀具磨损等结果，对盾构机刀盘和刀具进行优化。经过多次模拟，最终采用海瑞克 S1186 复合式土压平衡盾构机进行掘进施工，其刀盘采用 4 主梁＋4 副梁复合式刀盘结构，刀盘直径 6880mm，开口率 42%，螺栓连接式撕裂刀 27 把、中心双联撕裂刀 4 把、焊接贝壳刀 42 把、正面刮刀 30 把、17 英寸单刃滚刀 6 把、边刮刀 6 对，采用耐磨钢板进行刀盘面板及刀圈设计。盾构切削钢筋混凝土试验过程如图 3 所示，盾构机刀盘刀具布置如图 4 所示。

图 3　盾构切削钢筋混凝土试验过程

图 4　改造后盾构机刀盘刀具布置图

4　盾构下穿段施工关键技术

4.1　地层加固方法

由于盾构磨削地下连续墙和立柱桩基的风险较大，为保证施工安全，盾构穿越前需对盾构机刀盘刀具进行检查，并更换已损坏的刀具。在地铁 4 号线既有车站东侧设置换刀加固区，采用全方位高压喷射工法（MJS 工法）加固。应考虑盾构机主机长度与一环管片的长度，避免地下连续墙与加固体存在冷缝渗流通道，这样可以减小换刀风险。加固纵向长度为 12m，加固范围为盾构隧道结构外周圈 3m，如图 5 所示。对既有车站下方地层采取加固措施，以控制磨削地下连续墙过程中剩余墙体和车站主体结构的变形，确保运行车站的安全。

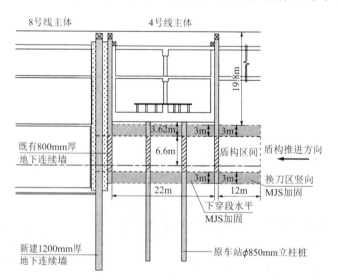

图 5　地层加固纵断面

对下穿段采用φ2000mm@1300mm（水平）×700mm（竖向）水平 MJS 桩加固，加固纵向长度为 22m（4 号线车站宽度），加固范围为盾构隧道结构外周圈 3m。考虑盾构下穿车站期间可能引起地层损失，在 4 号线车站底板以下设置袖阀管跟踪注浆管，水平间距约 1m，采用微膨胀混凝土封孔。

4.2 盾构下穿段掘进参数控制

盾构磨削地下连续墙和立柱桩基过程中应遵循"低推速、低转速、低扭矩，压力平稳，合理注浆"的原则。盾构机增配低速泵，控制盾构机掘进速度。盾构机在贴近地下连续墙和立柱桩基时，磨墙磨桩采用低速模式，确保将地下连续墙钢筋切割为小段，降低钢筋缠绕刀盘及卡螺旋输送机的可能性。

盾构穿越地下连续墙过程中平均推力 16035kN，最大推力 21290kN，平均扭矩 3133kN·m，最大扭矩 4148kN·m，刀盘转速 0.3~0.6r/min，掘进速度 3~5mm/mim，掘进过程中保持上部土压力在 1.6~1.7bar（1bar = 0.1MPa）范围。为了避免土仓压力波动，对地层造成扰动，需保持土仓压力处于平稳状态，波动幅度不宜大于 0.1bar。盾构穿越地下连续墙过程中，采用双液浆同步注浆，每环注浆量为 8~8.5m³。二次补注浆每隔五环做一次封环，使隧道纵向形成间断的止水隔离带。盾构穿越一道 800mm 厚地下连续墙掘进控制参数见表2，盾构穿越一道 800mm 厚连续墙掘进参数折线图如图6所示。

盾构穿越地下连续墙每环掘进控制参数表　　　　　　　表 2

掘进距离（mm）	土仓压力（bar）	刀盘转速（r/min）	推进速度（mm/min）	注浆压力（MPa）	注浆量（m³）	出土量（m³）	总推力（kN）	刀盘扭矩（kN·m）
200	1.0	0.30	2	0.4	1	8	107800	2200
400	1.2	0.40	3	0.6	2	16	125300	2800
600	1.4	0.35	4	0.5	3	24	142820	3400
800	1.6	040	5	0.4	4	32	180000	3600
1000	1.8	0.30	6	0.3	5	40	210000	3800
1200	2.0	0.40	5	0.4	6	50	212900	4148

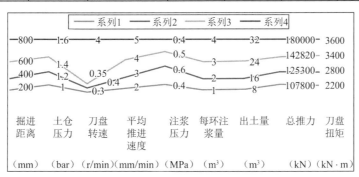

图 6　盾构穿越地下连续墙掘进参数折线图

5　结论

结合苏州地铁盾构下穿既有运营车站工程，针对盾构直接磨削地下连续墙工程案例，采取了盾构机刀盘改造、地层加固、掘进参数控制等一系列关键技术和工程措施，有效控制了既有车站的沉降变形，降低了对既有车站的干扰，保证了既有车站的安全运营和新建盾构区间的施工安全，其关键技术内容及得到的主要结论如下：

（1）在软土地层，结合地层加固措施，采用周圈滚刀和正面撕裂刀组合形式，磨削穿越钢筋混凝土地下连续墙是可行的。

（2）采用带有一定切削刃角的撕裂刀，并控制刀间距在 20～30mm 范围内，可有效提高磨削效率。

（3）盾构磨削钢筋混凝土地下连续墙应该遵循"低推速、低转速、低扭矩，压力平稳，合理注浆"原则。

（4）盾构遵循慢推速（2～5mm/min）、中低转速（0.6～0.8r/min）的掘进参数控制原则，可将扭矩和推力控制在额定功率的 50% 以内。

参 考 文 献

[1] 洪开荣. 我国隧道及地下工程发展现状与展望[J]. 隧道建设, 2015, 35(2): 95-107.

[2] 刘文广, 陶顺伯, 李清明. 钻孔爆破在盾构穿越地下连续墙工程中的应用[J]. 工程爆破, 2010, 16(3): 72-74,36.

[3] WANG Z, ZHANG K, WEI G, et al. Field measurement analysis of the influence of double shield tunnel construction on reinforced bridge[J]. Tunnelling and Underground Space Technology, 2018, 81: 252-264.

[4] 王哲, 吴淑伟, 姚王晶,等. 盾构穿越既有桥梁桩基磨桩技术的研究[J]. 岩土工程学报, 2020, 42(1): 117-125.

[5] 宋青君, 王卫东, 周健. 考虑地铁盾构隧道穿越影响的桩基和基坑支护设计[J]. 岩土工程学报, 2010, 32(S2): 314-318.

[6] 金淮, 吴锋波, 马雪梅,等. 隧道下穿地铁拟换乘车站施工监测与安全分析[J]. 工程地质学报, 2009, 17(5): 703-710.

[7] 金平, 夏童飞, 刘晓阳. 复合地层盾构磨除地下连续墙关键技术研究[J]. 四川建筑, 2021, 41(1): 224-228.

既有运营地铁车站狭小空间内
盾构接收施工技术

邓志强　杨智麟　张海鲲　赵　江　陈　立

（中建交通建设集团有限公司　北京　100166）

摘　要： 在既有地铁线路延长线、支线等建设过程中，盾构法施工将面临改造既有车站接收井和在既有运营车站狭小空间内接收的问题。本文以南昌轨道交通 2 号线延长线工程辛家庵站—楞上站区间为背景，介绍了在既有辛家庵站与接收井隔断后，端头采用地面垂直冷冻加固＋钢套筒盾构接收的方式，实现了盾构安全接收，可供今后类似工程借鉴与参考。

关键词： 盾构接收；既有地铁站；垂直冷冻；狭小空间；钢套筒

1　引言

为使城市公共交通系统更加便捷，很多城市已开始建设既有地铁线路延长线、支线等，以缓解新兴城市区域交通拥堵问题。而在既有地铁线路延长线、支线等建设过程中，盾构法施工在面临改造既有车站接收井和在既有运营车站狭小空间内接受的问题，如何安全实现盾构接收，提高盾构接收安全性，减小对既有运营车站及周边环境的影响，显得极为重要。

2　工程概况

南昌轨道交通 2 号线延长线工程辛家庵站—楞上站区间在楞上站始发，在既有运营辛家庵站接收。

区间右线长为 630.82m，左线长为 616.62m，线间距为 13.5～14.0m，隧道拱顶埋深为 11～15m，右线最大坡度为 27.674‰，左线最大坡度为 27.796‰，平面最小半径$R = 320$m，区间共下穿 23 栋建筑物，采用盾构法施工。

3　关键施工技术

3.1　既有运营地铁车站改造

（1）既有运营设备、设施及结构的拆除、改移和保护

改造前，需先对施工范围内影响盾构接收的既有运营设备、设施及结构拆除、改移和保护，其中需拆除的内容包括轨道、道床、隧道排水沟、离壁沟落水管、接触网、地线、盾构接收井填充混凝土；需改移的内容包括电缆支架、明装控制箱、应急照明灯；需改造的内容包括临时通风孔、施工通道门洞、轨行区底板临时排水沟。专业设备设施拆除工作应由专业队伍实施，并按要求向运营单位请点进入运营区，施工所需机具材料通过运营区侧站台进入。

作者简介：邓志强（1987—），男，大学本科，工程师，主要从事城市轨道交通施工与管理工作。电子邮箱：599248290@qq.com。

（2）站内中隔墙施工

站内中隔墙主要包含负一层石棉夹芯板隔墙和负二层石棉夹芯板＋钢筋混凝土隔墙。先施工负一层隔墙，施工完成后向运营单位请点进入运营区，继续施工负二层隔墙，与运营区隔开后，在接收井侧施工 200mm 厚钢筋混凝土隔墙。负二层接收井长仅 12m，接收空间狭小。

（3）车站既有结构拆除

①顶板及中板拆除

利用切缝机切割沥青路面，然后依次进行路面破除、表层土放坡开挖。其中，顶板以上回填土分 2 次开挖，第 1 次由路面开挖至顶板上翻梁顶，然后进行四周挡土墙施工；待挡土墙施工完成后，进行第 2 次土方开挖，开挖至顶板防水保护层，如图 1 所示。

在挡土墙和土方开挖完成后，采用人工凿除和绳锯切割方式进行顶板和中板破除。绳锯切割范围为 9m×5m 区域，顶板分为 18 块、中板分为 8 块；在剩余周边 1m 范围内搭设临时操作架，人工凿除后预留既有钢筋作为后期恢复的锚固钢筋，如图 2、图 3 所示。

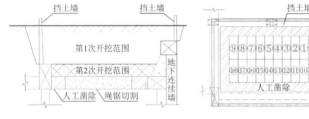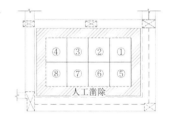

图 1　顶板土方开挖示意图　　图 2　顶板分块凿除示意图　　图 3　中板分块凿除示意图

②车站中隔墙开孔

首先放出切割及分块线，然后采用水钻引孔、绳锯分段切割，墙面管线影响区域采用水钻排孔切割。施工时按规划顺序切割，将切割成小块的混凝土临时存放于施工区。在切割完成后，人工修整四周边缘切割不到位的部分。墙面切割时需在地面铺设防水油布，防止水钻切割时泥水污染地面，流入轨行区排水沟。

③道床及素混凝土填充层拆除

采用绳锯方式对接收井底板道床及混凝土填充层进行拆除，在施工前先采用水钻探查底板上部填充层是否按原设计填充砂石层。确认后按规划位置采用水钻排孔方式开凿凌空面，沿道床向下对混凝土填充层结构开凿一条沟槽，沟槽深度以不破坏底板结构为准；沿沟槽敷设绳锯，将混凝土切割成 1m×1.2m×2m 小块，在盾构机吊装孔打开后吊出，如图 4 所示。

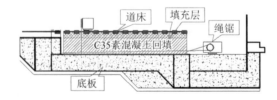

图 4　道床及素混凝土填充层拆除示意图

3.2 端头垂直冷冻加固

（1）冻结帷幕设计

冻结帷幕有效厚度为 3m，宽度和高度扩展至隧道结构外边缘 3m，采用盐水冷冻。共设计 3 排 45 个冷冻孔，排间距和孔间距分别为 1m 和 0.8m；4 个测温孔，深度较冻结孔深 3.5m，并与冻结孔避开，如图 5 所示。

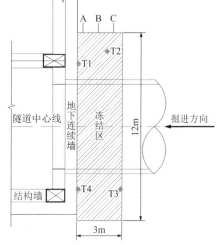

冻结管选用ϕ127mm × 5mm 的 20 号优质碳素结构钢，供液管和测温管选用ϕ48mm × 3mm 的 20 号优质碳素结构钢。设计盐水温度范围为−30～−28℃，冻结 7d 后盐水温度降至−20℃以下，冻结壁平均温度不得高于−10℃。

（2）钻孔施工

在冻结孔、测温孔施工时，应按深度及地层情况，及时增减钻杆，做到匀速钻进。每钻进 15m 利用水准仪测斜一次，偏斜过大时应及时纠偏。合理掌握转速、压力及冲洗量。停电时，应将钻具提至安全深度。每钻完一个孔后进行下放冻结管工作，下放前先将第一根管底部焊接密封，然后将之与其他钢管焊接形成整体，保证每根冷冻管整体长度不低于设计长度，如图 6 所示。

图 5　冻结帷幕平面图

（3）冻结系统安装

主要包括冻结机组安装、管路连接、机组密封检测、机组加油、清水泵和盐水泵安装、冷却塔安装及管路和盐水箱保温等工作。在所有管路连接完成后，应进行打压补漏工作，盐水管路试压 0.6MPa，管路盐水循环不低于 2h。

在盐水管路和冷却水循环管路上设置阀门和压力表、测温仪测试组件等。集配液圈与冻结管用高压胶管连接，集配液圈上每组冻结管的进出口各装一个阀门，以便控制盐水流量。集配液圈各安装一个压力表和放气阀，如图 7 所示。

图 6　冻结管施工

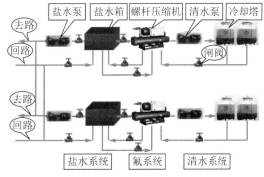

图 7　冻结站布置示意图

（4）积极冻结

在冻结系统安装完成后，溶解氯化钙，机组充氟加油工作，冻结系统开始试运转。在试运转时，要随时调节压力、温度等各状态参数。冻结系统运转正常后进入积极冻结。在积极冻结过程中，要根据实测温度判断冻结帷幕是否交圈和达到设计厚度，同时要监测冻结帷幕与地下连续墙的胶结情况。当冻结帷幕达到设计要求后，可转入维护冻结阶段，开始洞门破除及钢套筒安装工作，维护冻结期温度为−30～−28℃。

（5）冻结管拔管施工

在钢套筒安装完成且试压填料完成后，盾构接收之前，采用人工解冻方式将所有位于盾

构推进轮廓内的冻结管一次性拔除。具体方法为利用热盐水在冻结器里循环，使冻结管周围

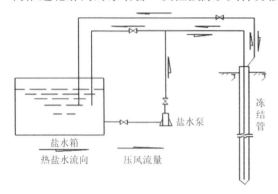

图 8　热盐水循环解冻示意图

的冻土部分融化，如图 8 所示，然后利用 25t 起重机进行拔管。

拔管总体分两次。第一次在盾构机通过前，拔出掘进线路影响范围内的冷冻管；第二次在盾构接收完成后，在洞门封堵效果达到要求且封堵弧形钢板焊接完成后，将剩余冷冻管全部拔出。每次拔除顺序为：C 排→后 B 排→A 排。

（6）冻结孔回填及融沉注浆

冻结管拔除后利用现场自拌 M2.5 砂浆回填。考虑冷冻区自稳性较好，可利用砂浆一次性回填；为避免塌孔，需利用导管辅助回填非冷冻区，采用边提升边回填的方式，直至回填至地面。

在盾构接收完成后，利用隧道管片上的预留注浆孔作为融沉注浆孔，进行融沉注浆，注浆遵循"少量、多次、均匀"的原则。

3.3　洞门破除

由于前期车站结构施工时，已采用混凝土对洞门预埋钢环范围进行回填，地下连续墙（骨架为钢筋）破除前需先破除回填层，在盾构机到达前可提前对该部分混凝土进行破除。

为提高钢套筒安装效率，在破除前需将钢套筒下半圆安装就位。同时，在地下连续墙破除前，冷冻效果需达到设计要求。破除时利用风镐进行人工分块分层破除并做好开挖面保温措施，如图 9 所示。

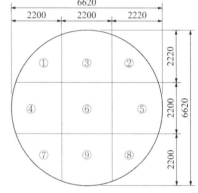

图 9　洞门破除分块示意图（尺寸单位：mm）

3.4　钢套筒安装

（1）施工准备

①复测接收井底板高程及洞门钢环实际偏差量，放样接收井隧道设计中心线；复核钢套筒与接收井位置关系，确定钢套筒安装位置。

②地面垂直冷冻加固冷冻效果已达到设计要求。

（2）钢套筒安装

①在地面将组装好的 1 号筒体下半圆及过渡环进行连接，采用 1 台 100t 起重机吊装至端头井内，使钢套筒中心与事先确定好的线路中心线重合，向前移动 1 号筒体下半圆并定位。

②在地面将组装好的其余筒体依次吊装至端头井内，使钢套筒的中心与事先确定好的线路中心线重合，移动筒体与前节筒体连接。

③筒体连接前需先打止水胶，再安装密封胶条密封，使筒体之间连接密封。

（3）过渡环安装

①过渡环长度为 200～400mm，采用 10mm 厚钢板加工，采用焊接的方式将加工好的过渡环与洞门钢环和钢套筒 1 号筒体进行连接。

②在过渡环焊接完成后需对焊缝进行检测，且检测需合格。

（4）浇筑混凝土导台

在洞门破除完成后，在钢套筒底部 60°范围内浇筑 170mm 厚的 C20 混凝土导台（具体浇筑厚度需根据接收时盾构姿态进行调整），如图 10 所示。并保证混凝土导台伸入洞门钢环，以防止刀盘出加固体时"栽头"。

图 10　混凝土导台示意图

（5）支撑加固

横向支撑采用 18 号工字钢，支撑在主体结构侧墙上，支撑靠侧墙一端加钢板封盖，保证支撑与侧墙的接触面积。钢套筒每边共设置 5 道横向支撑，间隔 2m 布置，支撑距离钢套筒托架底部 500mm。

上半圆支撑采用 18 号工字钢，支撑在中板梁上，钢套筒每边共设置 4 道横向支撑。

（6）端盖安装

端盖分为上、下两个部分，首先将端盖下半圆吊装下井，采用 M30（8.8 级）高强度螺栓与钢套筒连接；下半圆安装完成后，进行上半圆吊装安装，端盖上、下部分连接后，再将端盖与钢套筒所有连接螺栓拧紧。为保证筒体密封性，采用 10mm 橡胶密封垫在端盖与筒体之间进行密封。

（7）反力架安装

因受既有地铁运营站条件限制，原常规斜撑式反力架支撑无法实施，经验算可采用 5 道长度 8.5m 支撑立柱为盾构接收提供反力，支撑立柱由 20mm 厚 Q235B 钢板焊接制作而成。支撑立柱安装前，在接收井底板上准确定位。支撑立柱吊装下井精确定位后，采用水平支撑进行加固，如图 11、图 12 所示。

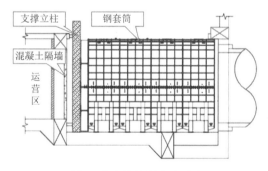

图 11　钢套筒及反力架布置图　　　　　　　图 12　反力架安装图

（8）钢套筒试压及填料

钢套筒安装及加固完成后，由充气孔向钢套筒内充气，检查压力。压力达到要求后，停止充气，并维持压力稳定，对洞门连接板、钢套筒环向与纵向连接位置、钢套筒与反力架的连接处进行检查，确定无漏气现象发生。

加压检测过程中一旦发现有漏气或焊缝脱焊情况，必须马上卸压，及时处理，上紧螺栓或重新焊接。然后再进行加压，直至压力稳定在 1.2bar 且无漏气时方可确认钢套筒的密封完整。

当检查完毕后，利用隧道掘进渣土向钢套筒内填料，在填充过程中要确保填充密实，填充至充满钢套筒且钢套筒内压力在 1.2bar 左右。

3.5 盾构接收

（1）盾构姿态复核及调整

在盾构掘进至接收范围内，对盾构机位置及姿态进行准确测量，明确成型隧道中心轴线与隧道设计中心轴线关系，同时对接收洞门位置进行复核测量，确定盾构机贯通姿态。

（2）盾构接收掘进参数的控制

①当盾构机进入接收阶段时，首先减小推力、降低掘进速度和刀盘转速，并时刻关注土仓压力值，避免地表发生较大隆陷。同时根据接收洞门实际偏差调整盾构姿态，并严格控制盾构机前点和后点的姿态较差，确保盾构机顺利进入钢套筒。

②当盾构机进入加固区时，需派人员对车站接收端结构墙及钢套筒进行观察。其参数设置分为进入加固区参数设置、出洞掘进参数设置和进钢套筒掘进参数设置三个阶段，其中进套筒时盾构姿态必须以实际测量的钢套筒安装中心线为准进行控制，要求中心线偏差控制在±20mm 之内。

（3）钢套筒反力架优化

因既有车站中隔墙施工后，盾构接收需在 12m 长的接收井内完成，钢套筒及端盖总长达 10.8m，无反力架安装空间，为顺利实现钢套筒盾构接收工作，将反力架改为 5 根支撑立柱。

（4）盾构穿越冻土区

①在盾构穿越冻土区前，将隧道开挖范围内的冷冻管拔除，并采用砂浆将冷冻孔封堵，防止穿越时土仓失压，隧道开挖范围外的冷冻管可待盾构接收完成后再拔除。

②在盾构穿越冻土区时，刀盘转速保持在 0.5～0.8r/min，掘进速度不得大于 10mm/min，做到匀速、连续掘进。

③当盾构穿越冻土墙时需连续作业，不能长时间停机，尽量避免出现冻住刀盘的情况。

④在拼装管片时，每隔 5～10min 将刀盘转动 3～5r，以防刀盘被冻住。

⑤若刀盘被冻，可采用热水拌和膨润土循环注入土仓，提高土仓温度；待刀盘温度上升尝试转动刀盘；若盾体被冻，需利用膨润土注入盾壳以提高盾体温度实现盾构机脱困。

（5）近洞口处管片拼装

由于盾构机出洞时的推力较小，洞门附近管片环之间的连接不够紧密，因此需做好最后 10 环管片螺栓紧固和再次紧固工作；采用槽钢拉紧后 10 环管片，使后 10 环管片连成整体，防止管片松弛而影响密封防水效果。

（6）洞门封堵

①盾构掘进时，按正常段的方量进行同步注浆注入，填充好施工间隙。

②在最后 10 环管片处连续 3～5 环注双液浆，及时施作止水环，封堵开挖土体与管片外壳之间渗漏通道；防止盾构机出洞过程中出现洞门处漏水、漏砂现象。当盾尾脱离加固区前 300～500mm 时，盾构机停机并保持掘进时土压（适当增加 0.1～0.2bar），启动双液注浆封堵洞门。

③盾尾进入加固体后，在已成型的隧道内，利用管片上预留的注浆孔，向管片外侧注入双液浆，及时施作止水环。

④待洞门封堵作业完成后，方可继续向前掘进作业，确保盾尾完全脱离加固区域，顺利进入钢套筒内。随后，再次对盾尾后方进行二次注浆封堵作业，确保施工安全与质量。

（7）洞门封堵效果检查

①使用螺旋机排土，适当降低土仓压力，等待4～5h后，通过观察土仓压力是否回升，或通过胸隔板上土仓闸门进行观察判断洞门是否密封完好。

②盾构机全部进入钢套筒后，打开管片上预留注浆孔的球阀、钢套筒过渡环上预留的观测管，观察出水量，若水量较大，则继续通过预留注浆孔注浆，直至打开球阀无水流出后，方可拆解钢套筒。

4 工程实施效果

辛家庵站—楞上站区间采用2台开挖直径6280mm的江西中铁装备土压平衡盾构机进行施工，从楞上站始发，既有运营辛家庵站大里程端接收井内接收，在接收前采用混凝土隔墙＋石棉夹芯板将接收井与运营区隔断，盾构接收需在长12m接收井内完成，且采用钢套筒接收后，常规斜撑式反力架加固无法实施而采用竖向支撑加固后进行施工，空间狭小。

交通疏解围挡位于市政道路交叉口，车辆及人流量较大，且紧邻临街商业建筑物（西侧降水井距建筑物最近约4m），施工场地狭小。同时，降水井布置区域距离临街商业建筑物极近，盾构接收时要求水位降到隧道底部以下1m，降水量较大，大量的降水易导致地层失水，引起地面较大沉降，对道路两侧商业街建筑群存在不均匀沉降的风险。又因接收端车站围护结构为钢筋混凝土的地下连续墙，常规接收时需人工破除，洞门破除或盾构接收时涌水涌砂风险较高，易引起地面较大沉降及周边地下管线破损，可能对端头紧邻商业街建筑群及既有运营车站造成不良社会影响。

为进一步降低盾构接收过程中的风险系数，确保安全、稳妥地完成盾构接收工作，同时最大限度地减少对既有运营车站及其周边环境的潜在影响，采用地面垂直冷冻加固技术结合钢套筒接收方案。通过实施冷冻加固措施，能够有效确保洞门破除施工安全性。同时，借助钢套筒的密封接收功能，规避了盾构接收施工中可能出现的涌水涌砂风险，从而全面提升了盾构接收施工的安全性。这一方案不仅确保了盾构接收的顺利进行，而且有效降低了对既有运营车站及周边环境的负面影响。

通过在既有运营地铁车站狭小空间内盾构接收施工技术应用，在保证安全、高效、环保和经济的情况下成功完成2台盾构机接收工作，为在既有运营地铁站紧邻建筑物的盾构接收施工积累了宝贵的经验。

参 考 文 献

[1] 廖日才. 建筑密集区盾构垂直冷冻＋全套筒接收技术研究[J]. 铁道建筑技术, 2021(11): 125-129.

[2] 宋益晓, 姚青, 陈立生. 垂直冷冻＋钢套筒技术在盾构始发中的应用[J]. 中国市政工程, 2019(4): 68-71, 118.

[3] 陈广峰, 陈惠芳, 程千元, 等. 垂直局部冷冻施工工艺在盾构进洞中的应用[J]. 施工技术, 2012, 41(15): 84-87.

大粒径卵漂石地层盾构施工技术研究

黄 鑫

（北京华城工程管理咨询有限公司　北京　100161）

摘　要：大粒径卵漂石地层一直是盾构施工的难点。本文依托北京地铁 16 号线榆树庄站站后始发井（不含）—宛平城站盾构区间工程施工过程，总结分析在卵石地层含大粒径漂石的复杂工况条件下盾构掘进施工技术。本研究可为今后施工过程中的盾构机选型、技术控制提供经验指导。

关键词：盾构；大粒径卵漂石地层；盾构机选型；技术措施

1　引言

目前，国内对以中小粒径砂卵石地层条件下的盾构掘进施工越来越多，技术研究也较为成熟。以北京、成都、兰州等地区为代表的砂卵（漂）石地层尤为典型。例如，北京地铁 9 号线军事博物馆站—白堆子站区间隧道穿越的砂卵石地层平均粒径为 200～500mm；北京地铁 16 号线达官营站—红莲南路站区间在富水条件下穿越砾岩及卵砾、圆砾地层；兰州地铁 1 号线陈官营站—东岗站区间隧道穿越卵石层粒径大于 20mm 的卵石平均含量约为 64.12%，偶遇漂石的最大粒径可达 500mm。

通过总结分析上述施工案例可知，盾构机在普通砂卵石地层中掘进时，通常选用大开口率的辐条式刀盘，渣土改良以疏排为主，对于一般粒径的卵砾石尽量不破碎。通过渣土改良、跟踪注浆基本能够实现快速、安全掘进，但对于富含大粒径漂石的砂卵石地层，将给盾构掘进施工带来较大的挑战。

本文以北京地铁 16 号线榆树庄站站后始发井（不含）—宛平城站盾构区间工程（简称"榆宛区间"）为依托。该项目区间隧道穿越高密度大粒径卵漂石地层，对盾构施工而言，这样的施工边界条件在国内外十分罕见。针对本项目盾构施工方法特点，对施工中采取的关键技术、措施，进行分析总结，以达到为类似工程积累经验的目的。

2　工程概况

北京地铁 16 号线榆宛区间工程，区间左线隧道长度 2823.793m；右线隧道长度 2814.383m。区间隧道衬砌管片外径 6.4m，内径 5.8m，环宽 1.2m。采用 2 台中铁装备盾构机从榆树庄站站后盾构始发井始发至宛平城站接收。

3　工程地质条件

本项目盾构区间隧道位于永定河古河道范围内，隧道埋深范围内地质条件从上到下依次为杂填土①层、卵石圆砾②层、卵石③层、卵石④层、黏土岩⑦层。盾构区间隧道洞身主要位于卵石③层及卵石④层，局部穿越黏土岩⑦层，区间覆土厚度为 9.224～20.750m。主要穿

作者简介：黄鑫（1978—），男，大学本科，工程师，目前主要从事城市轨道交通施工与管理工作。电子邮箱：329146295@qq.com。

越地层地质特征见表1。

主要穿越地层地质特征一览表　　　　　　　　　　　　　表 1

年代成因	层号	地层名称	颜色	密实度	湿度	特征描述
第四纪沉积层	③	卵石	杂色	密实（局部中密）	稍湿	重型动力触探击数$N_{63.5}=75\sim125$，属低压缩性土，钻探揭露：$D_大=16cm$，$D_长=23cm$，$D_{一般}=4\sim6cm$，含中砂约30%，局部含漂石。局部呈透镜体或夹层的形式分布细砂、中砂与黏质粉土、砂质粉土。黏聚力$c=0$，摩擦角$\varphi=38°$，渗透系数$k=0.5cm/s$（经验参考值）。卵石强度为47.5～93MPa，个别达到135.6MPa
	④	卵石	杂色	密实	湿～饱和	重型动力触探击数$N_{63.5}=100\sim167$，属低压缩性土，钻探揭露：$D_大=20cm$，$D_长=36cm$，$D_{一般}=6\sim9cm$，局部含漂石，中砂含量约30%，局部分布细砂～中砂、圆砾、粉质黏土透镜体或夹层。局部呈透镜体或夹层的形式分布细砂、中砂。黏聚力$c=0$，摩擦角$\varphi=40°$，渗透系数$k=0.5cm/s$（经验参考值）。卵石强度为55.6～116.5MPa，个别达到187.4MPa
古近纪沉积岩层	⑦	黏土岩	褐红色～棕黄色		湿	极软岩，胶结中等～差，含少量云母及中粗砂粒，局部含少量砾石

　　根据区间始发端工作井、接收端工作井实际开挖情况，隧道穿越地层存在粒径＞0.2m 的漂石。始发井挖出的大漂石直径达到 0.7～1.1m，接收井挖出的大漂石直径达到 1.3～2.2m，超出盾构机可直排粒径。漂石尺寸多为 40～60cm，较少为 60～80cm，个别为 80～200cm，总量约占 55%（体积比）；其中：尺寸为 40～60cm 漂石约占 70%，尺寸为 60～80cm 漂石约占 20%，尺寸为 80～120cm 漂石约占 10%。始发井和接收端现场开挖揭露的大粒径漂石情况如图 1、图 2 所示。

图 1　始发端大粒径漂石照片

图 2　接收端大粒径漂石照片

4 大粒径卵漂石盾构施工难点

盾构法施工大粒径卵漂石地层，主要面临以下施工难题。

（1）漂石处理

区间存在大粒径的漂石，超过螺旋输送机通过粒径（刀盘通过粒径为 700mm×1200mm，螺旋输送机通过粒径为 580mm×640mm）的漂石无法直接排出，必须经刀具破碎后通过渣土改良方可顺利排出。当大粒径漂石含量较多时，容易造成刀盘和螺旋输送机被卡住而无法掘进的情况。

（2）刀具更换

在含大粒径漂石的卵石地层中掘进时，地层对刀盘刀具的磨损主要为冲击磨损和摩擦磨损。相较于一般的软土地层，卵石地层具有颗粒直径大、流动性差、卵石强度高、黏聚力小、摩擦系数大等特点，盾构机在卵石地层掘进施工时刀具磨损速度更快、并伴随刀具崩齿，不可避免地需要进行多次刀具更换以保证正常掘进状态。

（3）超排控制

含大粒径漂石的卵石地层无胶结性、稳定性差，受扰动后极易坍塌，且地层内部不均匀分布有切削困难的高强度、大粒径漂石。在刀盘切削过程中，如无法保证开挖面稳定，隧道拱顶和两侧土体易坍落导致超排，超排超过一定数量易导致地面出现坍塌现象。

5 针对漂石地层盾构机设计选型

（1）在盾构机在设计选型过程中，分析研究了辐条式刀盘和辐板式刀盘的优劣性，通过广泛征求行业专家的意见，主要考虑了地下大粒径漂石对施工的影响，最终选择对大粒径漂石有一定破碎能力的辐板式刀盘。

刀盘为四主梁加四面板式复合刀盘，开口率43%。中心布置四把双刃滚刀；正面撕裂刀为主切削刀具，分为两层，第一层175mm安装于辐条上，第二层155mm焊接在面板及刀盘辐条末端；切刀一层，刀高120mm，为螺栓连接方式；同时在刀盘面板周边位置布置8把滚刀，用于破碎周边大粒径卵石，防止周边大粒径漂石阻塞盾构机前进，并保护刀盘开挖直径满足要求；刀盘上所有滚刀和撕裂刀进行可互换设计，可根据掘进参数情况进行适当搭配和调整，以获得最优的盾构掘进施工效率。盾构机刀盘实体照片如图3所示。

图3 盾构机刀盘实体照片

（2）采用增加耐磨措施的螺旋输送机。螺旋输送机节距为 800mm、内径为 900mm，最大通过粒径为 580mm×640mm，便于排出较大粒径卵石。并在螺旋输送机筒体上增加 7 个加大的观察窗，以方便观察和应对螺旋输送机磨损、大漂石卡死等情况。

（3）盾构机配置 10 组液压驱动马达。液压驱动马达参数为：额定扭矩可达 7850kN·m，脱困扭矩达到 9500kN·m，满足在对扭矩要求较高的大粒径漂石地层中掘进；最高转速 3.15r/min，同时满足在卵石地层中要求高转速的掘进要求。

（4）提高渣土改良效果。土仓顶部增加渣土改良管路，采用高黏度膨润土泥浆进行改良，提高携渣能力，避免卵石含量较高的渣土堵仓。增强盾构机土仓内的搅拌能力。

（5）刀盘采用中间支撑形式，刀盘背面安装 6 根主动搅拌棒，土仓中心隔板上安装 2 根被动搅拌棒，促使渣土相对运动，便于渣土改良和及时排出。

6 施工技术措施

选取榆宛区间盾构始发段无重大风险的 1～70 环作为试验段掘进，以便摸索各项施工掘进参数，并进行人员设备磨合；针对试验段发现的问题进行针对性调整和补充施工措施，逐步进入盾构正常掘进施工。盾构施工掘进技术措施总结如下：

6.1 精确排渣统计措施

1～28 环通过土斗体积估算排渣量。施工过程中经过土斗体积及地表沉降观测对比发现，体积估算法不适用于反应灵敏的卵石地层，受刀盘扰动后稳定性极差，少量超排也可能引起地面产生大的沉降，甚至导致坍塌。

29 环后采用渣土称重系统，精确计量渣土重量。及时的测量盾构掘进施工的出渣量，为合理调整盾构掘进参数提供依据，通过控制出渣量保证土仓内压力与开挖面土压力平衡。以减少盾构推进对地层土体的扰动，从而控制地表沉降。

6.2 渣土改良措施

统计完成区间的排渣和掘进参数情况，多次进行渣土改良技术优化调整（表 2），渣土改良需要能够充分保证渣土流动性，大幅度降低刀盘扭矩，提高掘进速度，实现较高渣土液位，降低地层扰动。

渣土改良参数调整情况表　　　　　　　　　　　　　　　　　　　表 2

环号	渣土改良参数情况
1～28 环	泡沫混合液环平均用量约为 0.4m³，膨润土泥浆环平均用量为 5～6m³，膨润土泥浆黏度为 30～40s。改良后的渣土黏稠，和易性较好，但是流动性不佳
28～164 环	优化渣土改良参数，调整发泡效果、膨润土泥浆黏度（>70s）；掘进前先注入水和膨润土泥浆充分渗透地层，湿润土体，减小摩擦力，大幅度减小了刀盘扭矩。掘进完成前 5cm 停止排土，持续推进到拼装位置，保持压力，在停机过程中再注入膨润土泥浆保持压力稳定。保持稳定的改良材料用量和性能，平均每环泡沫混合液用量 0.9m³，平均每环膨润土泥浆用量>8m³，根据刀盘扭矩变化适当开启刀盘喷水。改良后的渣土有较好的和易性和流动性，实现了平稳掘进

6.3 同步注浆措施

掘进过程中同步注浆数据分析，平均每环注浆量 5.8m³，理论建筑空隙每环 3.45m³，注入率达 168%。但存在个别注浆压力异常增大，普遍注浆压力偏小情况。对于注浆压力较大的情况，是由于掘进速度过慢，过程中扰动上方土体，在管片没有脱出盾体时上方土体已经深层沉陷造成的。对于注浆压力偏小的情况，由于卵漂石地层孔隙率大，同步注浆未充分填充地层。通过注浆数据统计，该地层通过增加单环同步注浆的用量，可达到控制地面沉降的目的。

6.4 土仓保压措施

因该地层卵漂石相对密度大，大多沉积于刀盘下部，使得土仓内上部存在空腔。表现为在掘进完成停机建立土压后至下一环掘进前，上部土压下降较大。通过土仓上部观察口及仓内土压监测数据，发现土仓上部存在气腔，这是由于渣土改良材料，膨润土浆液（失水）、泡沫混合液消散，持续渗入地层所造成。施工中优化泡沫的使用量和质量，并通过完全发酵膨润土来改善膨润土浆液的失水率和保水性。同时通过土仓顶部泥浆注入管路，添加稠度＞70s的泥浆，可支撑刀盘扰动的顶部松散土体。

6.5 施工监测措施

增加深层监测点，监测点必须穿透卵漂石地层顶部的可对监测点进行支撑的砂性土、黏性土层，才可及时反映真实沉降数据，才能保证沉降监测对施工的指导性，对沉降数据与排渣量、同步注浆量各参数之间关系分析提供真实参照。

7 工程实施情况总结

通过前期已完成区间排出渣土的清洗、筛分，采用辐板式刀盘施工，卵漂石地层中的粒径小于20cm的卵石破碎率达到75%，粒径为20～40cm的漂石破碎率达到90%，粒径大于40cm的漂石破碎率达到100%，表明本盾构机刀盘设计选型满足卵漂石地层施工需求。同时辅以排渣统计、渣土改良、同步注浆等多方面技术措施，可根本杜绝盾构在卵石地层中常见的地面坍塌事故发生，为盾构在类似地层中施工提供参照方案。

参 考 文 献

[1] 高明忠，张茹，龚秋明. 砂卵石地层条件下盾构掘进理论与实践[M]. 北京：中国建筑工业出版社，2012.

[2] 江华. 北京典型砂卵石地层土压平衡盾构适应性研究[D]. 北京：中国矿业大学（北京），2012.

[3] 张晋勋，江华，孙正阳，等. 大粒径卵漂石地层盾构破岩机理及工程应用[J]. 土木工程学报，2017, 50(2): 88-96.

[4] 李海峰. 卵石含量高、粒径大的富水砂卵石地层中盾构机选型研究[J]. 现代隧道技术，2009, 46(1): 57-63.

[5] 江华，张晋勋，苏艺，等. 砂卵石地层土压平衡盾构隧道施工土体改良试验研究[J]. 中国铁道科学，2013, 34(4): 40-45.

TBM 整机快速空推过站技术研究

朱国宝[1]　王广通[2]

（1. 北京市鑫宜市政工程有限公司　北京　100032；2. 中铁隧道集团二处有限公司　河北三河　065200）

摘　要： 为解决城市地铁双护盾 TBM 整机步进过站速度慢、所需空推反力大、后配套拖车空推行进存在高差等技术难题，以青岛地铁 8 号线双护盾 TBM 曲线空推进出南昌路北站为背景，结合车站施工条件及 TBM 过站影响，研究并实施了"弧形导台 + 反力架过 S 形曲线、主机液动移位装置平移过直线段"的整机步进过站方案，辅助采用组装式反力装置解决空推反力不足问题，研制后配套拖车替代轮系解决后配套拖车与主机高差问题，同时针对 TBM 过站与车站交叉施工风险，制定相关管控措施，实现 TBM 整机安全快速过站，可为类似城市地铁 TBM 过站工况提供参考。

关键词： 双护盾 TBM；整体步进过站；弧形导台、平面导台

1　引言

随着国家经济建设和城市建设的快速发展，我国城市轨道交通呈大规模、快速发展态势。目前我国正处于城市轨道交通建设的高峰期，是世界上最大的城市轨道交通建设市场，已初步形成了城市轨道交通产业。工程各项目施工程序要统筹兼顾、衔接合理和减少不必要的干扰，对可能存在困难的工点要留有余地，选择合适的工法，方能发挥最大效果。为充分发挥 TBM 掘进优势以及避免反复拆解对 TBM 造成的损伤，建议 TBM 过站时，尽量避免 TBM 拆解平移的情况，采取整机空推的方式。TBM 主机液动移位装置创新工装在青岛地铁的成功应用，实现了 TBM 平移空推作业的机械自动化。TBM 空推前对方案进行多次讨论，提前处理影响空推作业的各事项，对施工人员进行培训，使施工人员熟悉各工作流程及内容。通过各方面精细配合，最终使 TBM 空推精准、快速、安全地完成。

2　工程概况

本研究以青岛地铁 8 号线双护盾 TBM 曲线空推进出南昌路北站为背景。青岛市地铁 8 号线工程 B2 包土建 05 工区主要位于青岛市南昌路、周口路沿线，自北向南经过的主要道路有郑州路、洛阳路、长沙路、萍乡路等。包含一站三区间，即闫家山站、闫家山站—南昌路北站区间（矿山法、TBM 区间）、南昌路北站—嘉定山站区间（TBM 区间）、嘉定山站—鞍山路站区间（TBM 区间），全长约 5.5km。TBM 区间工筹如图 1 所示。

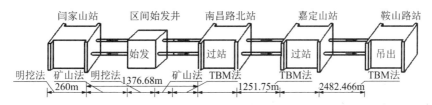

图 1　TBM 区间工筹示意图

作者简介：朱国宝（1973—），男，大学本科，工程师，目前主要从事城市轨道交通及市政工程施工与管理工作。电子邮箱：99426048@qq.com。

两台 TBM 先后从闫家山站—南昌路北站区间（闫南区间）TBM 始发井组装，通过横通道平移至正线始发导洞，空推至与 TBM 分界位置始发掘进至闫南区间接收导洞进行接收，空推过南昌路北站，再由南昌路北站—嘉定山站区间（南嘉区间）始发导洞进行二次始发，然后掘进至嘉定山站接收，空推过嘉定山站三次始发，掘进至鞍山路站小里程端头接收，体吊出 TBM。TBM 掘进路线如图 2 所示。

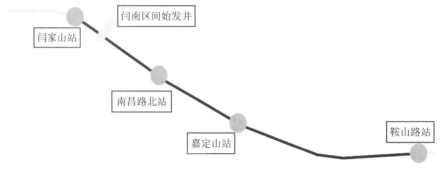

图 2　TBM 掘进路线图

3　TBM 整体空推过站方案

3.1　TBM 整体空推过站思路

TBM 主机长 13.5m，直径 7.032m，主机质量 591t，后配套质量 439t，总长 155m。考虑减少过站所需时间，南昌路北站底板为下沉式平面结构，底板二次衬砌后施作。南昌路北站过站方式为：接收导洞 + 车站小里程端 26.6m 曲线采用弧形导台 + 反力支架空推方式、车站范围内 173.4m 直线段采用液动移位装置 + 平面导台空推方式；车站大里程端 26.6m 曲线段 + 始发导洞采用弧形导台 + 反力支架空推方式。南昌路北站 TBM 导台如图 3 所示。

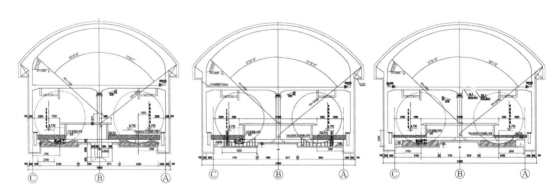

图 3　南昌路北站 TBM 导台示意图（尺寸单位：mm；高程单位：m）

空推至车站小里程端弧形导台与平面导台交界处，这期间推进反力由 TBM 自身辅推液压缸顶推插装于导台方钢孔内的反力支架提供，依靠 TBM 辅推液压缸循环顶进向前滑行。推至交界处前，移位装置提前停靠于车站小里程端弧形导台处，焊接前端固定架，TBM 继续采用上述方法推上液动移位装置，随后拆除固定架，启动装置沿过站线路装载 TBM 主机联同后配套过站（由于后配套与主机存在高差，研制后配套拖车替代轮系走行），行进至车站大里程端始发弧形导台边，焊接尾部固定架进行卸盾。卸盾后采用上述与接收相同的反力支架推进至始发掌子面，进行始发。TBM 过站示意如图 4 所示。

图 4　TBM 过站示意图

两台 TBM 主机将以 S 形→直线段→S 形路线逐一抵达接收导洞，沿接收导洞空推至南昌路北站站内，再以移位装置推入车站大里程端始发导台，最后沿始发导洞推至掌子面。TBM 过南昌路北站示意图如图 5 所示。

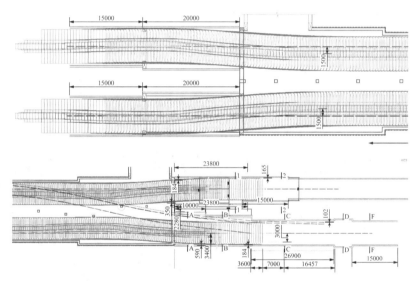

图 5　TBM 过南昌路北站示意图（尺寸单位：mm）

3.2　TBM 弧形导台整体空推过站

TBM 空推前，安设 TBM 空推钢轨用以支撑 TBM 主机，同时也减小 TBM 步进时产生的摩擦力。轨道安装高程偏差宜控制在±20mm，左右偏差宜控制在±20mm，TBM 坡度比设计坡度大 0.2%，考虑平面导台高程、弧形导台钢轨预埋高程等的施工误差，弧形导台钢轨预埋高度需比设计高度降低 3～5cm，且端头切成斜口，便于 TBM 顺利上导台。曲线地段空推弧形导台应根据曲线在该位置的切线方向进行定位。弧形导台施工完后，应进行导台几何尺寸、轴线、高程、混凝土质量等检查，并认真测量导轨。TBM 弧形导台完成浇筑情况如图 6 所示。

图 6　TBM 弧形导台完成浇筑

空推步进小里程端弧形导台阶段，将反力支架四个支腿插入弧形导台预留方钢孔内，借助 TBM 自身辅推液压缸动力，顶推反力架将 TBM 步进反力传递至弧形导台向前移动，完成一个步进循环 1m 后，拔出反力支架；移动 1m 后重新进行安装反力支架，即可以进行下一个步进循环。反力支架及预留方钢口设计如图 7 所示。随空推随安装后配套及列车编组钢轨马凳，马凳按间距 1000mm 铺设。马凳结构采用 H150mm 型钢制作，包括一根横梁 + 4 根触地立柱，立柱与横梁焊接位置根据轨道位置确定，横梁上铺设列车编组及后配套轨道，列车编组轨道间距 970mm，后配套轨道间距 2250mm，后配套轨道处加垫 300mm 长 H150mm 型钢，马凳各部件均需满焊牢固。为确保马凳的稳定性，在马凳两外侧支腿中间、中间马凳与中间马凳之间、马凳上两侧靠近加垫型钢位置通常满焊 ϕ22mm 螺纹钢。现场钢轨马凳如图 8 所示。TBM 上液动移位装置前需反力焊接牢固，先进行试推，缓慢顶进，顶进过程中专人盯控，出现反力松动，立即停止，进行补焊，将平移装置所有轮子转为横向，增加摩擦力，直至 TBM 空推至平面导台液动移位装置。弧形导台现场空推步进如图 9 所示。

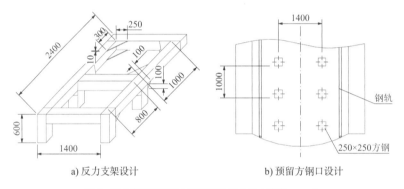

a) 反力支架设计　　　　　　　　　b) 预留方钢口设计

图 7　反力支架及预留方钢口设计图（尺寸单位：mm）

图 8　现场钢轨马凳

图 9　弧形导台现场空推步进

3.3 TBM平面导台整体过站

（1）液动移位装置组成及功能

该装置可以实现 TBM 主机安全快速侧向平移、正向空推移位始发接收功能，不需要浇筑弧形导台结构及预埋轨道、方钢等。

TBM 主机液动移位装置长主要由承载台架、驱动轮和从动轮组件、横纵向导向机构、转向机构、顶升支架组合千斤顶和护轮撑垫、液压动力组件、电控系统、电液操作台小车、卸载机构千斤顶等组成。已在青岛地铁 8 号线平移及空推始发中应用。装置机械结构部分如图 10 所示。

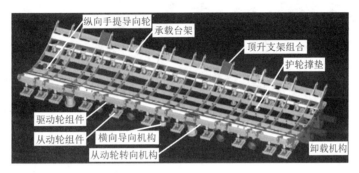

图 10　装置机械结构部分

（2）TBM平面导台整体过站

车站平面导台中心设置移位装置导向槽，导向槽设置在车站平面导台地面中心设置宽350mm、深 150mm 的导向槽，在车站底板垫层浇筑过程中同期实施，混凝土采用模筑施工，混凝土强度等级大于 C30，弧形导台底面与平面导台高差即移位装置弧形底至地面高度为370mm，TBM 平面导台完成浇筑如图 11 所示。

图 11　TBM 平面导台完成浇筑

液动移位装置前方焊接固定架，顶推反力架将 TBM 步进至液动移位装置上，反力不足问题采用组装式反力装置解决空推反力支撑盾尾部，沿着导向槽缓缓驶向弧形导台处。现场装配式反力装置如图 12 所示。TBM 移动至弧形导台面处，液动移位装置前方焊接固定架，将平移装置所有轮子转为横向增加摩擦力，采用装置卸载机构将主机顶出装置到弧形导台上，直至 TBM 空推至平弧形导台；采用反力装置整体空推至 TBM 始发处。现场平面导台上弧形导台如图 13 所示。由于后配套与主机存在高差，研制后配套拖车替代轮系，随空推随安装后配套拖车替代轮系走行。后配套拖车替代轮系如图 14 所示。

图 12　现场装配式反力装置

图 13　现场平面导台上弧形导台

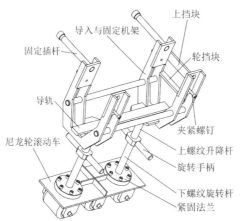

图 14　后配套拖车替代轮系

4　结论与建议

本文针对双护盾 TBM 在城市地铁施工中的过站问题，结合青岛地铁 8 号线具体案例，详细阐述了双护盾 TBM 整体过站中与隧道、车站结构设计的优化，主要结论及建议如下：

（1）为充分发挥 TBM 掘进优势，以及避免反复拆解对 TBM 造成的损伤，建议 TBM 过站时，尽量避免 TBM 拆解平移的情况，采取整机空推的方式。

（2）采用整机步进过站的技术过站时间平均为 10d/站，减少了多次对 TBM 的拆机、组装、调试等工作。经过初步估算，每经过 1 个站节省投资约 200 万元。

未来，随着 TBM 多源信息与大数据技术的发展，TBM 的整体快速过站具有非常好的发展的趋势。TBM 整体过站表现出了方便、快捷、经济、科学等优势，具有广阔推广前景。

参 考 文 献

[1] 李敏, 沈国红. 地铁盾构过站的经济性及适用性分析[J]. 中国市政工程, 2011, 5 (155)：82-84.

[2] 邓洋. 地铁施工盾构空推过既有矿山法隧道施工组织设计——以广州地铁 6 号线二期工程为例[J]. 隧道建设, 2015, 35 (增刊 2)：138-142.

[3] 陈刚, 王二平. 盾构提前过站对车站施工造成的施工难点及采取的相应技术措施[J]. 隧道建设, 2007 (增刊 1) : 555-558.

[4] 赵岗领, 王立川. 城市地铁盾构通过暗挖隧道施工案例[J]. 隧道建设, 2010, 30(3): 298-303.

[5] 赵岗领, 王立川. 城市轨道交通隧道双护盾 TBM 过站施工技术[J]. 隧道建设, 2019, 39 (增刊 1) : 411-419.

[6] 王珣, 杨博, 刘文斌. 盾构机平移过站技术[J]. 隧道建设, 2007, 27(4): 52-54.

[7] 邓喜, 陶育, 王旋东. 双圆盾构过站施工技术[J]. 轨道交通技术, 2005: 183-188.

[8] 杨梅. 外置推进式盾构机过站施工技术[J]. 铁道建筑技术, 2016: 71-73.

承压水粉砂地层地铁区间盾构施工
对既有轨道交通结构影响效应分析

杨少慧

（中铁十六局集团北京轨道交通工程建设有限公司　北京　101149）

摘　要：本文以天津地铁 8 号线一期工程鞍山西道站—南丰路站区间盾构工程为背景，通过采用地表沉降预测理论分析、midas GTS NX 软件与有限元法动力模块进行完全动力学分析，拟合施工参数对土体变形与结构变形进行分析，得出盾构施工对既有轨道交通结构 6 号线鞍山西道站及 6 号线鞍山西道站—天拖站区间的变形影响在安全控制要求范围内的结论。

关键词：盾构施工；掘进参数设定；结构影响；效应分析

1　引言

随着城市轨道交通网络密度不断增大，越来越多的轨道交通线路在空间上产生交叉，新建地铁隧道所面临的施工环境越来越复杂。本文通过研究盾构施工对既有城市轨道结构变形的规律，认为盾构施工时掘进参数的合理设定是工程顺利进行的关键。魏新江[1]等研究土压平衡盾构掘进参数关系及其对地层位移影响研究表明，不同参数设置对地表变形具有一定的影响；安永林等[2]对隧道施工时地表沉降监测控制标准进行了研究，提出了预防及控制措施。通过对盾构施工地表沉降预测理论分析、密封仓内不同压力对地表沉降的影响预测分析，并采用 midas GTS NX 软件进行盾构施工模拟，证明盾构掘进参数的设定对周边建构筑物具有一定的变形影响。本文详细分析了在特定地质条件下掘进参数对建（构）筑物变形的影响规律，可为类似地区工程盾构施工掘进参数设定提供参考。

2　工程概况

2.1　工程简介

本文工程背景为天津地铁 8 号线一期工程鞍山西道站—南丰路站区间盾构法隧道。隧道结构内径为 5.9m、外径为 6.6m，区间里程范围 DK18＋515.075～DK19＋766.669；左线隧道长度为 1255.353m，右线隧道长度为 1251.594m；区间自 8 号线南丰路站始发，6 号线鞍山西道站接收，盾构接收采用钢筋混凝土结构明洞形式；8 号线鞍山西道站与已运营 6 号线鞍山西道站 "T" 字换乘。"T" 字换乘节点已施工完成，车站周边环境复杂、交通繁忙；新建地铁 8 号线下穿既有地铁 6 号线鞍山西道站车站主体。新建地铁 8 号线与既有地铁 6 号线位置关系如图 1 所示。

2.2　工程地质条件

天津地铁 8 号线一期工程鞍山西道站—南丰路站区间拱顶覆土厚度 13.08～25.58m，区间主要穿越 ⑧₁ 黏质粉土、⑧₂ 粉砂、⑨₁ 黏质粉土、⑨₂ 粉砂、⑩₁ 粉质黏土地层；隧道底部

作者简介：杨少慧（1986—），男，大学本科，高级工程师，主要从事城市轨道交通施工管理与技术研究工作。电子邮箱：1697786200@qq.com。

为第一层承压水含水层厚度介于 18.4～27.9m，呈可塑状态，扰动后易液化，施工期间可能会发生喷砂冒水现象。

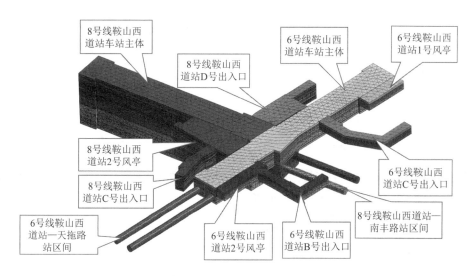

图 1 新建地铁 8 号线与既有地铁 6 号线位置关系

各土层物理力学参数见表 1。

各土层物理力学参数表   表 1

序号	土层名称	重度（kN/m³）	压缩模量（kPa）	泊松比	黏聚力（kPa）	内摩擦角（°）
1	①₁杂填土	19.2	3410	0.2	14	11.1
2	①₂素填土	19.2	3410	0.2	14	11.1
3	④₁粉质黏土	19.82	5570	0.2	12.15	14.93
4	④₂砂质粉土	19.36	12560	0.2	5.59	29.07
5	⑥₁粉质黏土	18.96	5540	0.2	13.05	18.49
6	⑥₃砂质粉土	19.33	9950	0.2	5.63	26.1
7	⑦粉质黏土	19.79	5320	0.2	14.78	16.4
8	⑧₁黏质粉质	20.04	5810	0.2	15.17	13.54
9	⑧₂粉砂	20.1	5620	0.2	15.46	28.7
10	⑨₁黏质粉土	19.96	6300	0.2	15.95	18.71

3 盾构施工对既有轨道交通结构影响效应分析

3.1 盾构施工地表沉降预测理论分析

由于盾构施工引起地表下沉，在盾构经过的上部地层形成一个沉降凹槽。位于该沉降凹槽范围内的建（构）筑物均会不同程度地受到地层沉降影响，影响程度视沉降凹槽的宽度与大小而定，三维沉降图如图 2 所示。地层变形在空间上具有三维性。随着盾构机的推进沿纵向不断向前发展，如水面的波纹向前扩散一样，出现的地面沉降凹槽也随之扩大，地层的空间变形状况如图 3 所示。

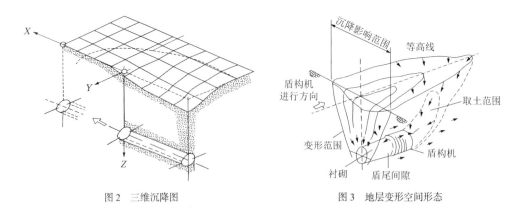

图 2　三维沉降图　　　　　　　　　　图 3　地层变形空间形态

隧道开挖引起的横向地表沉降槽形状正态分布曲线如图 4 所示,之后一系列修正的 Peck 公式也可以应用于盾构法隧道施工地表沉降分析。

$$S(x) = S_{\max}e^{-\frac{x^2}{2i^2}} \tag{1}$$

式中：$S(x)$——离隧道中线x处的地面沉降量；

　　　$S_{\max}$——横向地面最大沉降量；

　　　x——距离隧道中线的距离；

　　　i——沉降槽的宽度系数,即沉降曲线反弯点的横坐标。

地面沉降槽宽度$B \approx 2.5i$,i可由下式或查 Peck 图表得到。

$$i = \frac{Z}{\sqrt{2\pi}\tan\left(45° - \dfrac{\varphi}{2}\right)} \tag{2}$$

式中：φ——隧道周围地层内摩擦角；

　　　Z——隧道埋深,即地表到隧道中心的距离。

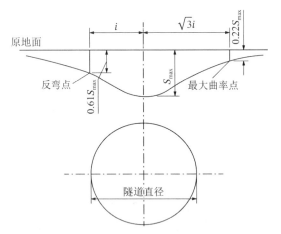

图 4　隧道上部沉降槽断面形状正态分布曲线

由图 4 可知:反弯点处的沉降量 $\approx 0.61S_{\max}$;最大曲率半径点的沉降量 $\approx 0.22S_{\max}$;沉陷断面面积 $\approx 2.5iS_{\max}$。纵向地表沉降规律盾构隧道在推进过程中会引起地面的运动,从而对离隧道较近距离的建筑物及其基础产生附加力,对建筑物的安全产生危害。盾构法施工引起的纵向地表等高线示意图和盾构施工引起的地表纵向五个阶段沉降规律如图 5 所示。沿隧道掘进方向的地表等高线示意图如图 6 所示。

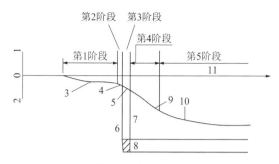

图 5　盾构施工引起的纵向沉降规律图

1-隆起；2-沉降；3-先行沉降；4-开挖面前沉降；5-盾尾沉降；6-开挖面；7-盾尾；
8-盾构机；9-盾尾空隙沉降；10-后续沉降；11-时间轴

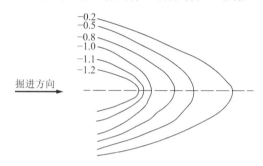

图 6　沿隧道掘进方向的地表等高线示意图（单位：m）

盾构法隧道施工引起地表变形的影响因素可归纳为：

（1）土仓压力。当隧道掘进时，很难达到掌子面的理想平衡状态，密封仓内的压力可能小于或大于掌子面土压力，掌子面上前方土体将会产生下沉或隆起。

（2）同步注浆效果。由于盾壳具有一定的厚度，且刀盘存在一定的超挖量，故在管片脱离盾尾瞬间，隧道开挖壁面和衬砌外周围形成一环形空隙，若注浆没及时跟上，或者注浆效果不佳，土体将向这一空隙产生位移，从而引起地面沉降。

（3）出渣量管理。若出渣量大于实际开挖量（乘松散系数后），或出渣成分具有非盾构机所在土层的特性时，则很可能引起地表大的沉陷；反之，出渣量小于实际开挖量，则可能是掌子面前方地表出现隆起。

（4）土体与衬砌的相互作用变形和改变推进方向蛇形运动，以及受扰动土体的再固结。

在上述影响因素中，又以前三个为主要影响因素。土仓压力、出渣量在施工时可以人为控制，最难确定而又对地表位移有着重要影响的是土体与管片外弧面之间的空隙、土体向空隙的自然充填及注浆后浆体的分布情况和隧道壁面受扰动的程度和范围。

3.2　数值计算分析

密封仓内压力对地层沉降的影响预测分析因素之一，其通过密闭土仓内切削泥土的压力与开挖面水土压力的平衡来减小对土体的扰动。设置合理的施工土压力研究不同密封仓压力对特定地层中盾构开挖的地表沉降影响对地表沉降的预测具有重要作用。取计算模型隧道埋深为 15m，侧压力系数取为 0.5，故可以计算出密封仓平衡的土压约为 0.15MPa（密封仓中心埋深处）。分别计算密封仓压力为 0.00MPa、0.05MPa、0.10MPa、0.15MPa、0.20MPa、0.25MPa共 6 种工况。经过计算，得到不同密封仓内压力时的地表纵向沉降曲线如图 7 所示，图中横坐标零点为掌子面位置。

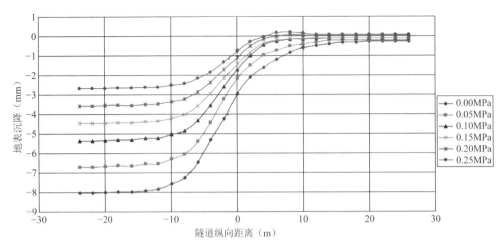

图 7　不同密封仓内压力时的纵向地表沉降曲线

从图 7 可以看出：当密封仓内压力为 0.15MPa 时，在工作面前方约 20m 处开始出现地表沉降，在工作面正上方地表出现最大沉降值为 1.43mm；在工作面后方 15m 以外，地表沉降趋于稳定，最大沉降值约为 4.47mm。当密封仓内压达到 0.25MPa 时，工作面前方 5m 处出现小量地表隆起，在前方 8m 处出现最大隆起值为 0.24mm；在工作面后方 15m 以外，地表沉降趋于稳定，最大沉降值约为 2.68mm。当密封仓内压力为 0.00MPa 时，工作面前方 25m 处均表现为地表沉降，工作面正上方地表沉降达 5.01mm；在工作面后方 15m 以外趋于稳定值 8.14mm。

因此，随着密封仓内压力的增加，工作面后方地表的沉降在减小，而工作面前方地表则有从沉降向隆起变化的趋势，一般地表沉降影响范围在工作面前方 20m，后方 15m 范围内。对于土压平衡盾构机来说，当密封仓内压力达到平衡或稍微高于平衡土压时，地表的隆起和沉降值均很小。当超平衡时，地表的隆起值增大；相反，当欠平衡时，地表的沉降值增大。在盾构推进时，控制好密封仓内压力是控制地表变形的主要有效方法之一，地层损失率对地层沉降的影响预测分析。

假设如下：掌子面土层沿隧道纵向被完全限制，以模拟土压平衡盾构机的理想平衡状态。隧道周边围岩朝洞内的位移在靠近掌子面的 20m 以内按线性变化，20m 以后为一常数，如图 8 所示。

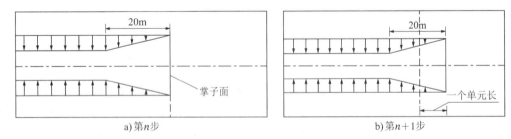

a) 第 n 步　　　　　　　　　　　　b) 第 $n+1$ 步

图 8　开挖过程的地层损失模拟图

施加于隧道周边的位移场对应于地层损失。地层损失量为 V_t，则

$$V_t = 1 - \frac{(D - 2\delta)^2}{D^2} \tag{3}$$

式中：D——隧道开挖直径；

δ——常数位移（隧道周边向洞内位移值）。

为研究地层损失对地表沉降的影响，选取地层损失量V_t分别为 0.5%、1%、2%、3%共 4 种工况进行计算分析，此时对应的δ分别为 15.0mm、30.1mm、60.3mm、90.6mm。根据计算结果，4 种工况下的掌子面前后地表沉降规律如图 9 所示。

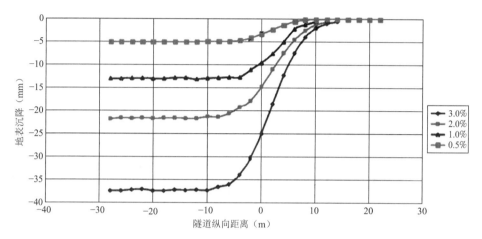

图 9　不同地层损失率下的纵向地表沉降曲线

从图 9 可以看出：随地层损失率的增加，地表沉降影响范围增加，沉降量值增加。不同地层损失率下横向沉降槽如图 10 所示。

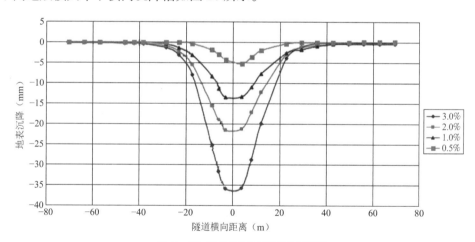

图 10　不同地层损失率下的横向沉降槽

由图 10 可以看出：所有沉降槽均呈正态分布。地层损失率越小，地表沉降越小。不同地层损失率的最大地表沉降值见表 2。

不同地层损失率下的最大地表沉降值见表 2。

最大地表沉降值　　　　　　　　　　　　　　　　　　　　　表 2

地层损失率V_1（%）	0.5	1.0	2.0	3.0
地表最大沉降值S_{max}（mm）	−5.04	−13.05	−21.77	−31.50

根据表中数据绘制最大地表沉降值与地层损失率关系如图 11 所示。

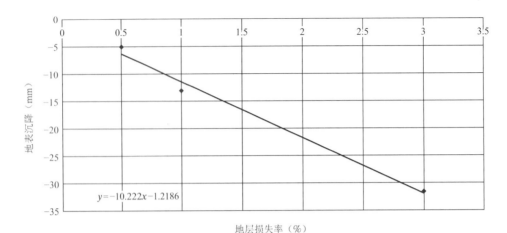

图 11　最大地表沉降量和地层损失率的拟合曲线

由图 11 可以看出，最大地表沉降值与地层损失率基本呈线性关系，地层损失率越大，最大地表沉降值越大。控制地层损失率对控制地表沉降起着关键的作用。

4　模型建立及计算分析

4.1　模型建立

采用 midas GTS NX 软件对该工程进行模拟，midas GTS NX 软件动力模块可以进行完全动力学分析，计算采用岩土有限元分析软件建立整体三维有限元模型进行计算分析。以南北向为 X 轴，东西向为 Y 轴，竖直方向为 Z 轴建立三维模型计算分析，为消除模型边界效应，X 轴方向取 400m，Y 轴方向取 400m，Z 轴方向取 61.1m。模型计算采用混合六面体单元，共划分单元 346447 个，节点 57742 个。计算模型基本尺寸及相应的位置关系如图 12 所示。

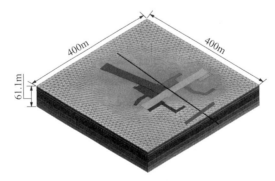

图 12　结构模型示意图

表 3 为轨道交通结构、桩基等结构的力学参数汇总，分析中假定这些结构均处于弹性阶段。模型中，承台和桩基采用实体单元模拟；隧道衬砌采用板单元模拟，混凝土结构重度均为 25kN/m³。

模型结构体计算参数　　　　　　　　　　　　　　　　　　　　表 3

名称	单元类型	弹性模量（GPa）		泊松比
桩基	Solid	30		0.2
轨道交通结构	Plate	34.5	31.5	0.2

4.2 计算分析

（1）地层变形

整体工程施工完成后，结构主要变形指标累积值整理见表4。由表4可知，该施工方案满足相关规程的控制要求。

地铁结构变形统计   表4

序号	计算工况	6号线鞍山西道站主体结构水平位移（mm）	6号线鞍山西道站主体结构竖向位移（mm）	6号线鞍山西道站底板最大主应力（kN/m²）	6号线鞍山西道站底板X方向弯矩（kN·m）	6号线鞍山西道站底板Y方向弯矩（kN·m）	6号线鞍山西道站—天拖站区间水平位移（mm）	6号线鞍山西道站—天拖站区间竖向位移（mm）	6号线鞍山西道站—天拖站区间最大主应力（kN/m²）	评估
1	成初始应力场施作既有轨道交通结构，位移清零			38011.5	587.32	589.13			3817.46	安全
2	8号线鞍山西道站—南丰路站区间左线盾构施工	−0.777	2.948	35968.6	571.46	559.10	0.565	1.856	3918.44	安全
3	8号线鞍山西道站—南丰路站区间右线盾构施工	−0.770	2.960	36069.8	572.56	558.43	0.564	1.869	3918.41	安全

（2）变形分析

采用三维模拟分析地块项目施工对既有地铁结构的影响，通过对土体变形、结构变形的分析，可得出以下结论：

①外部作业施工期间，6号线鞍山西道站主体结构在竖直方向上最大变形为0.940mm最大水平位移为5.280mm，6号线鞍山西道站—天拖站区间竖直方向上最大变形为3.300mm，最大水平位移为0.950mm，均满足变形控制要求。

②隧道变形示意图如图13所示，实线表示隧道变形后的轮廓，虚线表示隧道原始形状。*AA'*为水平方向，呈现拉伸趋势，*BB'*为竖向，呈现压缩趋势。整个施工过程中隧道的最大收敛值情况如图15所示，"+"表示拉伸，"−"表示压缩。6号线鞍山西道站—天拖站区间隧道最大收敛值随着施工的推进而增加最终隧道最大收敛值约为2mm，相较于控制标准很小，可见隧道变形安全可控。

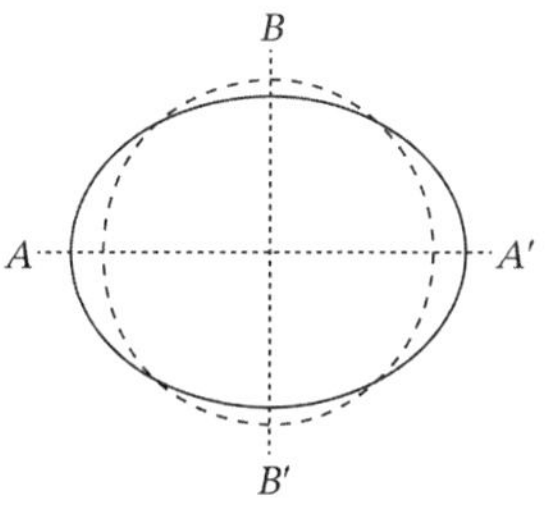

（3）应力分析

随着新建地铁的施工，邻近既有线的结构应力随不同施工步序

图13 隧道收敛示意图

的影响出现一定的波动。但应力变幅很小，由既有结构底板最大主应力云图。由图14、图15可以看出，既有线各部位最大应力均不超过混凝土轴心抗拉强度标准值，说明既有线结构承载力仍存在一定安全余量。

图 14 地铁 6 号线鞍天区间最大主应力云图

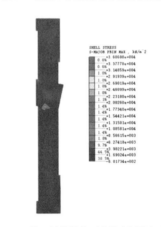

图 15 地铁 6 号线鞍山西道站底板最大主应力云图

5 结论

通过利用地表沉降预测理论与采用 midas GTS NX 软件建立有限元分析模型对既有轨道交通结构影响效应进行分析，得出以下结论：

（1）鞍山西道站—南丰路站区间工程作为一个整体工程，施工规模大、施工周期长，不同单位工程、不同施工步序的实施将对既有地铁 6 号线产生持续叠加影响。

（2）地铁 8 号线鞍山西道站—南丰路站区间外部作业正常施工的条件下，会对近邻的轨道交通结构产生一定的影响，会引起结构沉降、侧移等变形。施工对引起既有轨道交通结构变形在安全控制要求范围内，未超过控制值。

（3）为确保外部作业施工期间既有轨道交通工程的结构、行车、设备使用及运营安全，根据既有结构使用现状，综合考虑预测变形与极限变形，建议施工期间加强轨道交通结构变形监测，并制定应急措施。

参 考 文 献

[1] 魏新江, 周洋, 魏纲, 等. 土压平衡盾构掘进参数关系及其对地层位移影响的试验研究 [J]. 岩土力学, 2013, 34(1): 73-79.

[2] 安永林, 彭立敏, 张峰, 等. 隧道施工时地表沉降监测控制标准探讨[J]. 岩土力学, 2009, 30(S2): 446-451.

复合地层盾构施工技术应用实例探究

黄　鑫

（北京华城工程管理咨询有限公司　北京　100161）

摘　要：随着盾构法隧道施工技术广泛应用于国内的地铁建设，在广州、深圳、南京等大型城市，越来越多的地铁线路无法避免地穿越复合地层。虽然国内盾构穿越复合地层的施工技术不断发展与完善，但是地层千差万别、地面环境不同，在施工过程中仍然会出现各种各样的问题和难题。本文结合南京地铁某盾构区间掘进过程中遇到的各种施工问题，对复合地层盾构施工相关技术进行了研究和探讨。复合地层地下开挖施工情况复杂、困难，但通过优化施工参数，合理使用泡沫剂等添加剂做好渣土改良工作，加强地下水的渗入控制，同时辅以其他有效的施工措施，盾构施工在复合地层中的安全、快捷、高效优势得以充分体现。

关键词：复合地层；掘进模式；推进参数；跟踪注浆

1　引言

近年来，轨道交通建设已经遍及国内各大城市，普遍采用盾构法进行地铁区间隧道建造。地铁盾构工程穿越的地下空间地质条件复杂多样，其中工程难度大、风险高的就是盾构穿越复合地层施工。复合地层即开挖断面范畴内和开挖延伸方向上，由两种或两种以上不同地层构成，且这些地层的岩土力学、工程地质和水文地质等特性相差悬殊。复合地层的组合方式可分为三大类：一类是在断面垂直方向上不同地层的组合；一类是在水平方向上不同地层的组合；另一类是上述两者兼而有之。最典型的是垂直方向上的复合地层，即"上软下硬"地层。

国内复合地层一般分布在沿海或城市水域发达的地区，主要代表城市有广州、深圳、南京、大连、青岛、济南等。随着工程建设的开展，复合地层盾构施工的科学技术研究也在逐步深入和成熟。本文以南京地铁某盾构区间掘进施工为例，分析施工中出现的问题及原因，探寻解决现场施工问题的有效方案，总结复合地层施工经验，研究复合地层安全高效施工的成熟技术，为今后类似工程建设提供可借鉴的工程实例。

2　工程概况

2.1　工程简介

南京地铁某盾构区间工程线路呈东西走向，沿线地面条件复杂，主要穿越城市道路、居民楼、人工湖等，交通车流量较大、人员密集、建筑物稠密。隧道采用两台复合式土压平衡盾构机平行施工。区间线路长度约 1283m，覆土厚度为 9.97～17.67mm，平面最小曲线半径$R=350$m，线间距为 12.00～13.88m；线路纵坡设计成"V"字形，最大纵坡坡度为 23.748‰。

作者简介：黄鑫（1978—），男，大学本科，工程师，目前主要从事城市轨道交通施工与管理工作。电子邮箱：329146295@qq.com。

2.2 工程地质条件

根据本区间岩土工程勘察报告，盾构区间隧道埋深范围内地质条件自上而下为：杂填土①₁层，素填土①₂层，粉质黏土③₁ᵦ₁₊₂层，粉质、黏土③₂ᵦ₃层，粉质黏土④₁ᵦ₁₊₂层，卵、砾石夹粉质黏土④₄ₑ₁₊₂层，全风化安山质凝灰岩〈J3l-1〉层，强风化安山质凝灰岩〈J3l-2〉层，中风化安山质凝灰岩〈J3l-3〉层，全风化闪长玢岩〈δμ5-1〉层，强风化闪长玢岩〈δμ5-2〉层，中风化闪长玢岩〈δμ5-3〉层。盾构隧道穿越的地层为典型的"上软下硬"复合地层。根据钻探资料、原位测试及室内试验数据等资料，区间隧道工程地质特征描述见表1。

工程地质特征一览表　　　　　　　　　　　　　　　　表1

年代	层号	地层名称	颜色	状态	特征描述
Q₄ᵐˡ	①₁	杂填土	杂色，以灰黄色、灰色为主	稍密～中密	主要成分为混凝土、水泥地坪等建筑垃圾，混砂、碎砖、石子等
	①₂	素填土	灰黄色、黄灰色夹灰色	松散～稍密	主要成分为黏性土，混碎石、石子及黄沙等
Q₄ᵃˡ	③₁ᵦ₁₊₂	粉质黏土	灰黄色、黄灰色夹灰色	可塑～硬塑	含铁锰质浸染及斑点，夹杂蓝灰色条带，切面较光滑，韧性及干强度中等，局部为黏土
	③₂ᵦ₃	粉质、黏土	灰色、黄灰色	软塑	局部流塑，土质不均，粉质含量高，夹粉土，含腐殖质，韧性及干强度低，切面较粗糙
Q₃ᵃˡ⁺ᵖˡ	④₁ᵦ₁₊₂	粉质黏土	灰黄色、褐黄色夹黄灰色	可塑～硬塑	局部为黏土，土质较均，含铁锰质浸染及结核，偶含钙质结核，粒径5～10mm，夹杂蓝灰色条带，底部混少量砂颗粒及卵、砾石
	④₄ₑ₁₊₂	卵、砾石夹粉质黏土	杂色，以灰色、灰黄色为主	中密～密实	卵、砾石粒径一般为10～60mm，最大粒径大于10cm，石英质，亚圆形，单个抗压强度高，一般含量占50%～80%，黏性土混砂充填，局部含量略低，在20%～40%，以黏性土混砂为主
〈J3l〉	〈J3l-1〉	全风化安山质凝灰岩	灰紫色、灰黄色	—	原岩结构已完全破坏，岩芯呈砂土状，手捏即碎，浸水易软化，夹强风化岩碎块
	〈J3l-2〉	强风化安山质凝灰岩	灰紫色、灰黄色	—	原岩结构大部分被破坏，残余凝灰结构，块状构造，裂隙极为发育，岩芯较破碎，呈块状及少量短柱状，间隙为砂土状风化岩碎屑充填，岩芯锤击声哑、易断
	〈J3l-3〉	中风化安山质凝灰岩	青灰色夹紫色	—	残余凝灰结构，块状构造，岩芯较完整，呈柱状、短柱状，节长10～40cm，局部呈碎裂状，岩芯破碎，呈碎块状，碳酸盐化明显，锤击声脆、不易碎
〈δμ5〉	〈δμ5-1〉	全风化闪长玢岩	灰黄色、黄灰色、灰白色	—	原岩结构已完全破坏，岩芯呈砂土状，手捏即碎，灰刀易切割，夹强风化岩角砾、碎块
	〈δμ5-2〉	强风化闪长玢岩	灰黄色、黄灰色夹紫褐色	—	原岩结构大部分被破坏，斑状结构，块状构造，岩芯较破碎，呈块状及少量短柱状，手折能断，岩块互击声哑、易断
	〈δμ5-3〉	中风化闪长玢岩	青灰色、灰色	—	斑状结构，块状构造，岩石表面可见碳酸盐细脉充填，岩芯较完整，成柱状、短柱状，节长10～120cm，局部破碎，呈碎裂状，锤击不易碎。RQD＝85%～95%

2.3 不良地质描述

全风化安山质凝灰岩〈J3l-1〉层和全风化闪长玢岩〈δμ5-1〉层存在于盾构隧道拱顶及上方，一般情况下厚度约1.5～2.5m。在没有扰动和遇水的情况下，〈J3l-1〉层和〈δμ5-1〉层很稳定，但是经扰动和遇水后易崩解。卵、砾石夹粉质黏土④₄ₑ₁₊₂层，本身很密实，但是经扰动后在有临空面的工况下易坍塌。

不良地层产生的主要原因是水的作用，由于〈J3l-1〉层和〈δμ5-1〉层遇水崩解，因此水对整个盾构施工的影响是巨大的。水的来源及影响见表2。

水的来源及影响　　　　　　表2

序号	水来源	水的性质	短时水量	作用时间	影响机理	影响大小
1	原有勘探孔未封堵，地层或地表水沿勘探孔渗入附近地层	—	极小	长	长期浸泡	大
2	风化后的地层中，裂隙水特别发育，尤其在全风化与强风化，强风化与中风化的界面上	动水	小	长	长期浸泡冲刷	大
3	沿隧道管片壁后汇集的水流入土仓	动水	大	短	短时浸泡冲刷	大
4	施工过程中通过添加系统加入的水、泡沫	压力水	极大	极短	短时冲刷冲顶	极大

3　复合地层盾构掘进模式选择

3.1　土压平衡盾构机的掘进模式

土压平衡盾构机有三种掘进模式：土压平衡模式、半敞开模式、敞开模式。

土压平衡模式是利用刀盘切削泥土充满整个土仓，并通过推进力形成与掌子面水土压力相平衡的土仓压力，以此稳定开挖面地层并阻止地下水的渗入。土压平衡模式主要通过调整推进速度和螺旋机出渣量来控制压力。

半敞开模式又称局部气压模式，此种模式下刀盘切削下的泥土并没有充满整个土仓，土仓内有部分压缩空气，压缩空气和渣土共同稳定开挖面和阻止地下水渗入。半敞开模式主要通过螺旋机内形成的土塞和螺旋机转速以及压缩空气注入量来控制压力。

敞开模式又称空仓模式，刀盘切削下的泥土直接被螺旋机排出，土仓内仅仅有少量的泥土，土仓内压力基本为常压。

3.2　不同掘进模式的适应性及特点

上述三种掘进模式有各自的特点，适应于不同的地质状况，详见表3。

不同掘进模式的适应性及特点　　　　　　表3

盾构施工掘进模式	敞开模式	半敞开模式	土压平衡模式
适应地质条件	围岩具有足够的自稳能力且地下水或地下涌水能够被控制的地层，一般为中风化与强风化地层	工作面围岩不能稳定，且地下水压力在0.1～0.2MPa之间或工作面可以稳定且含水，地下水压力在0.1～0.2MPa之间，具体是指硬岩地层或局部都处于强风化或小部分处于全风化岩层、软岩地层。特别是当有硬岩存在，地下水较丰富而压力小于0.2MPa时	当掌子面不能自稳，地下水压力超过0.2MPa时，地下水特别丰富地层。具体是指隧道全断面或上部处于不稳定地层和强风化岩层中、隧道全断面处于断裂构造带中以及地层可能有较大涌水
系统参数设定	土仓内不须建立压力，螺旋输送机转速一般采用高转速	土仓内注入压缩空气，气压设定不大于0.2MPa。土仓的渣土一定要盖住螺旋输送机的输入口	根据情况随时改变螺旋输送机的转速来调节土仓内的土压，注浆压力适当加大
添加剂的使用	水	泡沫、水	泡沫、水
掘进速度	3～4cm/min	2～3cm/min	0.5～2cm/min
注意事项	注意渣土的情况，一旦发现有涌水或出渣量不正常，则应立即建立土压或气压	掘进完毕后，土仓内应保持一定的渣土，防止下次打开螺旋输送机门时产生喷涌	应控制好螺旋输送机的出土速度及盾构机的掘进速度，使土仓内的压力保持在设定值

4 工程风险分析及应对措施研究

4.1 工程风险分析

4.1.1 主要风险描述

南京地铁某盾构区间工程右线在第 500～640 环位置，隧道拱顶上部存在一处地质风化槽，风化槽上覆卵砾石夹粉质黏土层，软塑～可塑粉质黏土层，由于风化槽段地质条件变化较为显著，盾构掘进工程中出现了掘进模式调整不及时，造成渣土超排和地面沉降塌陷等险情。现场及时采取技术应对措施，未发生安全事故，风险得到较快控制并及时消除。此处地质风化槽细分为三段：

第一阶段为 500～540 环，洞身范围内下部为中风化玢岩，上部为强风化玢岩，岩面逐渐升高，拱顶 1.5～2.5m 左右为强风化玢岩玢岩，玢岩以上为卵砾石土层。

第二阶段为 540～579 环，洞身范围全部为中风化玢岩，拱顶 1.5～2.5m 左右为强风化玢岩，玢岩以上为卵砾石层，从 565 环开始卵砾石层以上由 4 号土变成流塑状的 3 号土。

第三阶段为 580～640 环，洞身范围内岩面很快降低，拱顶为强风化凝灰岩，凝灰岩以上为 2m 厚卵砾石层，卵砾石层以上全部为 3 号地层。地质风化槽区段剖面如图 1 所示。

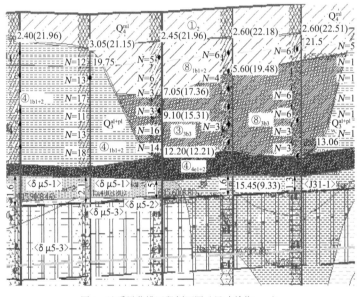

图 1　地质风化槽区段剖面图（尺寸单位：m）

4.1.2 各阶段主要风险分析

根据类似工程经验，在第一阶段和第二阶段的掘进中，由于盾构机刀盘的扰动及地下水的作用，拱顶的全风化玢岩极有可能会崩塌瓦解，继而引起卵砾石的塌落引起超排，当超排量较大时会引起地面塌陷，给地面建（构）筑物造成不可控的风险。特别是第二阶段后半段的掘进中，卵砾石一旦塌落，卵砾石层及以上的软弱地层不会形成拱效应，当土仓内的压力不足以平衡上部土体压力时，上部土体会迅速涌入土仓；同时由于洞身范围内中风化岩面较高，从理论上说土仓内渣土液位越高对于刀具的磨损越严重，土仓内渣土液位越高越利于控制超排，但是非常不利于保护刀具，刀具损坏越多则推进速度会降低，扭矩变大，渣温升高，容易形成泥饼，从而引起更加严重的超排发生。在第三阶段掘进过程中，由于岩面降低，隧道洞身绝大部分及拱顶以上全部为软土,因此该阶段的主要风险是低土压下的超排和容易结泥饼。

此外长时间停机是最重要的一个风险,长时间停机后盾壳上方经扰动过的土体会很快失去拱效应,从而发生塌落压住盾构机中前盾及盾尾,造成铰接压力巨大。同时刀盘前方和上方的土体会进一步失去自稳性。各阶段风险程度分析见表4。

各阶段风险程度分析表 表4

风险	第一阶段	第二阶段	第三阶段
超排风险	大	极大	可控
刀具损坏	大	大	小
结泥饼	小	小	大

4.1.3 半敞开模式下土仓内渣位高低对于施工影响

根据类似工程经验,右线通过 500～640 环时以半敞开模式推进为主。渣位高低对施工的影响见表5。

渣位高低对施工的影响表 表5

仓位和施工参数	高仓位	低仓位
控制超排	有利	不利
掘进速度	不利	有利
降低刀盘扭矩	不利	有利
刀具保护	不利	有利
控制渣温	不利	有利
预防刀盘开口堵塞及仓内泥饼	不利	有利

4.2 采取的主要技术措施

针对以上风险,拟采取以下主要技术措施:

(1)确保盾构机快速通过 500～640 环这一风险区域,调集一切资源确保右线施工,减少停机时间。

(2)采取半敞开模式进行掘进,在保证超排量尽可能小的情况下降低仓位,以保护刀具,减小扭矩,预防结泥饼情况发生。

(3)选用优质的泡沫剂,并且调试好泡沫系统,使发好的优质泡沫填充于仓内渣土上方的空间,对掌子面及拱顶形成良好的支顶并将地层涌水及后方来水拒之于土仓之外,避免水浸泡上方地层。良好的泡沫剂的核心作用是渣土改良,品质良好的泡沫能大大改善渣土的流动性、和易性,由于凹沟段刀盘切削下的土体黏土颗粒含量基本为零,因此要求泡沫产生的气泡需精细、均匀且保持低坍落度,以满足施工需求。由于推进速度在 2～3cm/min,推进一环需要 40～60min,土仓容量约为 30m³,推进一环产生的渣土为 54～58m³ 因此要求泡沫发泡效果能持续 30min 以上。

(4)掘进过程中采取地面跟踪注浆的形式对损失的地层进行弥补(回填注浆),浆液采用快硬的水泥水玻璃双液浆，并辅以改性水玻璃浆。

（5）超排量不可控时立刻停机，在刀盘前方、上方、盾壳上方进行回填注浆和挤密注浆，目的是回填超排形成的空洞，固结上方疏松的土体，挤密刀盘前方和上方的土体。

5 盾构施工风险过程及处置

5.1 刀具检查及更换工作

右线掘进到 527 环时常压开仓检查刀具，4 把中心双联滚刀全部损坏，9 号单刃滚刀损坏，刮刀大部分掉落，现场更换 4 把中心刀，9 号单刃刀，并在条件允许的情况下将两个辐条上的刮刀恢复。更换下来的已损坏的中心双联滚刀见图 2，损坏形式均为刀圈掉块断裂，主要由齿刀掉落相互冲击导致。

图 2 损坏的中心双联滚刀

5.2 右线 528 环超排原因分析

在 527 环推进完成之后进行了换刀作业，由于需要更换的刀具较多，换刀持续了 8 天时间。在停机的 8 天时间内盾壳上方土体及刀盘前方土体在地层汇水及管片后方来水的作用下崩解，盾壳上方土体及刀盘前方土体形成不良地层。换刀完成后掘进 528 环、529 环时超排量非常大，528 环四斗（虚方 70m³ 左右）只掘进了 668mm，超排整整一环的渣土量。具体施工过程见表 6。

527～530 环施工时间统计表 表6

环号	施工时间	
527 环	3 月 29 日	7:45～8:55
528 环 0～668mm	4 月 8 日	8:50～9:00……9:40～10:40
528 环 668～1200mm	4 月 9 日	13:15～13:35
529 环	4 月 10 日	8:00～9:35
530 环	连续施工	

从沉降监测情况看虽然超排量较大但是地表沉降量很小，地层损失并没有快速反映到地面。

本次超排的主要原因是停机时间过长地层汇水和后方来水引起的强风化地层崩解，继而卵石层塌落。卵石层塌落后形成土拱效应，地层并未产生进一步损失。

5.3 右线 528 环超排后采取的措施

刀具更换完成之后掘进 528 环过程中出现了约 70m³ 的巨大超排量，发生超排后现场立刻停止掘进采取了以下措施：

（1）通过同步注浆系统向土仓内回灌膨润土砂浆，回灌量约为 25m³ 左右，土仓压力增加到 2.5bar 后又降到 1.7bar。由于回灌的膨润土砂浆量较大，膨润土填充满了整个土仓和盾壳上方。

（2）膨润土注入完毕后通过同步注浆系统向盾尾注入 18m³ 砂浆。

（3）地面跟踪注浆注入约 80m³ 双液浆。

通过采取上述措施，地面未发生沉陷、塌陷等事故，地面最大沉降为−10mm。

5.4 右线 539～544 环超排原因分析

（1）从 539 环开始，右线掘进超排量每环为 10m³ 左右，到 541 环时超排量进一步加大，4 斗只掘进了 840mm。在提高螺旋机转速后土压下降不明显，排出的渣土为未经改良的全风化地层。渣土取样见图 3，从渣样中发现了大量的卵石，拱顶的卵石已经全部塌落到土仓。

图 3 现场渣土筛分后照片

（2）施工时间。

538～543 环具体施工时间见表 7。

538～543 环施工时间 表 7

环号	施工时间	
538	4 月 11 日	13:05～14:15
539	4 月 11 日	15:45～18:00
540	4 月 11 日	18:15～19:25
	4 月 12 日	13:20～14:10
541	4 月 12 日	15:00～16:20……16:55～17:20
542	4 月 17 日	11:20～12:30……13:10～13:50
543	4 月 17 日	14:40～16:10……16:35～17:30

（3）沉降监测。

从沉降报表可看出，本次超排在很短时间就反映到地面，地面沉降速率很大。

（4）综上分析，本次超排发生的主要原因是拱顶卵砾石以上的地层由4号地层变成流塑的3号地层，在刀盘的扰动及水的作用下顶部地层迅速坍塌，不能形成拱效应。

5.5　右线541环超排后采取的措施

（1）通过同步注浆系统向土仓内回灌膨润土砂浆，回灌量约为9m³，土仓压力增加到2.0bar。

（2）膨润土注入完毕后通过同步注浆系统向盾尾注入10m³砂浆。

（3）向刀盘四周区域注入33m³磷酸-水玻璃双液浆进行填充保护，地面跟踪注浆注入108m³水泥-水玻璃双液浆。

（4）由于铰接压力变大，为了防止铰接被拉坏，将盾尾和中盾之间用钢板临时焊接。

（5）重新调整泡沫系统，泡沫效果进一步提高。

6　结语

（1）在复合地层条件下要保证施工的连续性，施工停顿时间越长地层的自稳性会越差，越不利于控制超排。

（2）在复合地层条件下，选择正确的掘进模式是成功的关键。在掘进长距离复合地层段且中途不具备常压和加压进仓时尽量选择半敞开掘进模式，有利于保护刀具和刀盘开口不堵塞，仓内不易形成泥饼。

（3）在进入复合地层前应将设备调到最佳状态，包括刀具、泡沫系统、加水系统、同步注浆系统等。

（4）应选用高品质的泡沫剂，其与水、气混合后能生成细密的泡沫颗粒，有效填充土仓空间并显著改善渣土质量。若泡沫品质不佳，注入土仓后水、气易分离，在压力驱动下，分离的水、气加剧了对拱顶及盾壳上方土体的冲刷作用，从而加剧施工环境的恶化。

（5）推进过程中应密切注意土压变化以及出渣情况、铰接压力变化、推力变化等。

（6）在长距离复合地层段掘进时，不可避免地会产生地层损失，因此地面需进行围闭工作，以及进行地面跟踪注浆、预加固等工作。

本文针对盾构掘进过程中发生的实际问题进行总结分析，目前国内盾构技术发展越来越成熟，同时地层复杂程度越来越高，希望本文总结的一些复合地层施工经验能给盾构施工带来些许帮助，保证盾构施工安全顺利进行。

参 考 文 献

[1]　竺维彬, 张志良, 林志元, 等. 广州市轨道交通土建工程工法应用与创新[M]. 北京: 人民交通出版社, 2013.

[2]　钟长平, 竺维彬, 鞠世健. 复合地层盾构掘进的指导原则[J]. 都市快轨交通, 2011, 24(4): 86-90.

[3]　竺维彬. 复合地层盾构工程的技术创新与进展[J]. 城市轨道交通, 2017 (3): 15-18.

[4] 吴煊鹏, 乐贵平, 江玉生, 等. 中国盾构工程科技新进展[M]. 北京: 人民交通出版社股份有限公司, 2019.

[5] 牟军东. 盾构穿越上软下硬复合地层施工风险与控制技术研究[J]. 中国水运 (下半月) , 2020(5): 189-191.

气压辅助模式在大直径土压盾构掘进复合地层中的应用

程林飞

（福州地铁集团有限公司 福州 350009）

摘 要： 在盾构施工过程中，开挖面压力的平衡是控制地面沉降最重要的因素，传统的满仓土压平衡模式对地层的适应性要求较高，在复合地层中，尤其是大直径土压盾构采用满仓土压平衡模式掘进存在渣土改良效果差、刀盘结泥饼、刀具损坏量大、易超挖引起沉降等问题，本文从实际出发，将大直径土压盾构在复合地层中掘进模式的选择作为主要研究对象，并针对大直径土压盾构在上软下硬复合地层中掘进存在的问题提出解决办法，对后续类似工程起到借鉴作用。

关键词： 大直径土压盾构；复合地层；掘进模式；气压辅助

1 引言

盾构在上软下硬复合地层中掘进时，最大限度提高刀具使用寿命、减少开仓换刀时间成为影响盾构施工工期的关键因素，而传统的满仓土压平衡模式下，土仓内渣土仓位高，掘进过程存在渣土改良效果差、刀盘结泥饼、刀具损坏量大、易超挖引起沉降等问题，而大直径土压盾构因掘进断面大，导致渣土改良压力大、滚刀开挖过程线速度高，更容易发生以上问题，而采用气压辅助掘进模式，可大幅降低土仓内渣土仓位，提高渣土改良效率，可以达到降低推力、刀盘扭矩和出渣温度，提高掘进速度、延长刀具使用寿命、减少开仓换刀次数等效果。

本文根据气压辅助掘进模式的特点，结合福州滨海快线三叉街站—盖山站区间复合地层气压辅助掘进的成功案例，对比分析了满仓土压平衡模式和气压辅助掘进模式下上软下硬复合地层的各项指标、参数，对后期工程起到借鉴作用。

2 掘进模式原理介绍

2.1 土压平衡掘进模式

土压平衡盾构掘进的核心是维持开挖面的稳定性，这是通过控制土仓内的土压力与周围土体和地下水压力的平衡来实现的。盾构机刀盘开挖的渣土进入土仓，渣土与添加剂（如泡沫、膨润土等）混合形成流塑状，土仓内这种流塑状的渣土压力与地层水土压力相平衡，以防止地层塌方或隆起。

土压平衡模式掘进时土仓内充满渣土，以螺旋机排出的土方与刀盘切削的土方保持平衡为原则来维持开挖面的稳定；但遇到上软下硬复合地层时，因掌子面上部为软土，下部为硬岩，不同地层的物理力学性质差异过大，很难实现切削下来的渣土得到较好的塑流化改良，

作者简介：程林飞（1985—），男，大学本科，高级工程师，目前主要从事轨道交通工程盾构施工管理工作。电子邮箱：46903589@qq.com。

大量石块堆积于土仓内，刀盘长时间开挖旋转会导致土仓内温度升高，刀盘结泥饼，刀具偏磨。同时上部掌子面自稳性差，下部岩石强度高，盾构推进速度缓慢，上部土体易被扰动超挖而导致地面沉降甚至坍塌。

2.2　气压辅助掘进模式

在土压平衡盾构施工中，考虑到高仓位渣土对盾构掘进的不良影响，在地层气密性良好的情况下，将部分压缩空气取代土仓内上部渣土，采用"土体 + 气体"的混合介质去平衡开挖面地层的水土压力，即气压辅助土压平衡模式，可极大缓解满仓土压平衡模式带来的渣土改良效果差、刀盘结泥饼、刀具损坏量大、地层超挖引起沉降等问题。

气压辅助平衡是采用盾构机自带的空压机制造高压力的压缩空气，通过 Samson 自动保压系统或泡沫管路注入土仓内（图 1），以空气替代土仓内部分渣土，以气压替代土压，来平衡开挖面的水土压力。

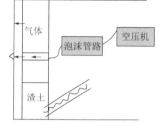

图 1　气压辅助土压平衡模式示意图

3　应用实例分析

3.1　区间概况

福州滨海快线三叉街站—盖山站区间（简称"三盖区间"）采用盾构法施工，区间线路位于城市繁华区域，隧道上方为城市主干道和民房区。三盖区间左线长 2616.232m；右线长 2586.593m，覆土埋深 10.4～37m，盾构管片外径 8.3m，内径 7.5m，环宽 1.8m，采用两台开挖直径为 8630mm 土压平衡盾构机施工。

3.2　工程地质条件

本区间地质复杂，涉及软土淤泥、全断面硬岩、上软下硬、孤石群等地层。勘察区间地下水主要赋存、运移于基岩裂隙和第四系含水层的孔隙中，主要补给来源于大气降水，地下水按埋藏条件分为上层滞水、承压水两种类型，区间地质情况如图 2 所示。

图 2　三盖区间复合地层纵断面图

3.3　复合地层下穿民房掘进施工

三盖区间右线 358～380 环洞身穿越地质上部为残积砂质黏性土、碎块状强风化花岗岩，下部为中风化花岗岩，属典型上软下硬复合地层，且隧道上方存在多处民房等建筑物。

3.3.1　掘进模式选择

下穿房屋前，考虑到穿越地层上部的碎块状强风化花岗岩存在漏气的可能较大，为了确保地表房屋的安全，右线盾构自 362 环进入房屋范围后，采用满仓土压平衡模式掘进。

在采用满仓土压平衡模式推进 2 环后，掘进参数明显恶化，推力和扭矩持续增大，掘进速度低，渣温达到 43℃，判断刀具损坏。停机开仓检查发现刀盘局部结泥饼，大量刀具偏磨如图 3 所示，单次需更换刀具 23 把，偏磨刀具轨迹基本遍布刀盘开挖范围，刀具偏磨及损坏轨迹如图 4 所示。

图 3　滚刀偏磨　　　　图 4　偏磨滚刀轨迹线图

经分析，主要原因为掌子面岩面较高，掘进过程中土仓渣土中石块较多，满仓掘进仓内渣土流动性差，对刀具造成二次磨损，且渣温升高后渣土中石粉黏附在刀盘和刀箱中板结成泥饼，刀具无法自转，最终造成大量偏磨。

在 364 环换刀完成后，考虑到下穿房屋期间掘进的连续性和对刀具的保护，在对地表可能存在的漏气点进行注浆封堵后，改用气压辅助模式掘进，渣土仓位控制半仓，并通过土仓可视化系统实时关注仓内渣土变化以及掌子面稳定性情况。在更换掘进模式后，掘进参数明显好转，带压开仓检查和更换刀具的频次约为 1 次/15 环，且刀具消耗量明显降低，基本没有偏磨的刀具，最终安全顺利下穿了该区域的民房。

3.3.2　不同掘进模式的参数对比

（1）满仓土压平衡模式掘进

①土仓压力设定

根据土压平衡盾构的工作原理，土仓压力需要与开挖面的正面水土压力平衡以维持开挖面土体的稳定，在满仓土压平衡模式下，土仓压力计算公式为：

$$P = k\gamma h + 预备压力$$

式中：P——土仓压力（kPa）；

　　　k——侧压力系数；

　　　γ——土的饱和重度（kN/m³）；

　　　h——覆土深度（m）。

预备压一般取 20kPa。

②满仓土压平衡模式下主要推进参数见表 1。

复合地层满仓土压平衡模式掘进参数　　　　　　　　　　　表 1

掘进模式	仓位	推力（kN）	刀盘扭矩（kN·m）	推进速度（mm/min）	渣温（℃）
土压平衡模式	满仓	38000～45000	4000～5000	3～5	38～43

在该掘进模式下，由于土仓内充满石渣和渣土，螺旋机排土过程中渣土流动性差，导致推力、刀盘扭矩、渣温均偏高（图5），掘进速度慢，每个刀箱内均被渣土固结（图6），刀盘切削过程中，刀具与仓内石块二次磨损，且长时间高扭矩掘进，刀具与掌子面摩擦产生大量热量，渣温升高后易导致渣土板结，包裹刀具，造成刀具自转性能下降，最终产生偏磨现象。

图5　螺旋出渣口渣土温度　　　　　　图6　刀箱结泥饼

（2）气压辅助模式掘进

①地层气密性判断

由满仓土压平衡模式切换成气压辅助模式前，首先确定地层气密性和掌子面稳定性，否则易出现掌子面失稳、超挖的风险。具体判断方法：可在地面环境较好的位置停机，将土仓内的渣土排出至顶部土压传感器的位置，同时置换为相同土压力的压缩空气进行保压试验，若在停止供气的情况下，2h无明显压力损失则可以判定为地层气密性良好，可以切换为气压辅助模式掘进。

②土仓压力设定

采用气压辅助模式掘进时，土仓压力P（顶部土压计）的理论设定值为范围值，其中土仓压力最小值设定应结合地下水静水压力和顶部土压传感器到气渣分界面的高度来确定，即$P_{\min} = \rho_水 h_2$（图7）；最大值$P_{\max}$为气渣分界面处的水土侧向压力总和，即$P_{\max} = k\gamma(h_0 + h_2)$。故在气压辅助掘进模式下，理论土仓压力的设定值$P_{\min} \leqslant P \leqslant P_{\max}$，$P$应根据掘进过程刀盘前方地表隆沉情况实时调整，隆沉控制指标为±3mm/d。

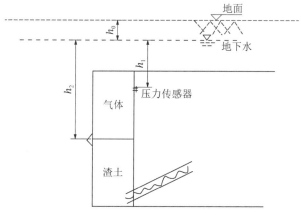

图7　土仓压力设定示意图

③气压辅助模式下主要推进参数见表2。

掘进模式	仓位	推力（kN）	刀盘扭矩（kN·m）	推进速度（mm/min）	渣温（℃）
气压辅助模式	1/2	28000～35000	2500～3500	5～15	35～38

通过掘进参数对比可知，复合地层条件下气压辅助模式掘进相较于满仓土压平衡模式，盾构机的推力、刀盘扭矩均较小，推进速度稳定，渣温适宜，刀具使用寿命显著提高。

4 气压辅助模式掘进的相关辅助措施

4.1 渣土改良

气压辅助模式掘进对掘进参数控制有明显优势，但因仓内渣位较低，地下水容易进入土仓，需加强改善渣土的和易性以及控制螺旋机出渣喷涌。

该模式掘进过程应往掌子面注入泡沫＋膨润土，用以改善渣土的和易性、流动性，起到润滑和降温的作用，使出渣顺畅。当渣土较稀，螺旋机难以控制出土时会出现喷涌现象，应往土仓内注入一定量的高分子聚合物＋膨润土，根据试验结果选择渣土与聚合物＋膨润土掺入量为 10∶1（体积比），每环需注入 10～15m³ 的聚合物＋膨润土，主要使渣土在螺旋机筒体内形成土塞效应，从而避免发生喷涌。

4.2 地面 WSS 跟踪注浆

4.2.1 地层气密性改善

复合地层上部为砂土状或碎块状强风化地层时，地层的气密性较差，容易在高压气体作用下击穿地层导致土仓失压，一旦仓内失压，极易造成地层超挖和地面沉降。故在保证土压稳定的前提下，尽量减少补气量，在掘进的同时，应加强地面巡视和地面监测，若发现地面存在漏气点，应及时通过地面无收缩双液注浆（WSS 注浆）来封堵漏气点（图 8）。

图 8　地面 WSS 注浆封堵漏气点

4.2.2 地面沉降处理

盾构掘进复合地层，尤其以气压辅助模式掘进区段如出现超挖或者地面监测数据显示有沉降时，可采用 WSS 注浆对地层补充注浆，若是在盾构机已通过的区域，可钻至超挖深度进行注浆填充；若是在盾体上方时，则需要注意保护盾体，钻孔深度应在盾体上方 0.5～1m 处，先注入磷酸-水玻璃化学浆液，然后提升注浆口高度注入水泥-水玻璃双液浆或水泥、膨润土-水玻璃混合浆。

地面注浆期间应结合注浆压力、周边监测数据情况判断注浆是否已经达到要求。注浆施工应与盾构机操作室信息联动，若发现土仓压力明显上涨，说明浆液窜入土仓，盾构值班人员应及时通知地面注浆技术人员调整注浆深度，或暂停注浆待土层内浆液初凝后再恢复注浆。当地表及周边建筑处于微隆起状态（1～3mm），可以判断跟踪注浆已达到效果，便可结束注浆。

4.3 洞内超前注浆

当盾构掘进线路上方为建筑物等不具备地面注浆条件时，为了保证地层气密性，可采用盾构机内超前注浆系统进行 WSS 超前注浆，将盾构机上方和开挖面前方土体的空隙进行浆液填充，以达到气压辅助模式下掘进过程的气体保压稳定的条件。

一般土压盾构机中盾位置顶部预留钻孔 2～4 个超前注浆孔，采用小型钻注一体机对中间 2～4 个超前注浆孔（1 号、2 号）进行注浆，注浆范围为刀盘前方约 10m，如图 9、图 10 所示。

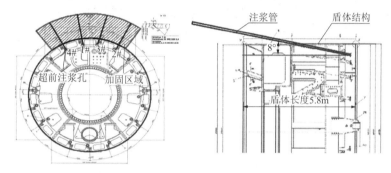

图 9　超前注浆示意图

图 10　超前注浆

4.4 径向孔注化学浆

采用气压辅助模式掘进复合地层，尤其下穿建构筑物等沉降控制敏感区时，为减少因扰动地层沉降，可通过中盾径向孔向地层中注入化学浆液，即磷酸-水玻璃溶液，每环注入约 $3m^3$。采用磷酸-水玻璃为注浆材料，胶凝时间快，可以使盾体上部松散地层固结成一个整体，填充盾壳与地层之间的间隙，可有效避免盾体上方土体沉降，且由于浆液凝固后强度低，不会包裹盾体阻碍推进。

化学浆液配制以磷酸、水玻璃为主要制浆原料，水玻璃浓度为 40°Bé（密度 $\rho = 1.38g/cm^3$），85%磷酸（弱酸，$\rho = 1.7g/cm^3$）；注浆前先将水玻璃与水 1∶1 稀释成水玻璃溶液，磷酸与水 1∶10 稀释成磷酸溶液，然后两种溶液以 1∶1 的比例进行土体加固注浆。

5 气压辅助掘进模式注意事项

5.1 土仓内渣位高度控制

采用气压辅助模式掘进时,需控制仓内渣土高度,故在掘进时需密切关注渣土仓位变化。三盖区间在掘进过程中,通过土仓内安装的视频可视化系统可实时监控仓内渣位高度变化,如图11、图12所示。

图11 土仓内可视化摄像头　　　　图12 土仓内可视化监控渣土仓位

通过土仓可视化系统监控渣位高度的同时,还可通过掘进参数控制界面根据不同位置土压差值来监控。气压辅助模式下土仓内上部为空气时,该部分土压计压力显示均为等值,如图13所示;下部存在渣土时,土压计显示为阶梯状差值,通过此方法可判断仓内具体渣土高度值。

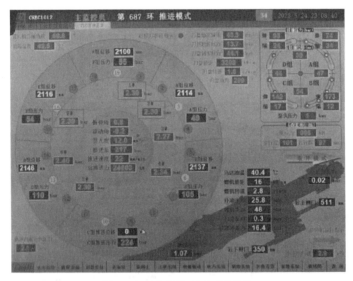

图13 掘进参数界面土仓压力显示

5.2 空压机运转状态

采用气压辅助模式掘进过程应重点关注空压机的运转状态,可以采用空压机加载率这个指标作为地层失气量的参考值,即空压机的供气量和供气能力的比值。空压机加载率=空压机加载时间/(空压机加载时间+空压机卸载时间)。当空压机加载率≥50%时,说明地层漏气量较大,气压辅助模式下存在失压风险较大,应停止气压辅助模式下掘进,立即采用高黏度膨润土回填土仓,同时排查地面漏气点,在地面漏气点封堵完成后再尝试气压辅助模式掘进。

5.3 应急管理

在沉降敏感区使用气压辅助模式掘进，应加强地面巡查、监测和应急管理。掘进过程中一旦失压，极易超挖造成地面沉降。掘进过程应在盾构掘进区域随时准备临时围挡和注浆材料、设备，安排专人进行地面巡视，一旦发现土压明显变化、地面出现漏气点时，第一时间进行地面注浆封堵。

在上软下硬复合地层掘进过程中出现失压，必须立即停止掘进，不得采用不出土的方式"闷推"建立土仓压力，应加大供气量保持仓压稳定，同时往仓内注入高黏度膨润土填满土仓建立土仓压力。

6 结语

上软下硬等复合地层中盾构掘进施工控制难度大，风险高，刀具损坏风险较大，故在掘进过程中控制好掘进参数，最大程度保护刀具，方能有效提升整体施工工效。

气压辅助模式在大直径土压盾构上的应用，较满仓土压掘进模式很大程度上改善了掘进参数，提高了刀具使用寿命，使整个掘进过程良性运转，并加以各项辅助措施的使用，提高掘进的安全性。

气压辅助模式施工过程应重点加强地层气密性监测，提高地面监测频率，结合空压机运转指标、土仓压力波动和监测数据，及时研判掘进的安全性，必要时采取不同类型的渣土改良、地面补充注浆、洞内超前注浆、停机检查、更换刀具等措施，保证施工安全。

参 考 文 献

[1] 竺维彬, 钟长平, 黄威然, 等. 盾构掘进辅助气压平衡的关键技术研究[J]. 现代隧道技术, 2017.
[2] 李豆, 李腾飞. 浅谈土压平衡盾构施工气压辅助推进工法[J]. 新型工业化, 2022.

浅析大直径盾构复合地层小净距
下穿既有线沉降控制技术

程林飞

（福州地铁集团有限公司　福州　350009）

摘　要：大直径盾构在复合地层小净距下穿运营既有线难度大、风险高，存在振动、超挖造成运营既有线隧道沉降甚至停运的风险，本文通过总结福州滨海快线两个大直径盾构区间下穿福州地铁4号线和1号线运营区间隧道的成功案例，为后续盾构在此类工况下掘进下穿既有线提供指导作用。

关键词：大直径盾构；上软下硬；小净距；既有线；沉降

1　引言

随着城市地下空间的开发和地下轨道交通网的建设，不可避免会出现线路下穿或上跨运营既有线的施工，而盾构区间下穿既有线工程在实施过程中面临诸多困难和风险，尤其是大直径盾构在上软下硬地层中下穿既有线隧道难度更大，风险更高，合理的施工方案和严格管理是保障下穿施工安全和既有线沉降受控的基本条件。本文依托福州滨海快线福东区间和南三区间大直径盾构在上软下硬地层下穿运营既有线施工的成功案例，分析并总结大直径盾构下穿既有线沉降控制的技术措施和管理经验，可以为后续类似盾构下穿工程提供借鉴和指导。

2　工程概况

2.1　福州滨海快线福州火车站—东门站盾构区间

2.1.1　区间概况

福州火车站—东门站盾构区间（简称"福东区间"）沿华林路、六一北路南北向敷设，盾构始发后下穿运营4号线东门站—三角池站区间隧道。区间总长2215.664m，隧道管片外径8.3m，内径7.5m，环宽1.8m，厚400mm，采用通用双面楔形环，错缝拼装。

2.1.2　工程地质和水文地质条件

（1）工程地质条件

本区间始发段主要穿越全风化花岗岩〈6-1〉、砂土状强风化花岗岩〈7-1〉、碎块状强风化花岗岩〈7-2〉、中风化花岗岩、中风化正长石英斑岩〈8-1〉，为典型的上软下硬和孤石发育等地层。

（2）水文地质条件

本区间勘察范围内所有钻孔均遇见地下水。勘察时测得钻孔中稳定水位埋深为 1.10～

作者简介：程林飞（1985—），男，大学本科，高级工程师，目前主要从事轨道交通工程盾构施工管理工作。电子邮箱：46903589@qq.com。

4.70m，稳定水位高程为 3.69～4.75m。

2.1.3 下穿概况

福东区间始发后即正交下穿运营地铁 4 号线东门站—三角池站盾构区间隧道，4 号线东门站—三角池站区间隧道覆土厚度 10.86～22.6m，隧道主要位于强风化花岗岩地层，隧道衬砌管片内径为 5.5m，外径为 6.2m。

福东区间右线下穿 4 号线左、右线里程 YDK5＋194.147～YDK5＋222.414（28.267m）、左线下穿 4 号线左、右线里程 ZDK5＋194.702～ZDK5＋223.438（28.736m），左线盾构始发掘进 23m、右线始发掘进 24m 后开始下穿，其中 4 号线右线与福东区间右线垂直净距 2.64m，4 号线左线与福东区间右线垂直净距 2.92m。

下穿段隧道穿越地层为砂土状强风化花岗岩〈7-1〉和中风化花岗岩，下穿段区间平面位置如图 1 所示，下穿段地质情况如图 2 所示。

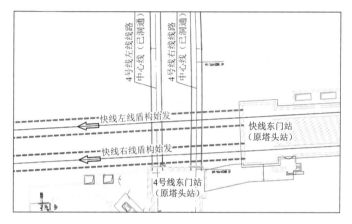

图 1　盾构下穿 4 号线平面示意图

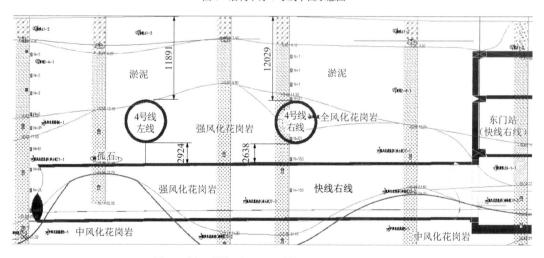

图 2　下穿 4 号线区间工程地质情况（尺寸单位：mm）

2.1.4 盾构机概况

本工程采用 2 台开挖直径为 8.63m 泥水/土压双模盾构机，下穿 4 号线采用泥水平衡模式施工。刀盘采用 6 辐条的结构形式，开口率 34%；主机总长约为 10.8m，整机总长 130m，主机重约 1100；刀盘采用电机驱动，主驱动功率 2000kW，刀盘转速为 0～2.8r/min，额定扭矩为 14388kN·m，最大推力 83520kN。

2.2 福州滨海快线南公园站—三叉街站盾构区间

2.2.1 区间概况

南公园站—三叉街站盾构区间（简称"南三区间"）线路出南公园站后，沿六一中路敷设，向南下穿闽江，穿越闽江后继续向南沿六一南路敷设下穿运营 1 号线上藤站—三叉街站区间隧道。区间线路总长约 2910m，隧道管片外径 8.3m，内径 7.5m，环宽 1.8m，厚 400mm，采用通用双面楔形环，错缝拼装。

2.2.2 工程地质和水文地质条件

（1）工程地质条件

本区间主要穿越地层为（含泥）中砂〈2-5〉、淤泥〈2-4-1〉、粉质黏土〈3-1-1〉、淤泥夹砂〈3-5-1〉、淤泥粉细砂互层〈3-5-2〉、淤泥质土〈3-4-2〉、残积砂质黏性土〈5-2〉、全风化花岗岩〈6-1〉、强风化花岗岩（砂土状）〈7-1〉、强风化花岗岩（碎块状）〈7-2〉、中风化花岗岩〈8-1〉、微风化花岗岩〈9-1〉等地层。

（2）水文地质条件

本区间勘察范围内所有钻孔均遇见地下水。勘察时测得钻孔中稳定水位埋深为 0.50～6.90m，稳定水位高程为 0.00～4.59m。

2.2.3 下穿概况

南三区间斜交下穿运营地铁 1 号线上藤站—三叉街站盾构区间隧道，1 号线上藤站—三叉街站区间隧道覆土厚度 6.71～14.14m，隧道主要位于强风化花岗岩地层，隧道衬砌管片内径为 5.5m，外径为 6.2m。

南三区间右线下穿 1 号线上、下行线里程为 YDK10＋215～YDK10＋281.107（66m），左线下穿 1 号线上、下行线里程为 ZDK10＋241～ZDK10＋330（89m），其中 1 号线上行线与南三区间右线最小垂直净距为 6.7m，1 号线上行线与南三区间左线最小垂直净距为 4.3m。

下穿段隧道穿越地层为强风化花岗岩（砂土状）、强风化花岗岩（碎块状）、中风化花岗岩地层，下穿段区间平面位置如图 3 所示，下穿段地质情况如图 4 所示。

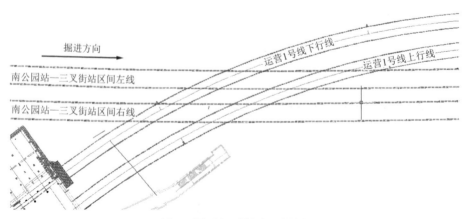

图 3　盾构下穿 1 号线平面示意图

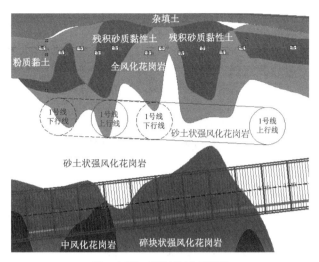

图 4　下穿 1 号线区间地质情况

2.2.4　盾构机概况

本区间采用 2 台开挖直径为 8.63m 的气垫式泥水平衡盾构机，刀盘采用 6 辐条的结构形式，开口率 32%；主机总长约为 11.6m，整机总长 110m，主机质量约 1100t；刀盘采用电机驱动，主驱动功率 1500kW，刀盘转速为 0～2.8r/min，额定扭矩为 10791kN·m，最大推力 81850kN，最大进浆流量 1150m³/h，最大排浆流量 1350m³/h。

3　主要施工方案

3.1　总体思路

3.1.1　总体沉降控制目标

总体控制沉降目标如图 5 所示。

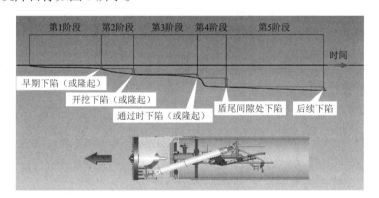

图 5　五阶段控制说明图

根据盾构施工沉降五阶段原理和下穿前试验段对沉降过程控制进行总结，总体沉降控制比例为：第一阶段 10%、第二阶段 15%、第三阶段 30%、第四阶段 30%、第五阶段 10%。

第一阶段、第二阶段：控制参数、泥浆质量；目标值为地面隆起+1mm 以内。

第三阶段：中盾注泥及参数控制；目标值为地面沉降-1mm 以内。

第四阶段：同步注浆质量及参数控制；目标值为地面隆起+1mm 以内。

第五阶段：二次注浆及参数控制、应急注浆；目标值地面沉降-1mm 以内。

3.1.2 掘进模式选择

鉴于泥水平衡模式较土压平衡模式掘进对地层沉降控制更有优势，滨海快线下穿 4 号线和 1 号线均采用泥水平衡模式掘进。

3.1.3 自动化监测

4 号线和 1 号线运营隧道内均布设自动化监测系统，本项目特级、一级影响区域取约 5 环间距布设一个监测断面，二级影响区域取约 10 环间距布设一个监测断面。其中下穿段特级影响区域增加监测断面，每 3 环布设 1 个监测断面。在穿越期间，特级影响区域轨道两侧 3、4 号点位每 10min 测一次数据，其余点位每 2h 测一次数据。监测点布置如图 6 所示。

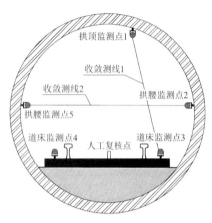

图 6 自动化监测断面布点图

3.1.4 既有线加固

（1）4 号线加固措施

4 号线隧道铺设轨道前，对隧道底部进行洞内注浆加固，加固平面范围：右线加固长度 31.72m，左线加固长度 30.51m。加固位置为隧道外轮廓底部 180°范围进行二次注浆加固，注浆范围外扩 2m。4 号线内隧底加固如图 7 所示。

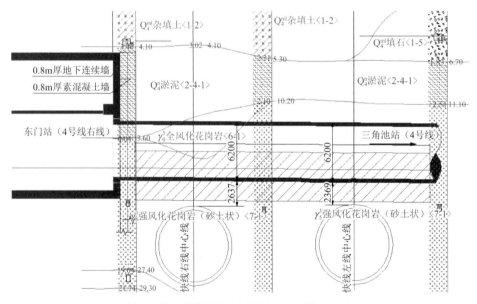

图 7 下穿 4 号线洞内加固示意图（尺寸单位：mm）

注浆加固结束后，对 4 号线区间成型管片增设临时纵向拉紧措施，临时纵向拉紧措施待盾构机盾尾脱出两区间加固体范围后拆除联系条。拉紧装置采用 14b 槽钢联系条和预埋件搭配组成，纵向拉紧的适用管片范围与 4 号线洞内注浆加固范围保持一致。

（2）1 号线加固措施

下穿施工前在地面对 1 号线下行线两侧上软下硬范围进行垂直预加固，利用浆液扩散将 1 号线隧道底两侧土体进行加固，形成支座，以减小盾构掘进引起的沉降。

地面垂直注浆加固范围位于左线 1260～1272 环，对应范围的 1 号线左线两侧外扩 2m，单排布置钻孔，间距为 1.2m，钻孔深度为地面至快线左线隧道顶部，注浆长度为快线左线隧道顶部至 1 号线隧道底部，加固采用 WSS 注浆加固，具体如图 8、图 9 所示。

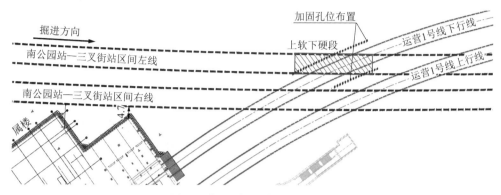

图 8　下穿 1 号线地面加固平面示意图

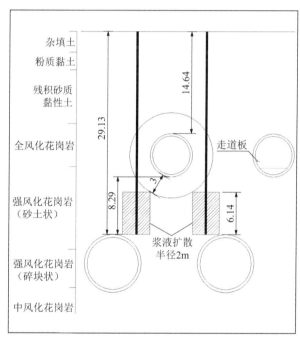

图 9　下穿 1 号线地面加固横断面图（尺寸单位：m）

地面注浆完成后，对 1 号线隧道采用 14b 槽钢联系条和预埋件进行拉结加固，根据运营隧道实际情况，下行线拉结隧道上半部（10～2 点位），上行线拉结顶部 1 点位、11 点位、8 点位和 5 点位。

3.1.5　施工控制措施

福东区间和南三区间均在中风化花岗岩上软下硬地层下穿运营既有线，盾构下穿施工前对刀具进行全面检查和更换，尽可能避免在下穿段进行带压开仓更换刀具，同时对盾构机各个系统进行全面维修保养，尽量确保下穿施工连续，杜绝在既有线下停机；掘进期间在盾体径向孔注入高黏度膨润土浆液用以控制盾体上方沉降。

下穿施工应严控泥浆指标、严控出渣量、严控同步注浆，严控盾构姿态、优化掘进参数，下穿前选取类似地层作为试验段，收集各项掘进参数及监测数据，对比分析掘进参数与地层变化关系，选取合理的掘进参数，为下穿施工提供试验依据。

3.2 福东区间下穿 4 号线

3.2.1 掘进参数选取

由于福东区间始发掘进 9 环后即开始下穿 4 号线，试验段掘进长度很短，同时为了始发和下穿安全，福东区间采用钢套筒始发，即始发时即建立全平衡泥水压力，以尽快总结合理掘进参数。

（1）泥水仓压力

泥水仓压力的设定是根据地质情况及隧道埋深情况计算得出，在掘进过程中应根据盾构埋深、所在位置的土层状况以及监测数据进行调整。下穿期间顶部覆土埋深为 20.9m，经总结该区段地层掘进泥水仓顶部压力宜选为 2.0bar。

（2）刀盘扭矩

为确保开挖刀具完好性，掘进过程应结合地质、土压的变化和前面几环盾构推进的情况分析判断，经总结该区段上软下硬地层掘进的刀盘扭矩选为 1000～1500kN·m。

（3）盾构机推力

盾构推力大小与盾构掘进所遇到的阻力有关，应结合地质、土压的变化和前面几环盾构推进的情况分析判断，密切注意盾构推力的变化。经总结该区段上软下硬地层掘进的盾构总推力选为 19000～25000kN。

（4）掘进速度

盾构掘进速度应根据推力、刀盘转速、扭矩、地质状况及掘进工况综合确定。根据始发期间地质特点，经总结该区段上软下硬地层掘进盾构推进速度选为 7～12mm/min。

（5）泥浆指标

泥水盾构掘进应重点关注进排浆流量及密度、压力等指标。正常掘进过程进、排浆的动态平衡公式如下：

$$Q\rho_2 - Q\rho_1 = \rho_3 \upsilon \pi \left(\frac{D}{2}\right)^2 \tag{1}$$

式中：Q——进（出）浆流量（m³/h）；

ρ_1——进浆密度（kg/m³）；

ρ_2——出浆密度（kg/m³）；

υ——掘进速度（m/h）；

ρ_3——围岩密度（kg/m³）；

D——盾构开挖直径（m）。

此计算式表示单位时间匀速掘进一定进尺，实际出渣量、理论出渣量与进出浆密度的匹配关系。根据下穿前施工参数总结，泥浆黏度选为 25～30s，密度为 1.08～1.1g/cm³，进浆压力为 2.4bar，流量为 1100～1200m³/h，排浆压力为 5.5bar，排浆量为 1100～1300m³/h。

3.2.2 下穿期间注浆控制

（1）同步注浆浆液配制

盾构隧道穿越砂土状强风化花岗岩〈7-1〉、碎块状强风化花岗岩〈7-2〉及中风化花岗岩〈8-1〉时，同步注浆采用水泥砂浆，经多组配合比试验，最终确定浆液配合比见表 1。浆液性能为：胶凝时间 6h；固结体强度：24h 不小于 0.2MPa，28d 不小于 2.5MPa；浆液结石率 > 95%；浆液稳定性：倾析率（静置沉淀后上浮水体积与总体积之比）小于 5%。

同步注浆浆液配比表

表 1

水泥（kg/m³）	粉煤（kg/m³）	膨润土（kg/m³）	砂（kg/m³）	水（kg/m³）	外加剂
250	250	80	460	420	按需要根据试验加入

（2）同步注浆主要参数

①注浆压力：同步注浆时要求在地层中的浆液压力大于该点的静止水压及土压力之和，但不应过大导致地层隆起。经试验，同步注浆压力设定为 0.2～0.4MPa，并根据监控量测结果作适当调整。

②注浆量：同步注浆量充填系数不小于 1.5，即不小于 11.5m³/环。

③注浆时间及速度：盾构机掘进的同时，进行同步注浆，同步注浆的速度与盾构机推进速度相匹配。

④注浆顺序：采用 6 个注浆孔同时压注，在每个注浆孔出口设置压力传感器，以便对各注浆孔的注浆压力和注浆量进行检测与控制，从而实现对管片背后的对称均匀压注。

⑤注浆结束标准和注浆效果检查：采用双指标标准，即注浆压力达到设计压力或注浆压力未达到设计压力，但注浆量达到设计注浆量，即可停止注入。

（3）二次注浆

二次注浆在成型管片脱出盾尾后第三环即开始实施，二次注浆主要采用水泥＋水玻璃双液浆，注浆压力控制在 0.3～0.5MPa。双液浆参数为：水灰比为 0.8∶1～1∶1，水玻璃∶水 = 3∶2（体积比），水玻璃混合液∶水泥浆浆 = 1∶1。

3.2.3 其他沉降控制措施

盾构机盾体上的径向孔注浆可作为盾构法施工中应对复杂地质的辅助方法之一，在下穿 4 号线掘进过程中，为有效控制运营既有线沉降，通过盾壳径向孔注入黏度指标不低于 200s 的高黏度膨润土填充地层与盾壳空隙，每环注入量为 1.2～1.5m³。

3.2.4 参数动态管理

下穿期间根据自动化监测数据（表 2）对施工参数进行动态管理，例如在第 8 环掘进时确定第 9 环参数，详见表 3。

自动化监测数据

表 2

位移监测断面	Y6		Y7		Y8	
位移监测点	Y6-3	Y6-4	Y7-3	Y7-4	Y8-3	Y8-4
竖向位移（单环变化值）（mm）	0.75	0.72	0.74	0.68	0.77	0.73
竖向位移（累计变化值）（mm）	1	−0.15	−0.23	0.82	0.79	0.94
水平位移（单环变化值）（mm）	0.56	0.47	0.55	0.58	0.62	0.63
水平位移（累计变化值）（mm）	−0.15	0.96	0.84	−0.31	−0.62	−0.66
地面沉降监测点	SDC6	SDC8	SDC10	SDC12	SDC14	SDC16
地面沉降（mm）	0.65	0.41	0.12	0.11	0.34	0.25

掘进参数分析表　　　　　　　　　　　　　　　　　　　　　　　　表 3

序号	项目	第 8 环（推进行程）					
		700mm	1000mm	1300mm	1600mm	1900mm	2200mm
1	泥水仓顶部压力（bar）	2.1	2.1	2.1	2	2	2
2	刀盘转速（r/min）	1	1	1	1.1	1.1	1.1
3	总推力（kN）	27880	29670	29010	26940	25460	26760
4	刀盘扭矩（kN·m）	1265	1484	1482	2018	2214	2182
5	推进速度（mm/min）	7	7	8	12	14	12
6	P1.1 泵进浆流量（m³/h）	1109.5	1113.4	1114.1	1144.7	1122.1	1111.2
7	P1.1 泵进浆压力（bar）	2.4	2.4	2.4	2.4	2.4	2.4
8	P2.1 泵排浆流量（m³/h）	1110.4	1159.1	1142.5	1175.2	1171.5	1173.6
9	P2.1 泵排浆进口压力（bar）	2.1	2.3	2.2	1.8	1.7	1.7
10	P2.1 泵排浆出口压力（bar）	5.1	5.2	5.4	5.3	5.2	5.5
11	泥浆黏度（s）	26.24			26.56		
12	泥浆密度（g/cm³）	1.09			1.08		
13	同步注浆量（累计量）（m³）	3.765	5.378	6.992	8.605	10.219	11.832
14	同步压力（bar）	2.2	2.5	2.3	2.5	2.4	2.7
15	壳体膨润土注入量（m³）	—	—	—	0.6	0.9	1.3
16	壳体膨润土注入压力（bar）	—	—	—	2.2	2.3	2.5

由表 2 可知，在第 8 环掘进过程中刀盘位置泥水仓顶部压力设定为 2.1bar，地表刀盘位置监测数据均为微隆起状态，数据稳定；自动化监测水平位移单环变化值为 0.47～0.63mm（沿掘进方向变化为+值），与累计变化"－"值相抵消，竖向位移为微隆起状态（0.68～0.77mm），故第 9 环泥水仓顶部压力采用 2.0～2.1bar。

第 8 环总推力数值为 25460～29670kN，掘进速度为 7～14mm，泥浆黏度为 26.24～26.56s，密度在 1.08～1.09g/cm³ 之间，扭矩值为 1265～2214kN·m，可保证盾构连续掘进出渣稳定，故第 9 环采用以上参数。

盾壳高黏膨润土注入 1.3m³（掘进 0.8m），地铁 4 号线道床呈现微隆起，满足下穿需求，盾尾同步注浆压力为 2.2～2.7bar，累计注浆量单环约 12m³，注浆压力控制在 2.5～3.0bar，根据盾尾处监测数据情况，均为微隆起 0.65mm，说明第 8 环注浆参数满足下穿需求，故第 9 环注浆量仍采用以上参数。

3.2.5　盾体通过后防沉降措施

盾构通过后的一段时间内需继续监测，并根据监测情况进行深孔二次补充注浆加固，注浆量按"少量多次"的原则，持续至监测显示基础沉降稳定为止。加固长度范围如图 10 所示，加固位置为隧道上部外轮廓 180°范围，外扩 2m。

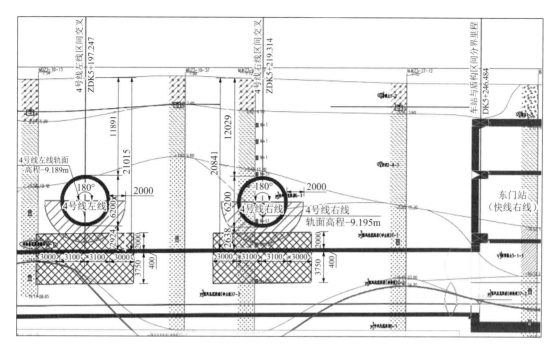

图 10　深孔二次注浆加固示意图（尺寸单位：mm）

3.2.6　下穿后运营既有线监测情况

通过以上措施，福东区间安全顺利下穿地铁 4 号线运营隧道，根据下穿完成三个月的自动化持续监测，福东区间盾构下穿后，地铁 4 号线隧道结构最大竖向位移为 6.09mm（隆起），如图 11 所示。

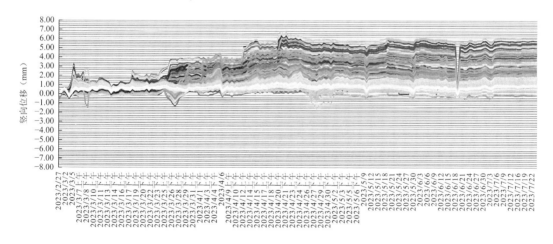

图 11　地铁 4 号线隧道结构竖向位移时程变化曲线

3.3　南三区间下穿 1 号线

3.3.1　下穿施工前设备、刀具检查

南三区间在下穿 1 号线前已经掘进超过 2km，且穿越多段硬岩地层，为避免在下穿 1 号线过程中出现刀具异常损坏情况，下穿前应进行停机检查，包括刀具检查更换、尾刷检查更换、泥浆处理站和离心机等后配套设施设备进行全面维修保养。

3.3.2 掘进参数控制

（1）掘进参数控制总体思路

首先是仓压控制，刀盘至前方段沉降采用泥水仓压力调节控制，目标值为地面隆起+1mm以内，根据试验段参数总结，气垫仓压力按3.8bar控制，波动±0.1bar，并结合自动化监测数据进行调整，在管片拼装时间和停机时间将泥水仓顶部压力调高0.2bar；其次严格控制盾构推力，避免刀盘推力波动对既有线造成水平位移及隆起；最后控制刀盘转速、掘进速度，避免出现速度的较大波动。

（2）试验段试掘进参数控制

试验段掘进主要验证掌子面压力设定原则、泥浆参数、环流参数、盾尾油脂量、出渣量、掘进速度、刀盘转速、同步注浆量以及收集地层变形情况，为顺利下穿1号线提供参考依据和信息，对于中风化花岗岩凸起上软下硬段掘进参数详见表4，强风化地层掘进参数详见表5。

拟穿越试验段上软下硬段掘进施工参数表 表4

掘进参数	设定值	备注
泥水仓顶部压力	3.4～3.5bar	根据隧道埋深适当调整顶部压力，在交叉点穿越时必须严格按照计算值控制压力
进浆密度	1.08～1.15g/cm³	综合考虑携渣能力和盾构掘进地质情况
排浆密度	1.15～1.35g/cm³	排浆密度大于1.4g/cm³时需考虑废弃
进浆黏度	≥22s	
掘进速度	4～8mm/min	严格控制掘进速度，确保贯入度。
总推力	50000～60000kN	
刀盘扭矩	≤2500kN·m	扭矩和掘进速度、推力相结合
刀盘转速	0.8～1.2r/min	结合实际地层进行调整
进浆流量	900～950m³/h	流量差控制20～30m³/h
排浆流量	920～980m³/h	

拟穿越试验段强风化地层掘进施工参数表 表5

掘进参数	设定值	备注
泥水仓顶部压力	3.4～3.5bar	根据隧道埋深适当调整顶部压力，在交叉点穿越时必须严格按照计算值控制压力。
进浆密度	1.08～1.15g/cm³	综合考虑携渣能力和盾构掘进地质情况
排浆密度	1.15～1.35g/cm³	排浆密度大于1.4g/cm³时需考虑废弃
进浆黏度	≥20s	
掘进速度	15～20mm/min	严格控制掘进速度，确保贯入度
总推力	50000～60000kN	
刀盘扭矩	700～1200kN·m	扭矩和掘进速度、推力相结合

掘进参数	设定值	备注
刀盘转速	1.5～2.0r/min	结合实际地层进行调整
进浆流量	850～900m³/h	流量差控制在 50～70m³/h
排浆流量	900～970m³/h	

3.3.3 注浆管理

（1）径向孔注高黏度膨润土

中盾径向孔注高黏度膨润土填充盾壳与地层的间隙，可直接影响地既有线沉降控制效果，是沉降控制的关键工序。在掘进过程中，向径向孔同步注入高黏度膨润土，黏度应大于200s，每环注入量为 1.2～1.5m³。

（2）同步注浆

根据盾构掘进的速度、掘进时间，适当的调整同步注浆速度、注入时间，保证掘进、注入同步，不注入、不掘进。同步注浆通过左上、右上管路同时注入，以压力控制为主，注浆量控制为辅；压力为控制在 4～4.5bar，不低于4bar，以管片后部压力为准。

每环理论注浆量 7.16m³，每环注入率 130%～150%，注浆量范围为 10～12m³，下穿时注入量控制在 10m³/环以上。

（3）二次注浆

成型管片脱出盾尾后第三环即开始实施二次注浆，主要采用单液浆配合双液浆的方式进行，水泥浆注浆完成后，注双液浆进行封堵，注浆量结合自动化监测数值实时调整，注浆压力不低于 4.5bar。

3.3.4 自动化监测管理

（1）及时获取测量数据，掌握、分析地铁 1 号线隧道内沉降动态，监测数据测取完成后须立即计算出监测结果，以及时调整参数应对。

（2）监测信息反馈。通过对监测数据的深入分析，绘制趋势图，指导施工，调整施工参数。如遇变形超过控制值，将进行跟踪监测，并立即通知相关人员，选取临近点位着重监测，并根据沉降位置选取合理的位置进行二次补浆。

（3）管片沉降监测。南三区间管片姿态每 10 环测量一次，将管片下沉、上浮的数据结合与自动化监测数据进行分析。

3.3.5 管理措施

本次南三区间下穿地铁 1 号线为斜交下穿后长距离并行，穿越长度 64m，影响区域总长80m，穿越时间较长，组织严格的管理团队保障施工。建立两级工作组值班制度、交接班例会制度、设备巡检制度、领导 24h 值班制度、集中决策制度、关键部位盯控制度、安全巡查制度等保证穿越工程顺利实施。

3.3.6 下穿后运营既有线监测情况

穿越期间 1 号线下行线最大沉降−1.14mm，上行线最大沉降−0.96mm，整体沉降趋势稳定。通过后期二次注浆，穿越完成三个月后，1 号线隧道最大沉降量−1.2mm，如图 12 所示。

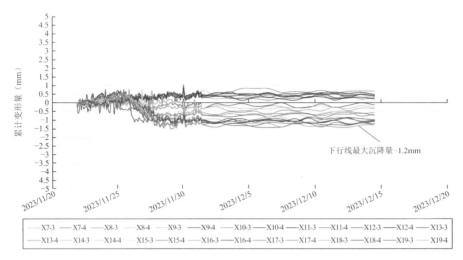

图 12 地铁 1 号线自动化监测数据

4　结语

通过福州滨海快线福东区间和南三区间成功下穿运营既有线的案例，总结了大直径盾构在上软下硬地层小净距穿越既有线的沉降控制技术及管理经验。

（1）复合地层下穿既有线，应优先选择泥水平衡模式掘进，将更有利于沉降控制。

（2）下穿施工前的设备整修和刀具检查、更换是顺利下穿的重要条件，尤其是需要掘进硬岩地层的，应尽量将刀具全部更换为新刀。

（3）既有线内沉降自动化监测数据的分析和应用是成功下穿的关键，掘进过程应全程紧盯自动化监测数据，发现异常及时分析并作出参数调整。

（4）适时开展二次注浆可有效稳定成型管片，并对既有线下方的地层提供超挖补偿和应力支撑，少量多次的二次注浆对既有线的长期稳定是必要的。

（5）健全的管理机制是成功下穿既有线的保证，此类高难度、高风险的盾构施工需要第一时间在施工现场做出正常的决策，必须要确保管理体系运转顺畅并提供强有力的技术支撑。

参 考 文 献

[1] 孙丰彪. 大直径盾构隧道下穿既有高铁线变形控制技术研究[J]. 铁道建筑技术, 2024.

[2] 廖文江, 陈玉林. 珠海隧道超大直径盾构浅埋极软地层施工关键技术[J]. 施工技术, 2024.

盾构洞内解体工艺及控制要点实例探究

贾 飞 刘小辉 王东伟 李守东 安雅鹏

（中铁三局集团第四工程有限公司 北京 102300）

摘 要： 本文主要探讨盾构洞内脱壳解体工艺及控制要点。通过工程实例首先介绍了盾构洞内脱壳解体的概念和必要性，然后阐述了盾构洞内脱壳解体的工艺流程、方案、施工控制要点等方面的内容。最后总结了洞内脱壳解体技术要点，并提出建议和展望，以期为相关工程提供参考。

关键词： 盾构；洞内脱壳解体；工艺流程；关键技术；控制要点

1 引言

盾构施工是一种先进的隧道挖掘技术，广泛应用于城市轨道交通、电力、水利、地下管线等隧道工程领域。在盾构施工过程中，尤其是城市中心地区的轨道交通工程，一般沿主要城市道路下方敷设，地面交通繁忙，周边建筑物密集，地下管线复杂，占地拆迁协调难度极大，盾构接收位置无法正常设置具备吊装条件的竖井时，为了解决这些问题，需要采取盾构机洞内脱壳解体工艺技术，保障盾构施工的安全顺利进行。本文重点依托北京地铁 12 号线四季青桥站—远大路站盾构区间 2 台盾构机的洞内解体施工，并结合石家庄地铁 2 号线石东区间 2 台盾构机的洞内对接解体施工，北京地铁 16 号线丰丰区间 2 台盾构机的暗挖洞室内解体施工等项目，对盾构洞内脱壳拆解施工技术进行探究，总结盾构洞内解体工艺及控制要点。

2 盾构洞内解体的概念和必要性

盾构拆解即采用特定的工具和方法，通过拆分连接件与装配关系将装配体分解为零件、部件的过程。盾构洞内解体是指在盾构掘进过程中，当出现施工空间不具备正常接收条件时，通过在隧道内将盾构拆解成若干部分，并从已完成盾构隧道运回始发井吊出的过程。

盾构洞内脱壳拆解工艺技术有效解决了盾构法施工只能前进不能后退的问题，成功实现了盾构机的"可进可退"，将盾构法推广到更多复杂环境场景中。盾构洞内脱壳拆解技术解决了高额的城市占地拆迁费用问题，缩短了工程对外协调工期，保护了地面既有的重要建筑物。在进行洞内解体作业时，必须采取安全可靠的措施，确保作业人员的安全和设备重要部件的完好。

3 工程概况

3.1 工程简介

北京地铁 12 号线四季青桥站—远大路站盾构区间（简称"四远区间"）线路自始发井向北，平面以 600m 半径曲线下穿西郊机场铁路与四季青乡人民政府，再以 360m 半径曲线向

作者简介：贾飞（1981—），男，大学本科，工程师，目前主要从事城市轨道交通施工与管理工作。电子邮箱：jfdcc@126.com。

东转入远大路，沿远大路路下敷设至远大路站。盾构自四季青桥站始发，区间左线长1147m，右线长1132m，沿线穿越北京华医皮肤医院、西四环北路、南水北调管涵等沿线建构筑物，到达远大路站接收。区间隧道结构管片外径6.4m，内径5.8m，环宽1.2m。

3.2 工程地质和水文地质条件

区间线路纵断呈V字坡，先以17.7‰坡度下坡，然后再以20.8‰上坡。区间穿越地层主要为卵石⑤、⑦层。卵石⑤层：最大粒径不小于360mm，一般粒径20～60mm，粒径大于20mm颗粒约占总质量的60%；卵石⑦层：一般粒径30～80mm，最大粒径不小于360mm，粒径大于20mm的颗粒含量大于60%。左右线线间距为10.4～15.2m，区间埋深为14.08～26.63m。隧道埋深范围内局部穿越层间水（三）层。四远盾构区间地质纵断面图见图1。

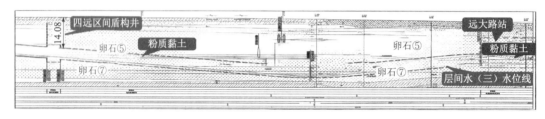

图1 四远盾构区间地质纵断图（尺寸单位：m）

3.3 接收端环境条件

（1）地质情况：接收端拱顶距离地面埋深为17.22m，地层从上至下分别是：

①黏质粉土填土①层（层厚2.9m）。

②圆砾卵石②₅层（层厚5.4m），一般粒径5～40mm。

③卵石⑤层（层厚8.92m）一般粒径20～60mm。

④卵石⑦层（隧道穿越层6.8m）一般粒径30～80mm。

（2）地下水位与隧道位置关系

接收端盾构机壳体顶部高程为34.394m，底部高程为27.714m。地质勘察报告显示潜水（二）水位高程约32.25m，层间水（三）水位高程约26.63m。根据远大路站接收端19根人工挖孔桩施工实际揭露地质情况，未发现潜水（二），层间水（三）位于隧道下1.084m，接收端均处在无水状态，详见图2。

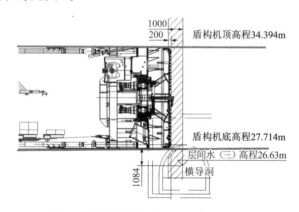

图2 层间水与隧道关系图（尺寸单位：mm）

（3）接收端环境条件

接收端头地面存在 7 根管线，D600（局部 D400 支路）上水管，管底埋深 1 根是 2.8m，1 根是 3.4m；D880（局部 D500 支路）污水管，管底埋深 3.7m；D700 污水管，管底埋深 4.6m；D500 燃气管，管底埋深 2.7m；通信管线管底埋深 2.7m；D1200 雨水管线，管底埋深 3.6m。

远大路站为 PBA 工法暗挖双层岛式车站，车站暗挖段主体结构为两跨拱形直墙结构，车站全长 304.7m，结构宽 21.3m，高 16.30m，覆土厚度约 7.75m。盾构接收端位于远大路站西端头，站内设人工挖孔桩，桩径 1m，间距 1.5m，采用 C30 混凝土浇筑而成，共计 19 根。接收端地面环境复杂未设置设备吊装竖井，盾构机只能在暗挖车站端部洞内接收，盾构机分块解体后从已完成的盾构隧道内运出，盾构钢壳体弃置在车站端头外地层内。

4 洞内解体技术

4.1 解体前准备工作

（1）接收端头加固

结合接收端地质条件，以及远大路站上、下横导洞空间条件。端头加固采用水泥-水玻璃双液高压注浆加固措施。加固长度 12m，宽度为 12.4m。浆液配比按照 1∶1，注浆压力控制在 0.8～1MPa，注浆长度控制在 13m，如图 3 所示。

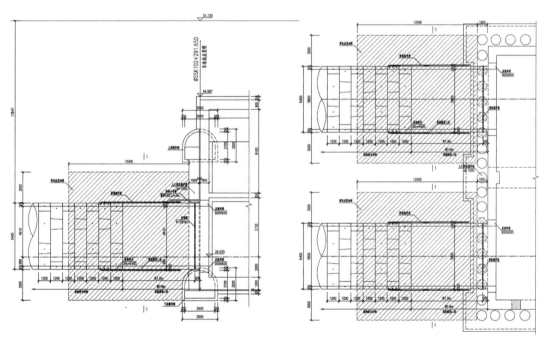

图 3　接收端加固范围示意图（尺寸单位：mm）

（2）测量与姿态控制

①距离盾构接收 100m 时，做好车站之间的联系测量工作，洞内桩点采取精密导线对控制点进行精度控制，测量成果报第三方测量复核。结合测量成果，确定现场控制点测量数据，形成盾构姿态调整方案，下达顶桩前盾构姿态控制技术交底，指导司机更好地保持理想的顶桩姿态。

②姿态调整：通过分区操作推进油缸来调整盾构姿态，纠正偏差，使盾构的方向控制满

足规范要求，为保证精度，顶桩姿态实际控制要求为−20～+20mm 范围内。

4.2 接收段掘进控制

在盾构机到达远大路站前 30 环开始分阶段调整施工参数，主要分为三阶段控制：

（1）掘进第一阶段（距远大路站前 20m）

盾构机进入最后 15 环，掘进速度由原来正常段的 35～45mm/min 减至 20～35mm/min，土仓压力由原来的 1.3～1.5bar 逐步调整至 1.0～1.2bar 以下，同时通过刀盘前方的土压力密切监测压力变化情况，保证刀盘前方受力在控制范围内。

（2）掘进第二阶段（距远大路站前 8～0.8m）

盾构掘进进入最后 8m 后，将掘进速度控制在 30mm/min 以内，控制出土量并逐步减小土仓压力，土仓压力由原来的 1.0～1.2bar 逐步调整至 0.5～0.7bar。

（3）掘进第三阶段（距远大路站前 0.8m 范围内）

当刀盘中心刀尖距远大路站 0.8m 时盾构掘进速度降为 5～10mm/min，土仓压力降为 0.2～0.3bar。掘进推力尽量控制在 10000kN 以内，各组油缸推力差值不宜过大；刀盘转速在 0.9r/min 左右；每环出渣量控制在 45m³；每环注浆量要保证不少于 6m³，同时根据实际情况进行二次补浆，以确保充分填充管片背部间隙，尽量减小因浆液收缩产生的沉降。

（4）接收段监测与巡视

①在掘进过程中，要派专人在远大路站通道观察，发现异常情况，立即通知盾构司机进一步降低盾构推力、刀盘转速以及推进速度，避免由于刀盘前部土体受过大作用力或者地应力损失，造成刀盘前部塌陷或引起大的地表沉降。

②在刀盘距离贯通面 5m 时，利用二次注浆管对盾尾管片进行环箍注浆。

③盾构到达停机位置前的最后一环掘进时，值班工程师注意将注浆浆液改为膨润土单液，防止堵塞注浆管。

④进入接收段后，地面监控人员要注意跟踪监测，监控地面管线及地表沉降情况，发现有突发事件时及时与调度及洞内值班人员联系并上报相关部门。做好信息化施工。

4.3 拆机前技术措施

（1）盾尾油脂注入处理措施：盾构机到达远大路站停机后，加大尾刷处的油脂注入量，正常 60kg/环，考虑在此位置停机时间过长，预防盾尾渗漏水，注入量调整到 100kg/环。注意选择稠度高、黏度大油脂。

（2）刀盘前方注浆措施：每台盾构机前盾配置 8 个超前注浆管，盾构机到达指定位置后对围护桩前方土体进行再次加固，预防桩间土脱落，根据盾构机的配置，前盾周围共配置 8 个孔，前盾体周围前方土体更均匀的加固，见图 5。注浆浆液采用单液水泥浆，水灰比为 1:1。

（3）盾体周围注浆处理措施：利用盾壳周圈 12 个膨润土孔，其中前盾 6 个、中盾 6 个，进行改造变成注浆孔。对盾体周围进行注浆加固，填充刀盘开挖面与盾体之间的间隙。盾尾处可以用盾尾注浆孔进行补浆。注浆浆液采用单液水泥浆，水灰比为 1:1。

（4）盾尾管片注浆处理措施：在倒数第 3 环管片位置通过管片注浆孔采用双液浆注止水环。然后对盾尾后 30 环管片通过加长注浆管采取径向注浆措施，对盾尾后方管片进行再次加固。预防盾尾地下水倒流到盾体前方。注浆浆液采用单液水泥浆，水灰比为 1:1。

（5）盾尾与管片间隙处理措施：根据两台盾构机的配置，盾尾间隙上下左右均为 30mm，可用 30mm 钢板条（长 1500mm × 宽 50mm × 厚 30mm）与盾体焊接，填充间隙，固定管片，预防管片变形及下沉。按照角度 30°设置，共 12 个点位。

（6）盾尾与管片固定处理措施：用 7 字板将管片与盾尾焊接，防止因千斤顶顶力释放后，管片环间缝隙增大，引起管片环纵缝漏水。按照角度 30°设置，周圈共设置 12 处。示意图和现场图片如图 4 所示。

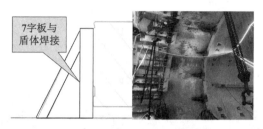

图 4 盾尾钢壳与管片固定示意图及现场图片

（7）管片拉紧处理措施：盾尾最后 10 环管片用拉紧装置连接拉紧。采用 14b 槽钢，共设 6 道，每道长为 12m，见图 5。防止因千斤顶顶力释放后，盾尾后方管片环间缝隙增大，引起环缝漏水。

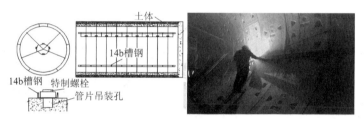

图 5 盾尾管片拉紧联系示意图

（8）通风措施：拆机过程中，在隧道外设置一台 2 × 37kW 轴流风机通过底部风袋将外部新鲜空气送入中前盾及土仓内，在隧道内通过上部安装一台 2 × 37kW 外排风机，在风袋的作用下将拆机过程中产生的烟尘排出洞外，保持洞内空气符合达标。

（9）刀盘封堵措施：选用 10mm 钢板对刀盘进行封堵焊接，预防桩间土塌落到土仓，保证土仓作业人员安全，见图 6。

图 6 刀盘开口封堵图片

4.4 盾构机洞内解体

（1）盾构机洞内解体工艺流程如图 7 所示。

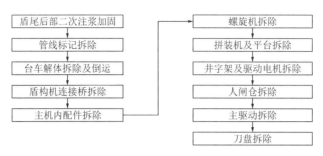

图 7　盾构机洞内解体工艺流程图

（2）盾构机洞内脱壳拆解现场情况见图8。

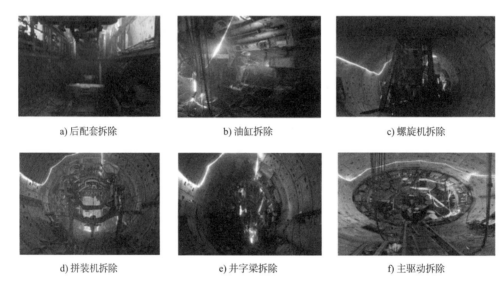

| a) 后配套拆除 | b) 油缸拆除 | c) 螺旋机拆除 |

| d) 拼装机拆除 | e) 井字梁拆除 | f) 主驱动拆除 |

图 8　盾构机洞内脱壳拆解现场图片

4.5　壳体内衬砌施工

（1）管片壁后及盾壳外进行注浆防水，确保注浆密实。

（2）钢筋绑扎：纵向管片螺栓钢筋与现浇部分二次衬砌钢筋进行焊接，其他钢筋采用梅花形布置。

（3）混凝土浇筑：隧道二次衬砌分两步浇筑完成，先浇筑仰拱，后浇筑顶拱及侧墙。

（4）模板：采用模板配合满堂红脚手架进行二次衬砌浇筑施工。

（5）二次衬砌背后回填注浆：导管长度 0.8m，环形布置，注浆材料选用水泥浆。注浆压力一般为 0.1～0.3MPa。

4.6　刀盘拆除

（1）马头门破除

①洞门围护桩破除前，对刀盘四周桩间土的注浆施工，然后进行破桩贯通、刀盘解体、初期支护格栅架设及洞门处二次衬砌施工。

②沿隧道方向直接破除到脱壳后的二次衬砌结构面。

③马头门破除，先沿隧道外轮廓线环形破除。土方排出后，三榀联立架设钢格栅，布置网片喷射 C25 混凝土。格栅架设完成后，继续破除核心土，直至上台阶彻底贯通。

④上台阶破除完成后，再人工破除下台阶，并跟进格栅架设。

（2）刀盘切割

①刀盘切割前，主机盾壳范围内二次衬砌混凝土结构完成，二次衬砌与刀盘背面之间用分布均匀的 6 根 22 号工字钢连接，给予刀盘支撑。

②刀盘跟随马头门由上向下依次割除，对刀盘进行分解。

（3）刀盘区域二次衬砌施工

①采用现浇筑混凝土的方法，浇筑该贯通部位隧道。

②采用 L 形钢筋将脱壳部位的二次衬砌与端墙预留洞口部位的甩槎钢筋焊接相连。

4.7 施工监测

（1）通过对接收端头监测数据曲线（图 9）进行分析，盾构机顶桩后出现了最大沉降，隧道中心监测点 1-2 的沉降值最大，为 -6.85 mm。

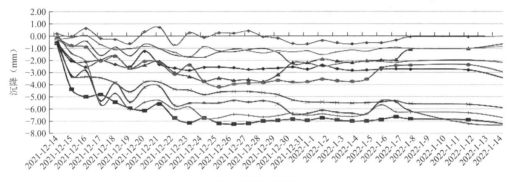

图 9　监测数据曲线

（2）在整个洞内解体过程中，隧道上方地表点和管线点累计变化值没有超过控制值，通过监控量测数据的整理及分析，为盾构隧道解体安全施工和风险控制提供了一些必要的数据和技术依据，在盾构机顶桩过程中，降压推进和及时注浆等措施，减小了盾构机对地层的扰动，控制沉降符合要求，才能保证顺利洞内解体工作。

5　洞内解体施工控制要点

5.1 注浆措施控制要点

（1）在盾构到达前利用远大路站的上下层横导洞向盾构区间进行注浆加固，采用后退式深孔注浆施工方法，有效控制路面沉降及塌陷、管线渗漏及破裂。

（2）盾构到达后对刀盘上方土体加固，有效预防桩间土脱落、渗水。

（3）盾构到达后对盾尾周围及盾尾注浆加固，有效预防盾尾渗漏水，见图 10。

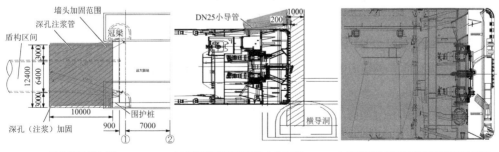

a) 盾构到达前加固　　　b) 盾构到达后对刀盘上方加固　　　c) 盾构到达后对盾体周围及盾尾加固

图 10　盾构注浆示意图（尺寸单位：mm）

5.2 有限空间作业控制要点

（1）进入有限空间作业必须提前进行安全教育和技术交底，制定相应作业安全措施。

（2）需进入的有限空间，必须与生产系统或其他容器可靠切断并彻底置换。

（3）有限空间作业必须保证通风系统完善，作业工程中做好有害气体监测工作，见图11。

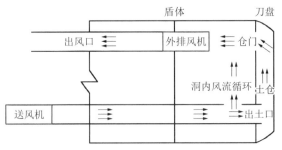

图 11　隧道通风及有害气体监测

（4）有限空间作业后要保证自身生产作业人员不受到伤害。

（5）不得擅自变更与其作业相关的生产工序。必须变更时，停止作业，待确认不存在危险后，方可下达继续作业的指令。

（6）进入有限空间作业的监护、应急救援等人员须接受安全教育。

（7）进入有限空间内的作业人员必须穿戴好劳动保护用品。必要时佩戴好防毒面具或空气呼吸器及相应监测仪器。

（8）监护人员必须认真履行职责，不得擅离职守。

（9）为防止人员误入危险区域，必要时设立安全警示标志。

5.3 设备拆解控制要点

（1）拆除台车运输过程中，台车支撑架要加固牢靠，满足施工要求。

（2）制作螺旋机吊架结构尺寸满足设备施工要求，焊接点位需牢固，满足螺旋机拆解运输要求。

（3）铰接油缸拆除时应将中盾和盾尾进行焊接；推进油缸拆除前应对管片进行紧固。

（4）拼装机拆除时应提前对拼装机进行固定支护。

（5）拆除井字梁时，根据实际情况对中盾、盾尾部分进行加强支护。

（6）对吊耳、吊点进行安全试验，保证对拆卸部位的承重力。

（7）对特殊制作的辅助工装、工具进行专项安全评估。

5.4 洞门破除及刀盘割除控制要点

（1）刀盘切割前，确保盾壳范围内二次衬砌混凝土结构完成。

（2）二次衬砌与刀盘背面之间用分布均匀的6根22号工字钢进行连接，给予刀盘支撑。

（3）刀盘随马头门由上向下依次割除，对刀盘进行分解。

（4）破除过程中发现桩间土脱落情况，施工人员及时要撤离危险区，通过超前注浆小导管再次对刀盘上方土体进行注浆加固处理。待土体达到强度且确认安全后再次进行洞门破除工作。

5.5 监控量测要点

（1）选择正确的掘进参数，提前筹划降压推进参数和顶桩过程中的推力，加强地表沉降、地下水位观测，并及时反馈施工情况。

（2）在掘进过程中，要派专人在远大路站通道观察，发现异常情况，立即通知盾构司机进一步降低盾构推力、刀盘转速以及推进速度，避免由于刀盘前部土体受过大作用力或者地应力损失，造成刀盘前部塌陷或引起大的地表沉降。

（3）进入接收段后，地面监控人员要注意跟踪监测，监控地面管线及地表沉降情况，发现有突发事件时及时与调度及洞内值班人员联系并上报相关部门。

（4）掌握地表建筑物、管线和周边环境的动态，利用监测结果为拆解作业安全提供参考依据。

（5）加强拆解过程监测控制管理，及时分析监测数据，实施信息化施工。

6 结语

随着城市基础设施建设的不断推进，城市地下空间开发利用程度越来越高，尤其是地铁线路在大中型城市已经形成线网，后续工程建设会受到更多环境空间限制。盾构施工作为地下隧道建造的先进工艺技术得到广泛应用，但由于盾构设备施工特点，一般情况场地需求较大，也制约着盾构技术的推广应用，对盾构洞内脱壳拆解进行实例探究，可有效解决施工占地难题，安全高效完成地下隧道建设。

（1）通过北京地铁 12 号线四远盾构区间工程盾构洞内脱壳解体实践应用，进一步验证了盾构洞内脱壳工艺技术是可行的，可以保证盾构接收的安全性与可靠性。

（2）盾构洞内脱壳解体施工必须根据工程实际环境条件，做好工艺流程设计，加强过程中各环节控制要点管理，确保每道工序都处于安全稳定的工作环境下进行。

（3）盾构洞内解体必须结合注浆加固等辅助工艺，必须严格控制注浆加固质量，保证加固范围，确保拆解过程中人员安全以及环境安全。

（4）为提高盾构洞内拆解后的设备恢复使用率，应进一步研究盾构机分块的适应性和模块化设计，在满足脱壳条件要求的前提下，减少脱壳拆解工作量和设备恢复费用。

（5）盾构洞内脱壳拆解的不断成功实践应用，为盾构施工工艺推广开拓了更广阔的空间，也为盾构智能标准化制造提出了新的方向。盾构洞内脱壳拆解工程实践的研究和总结，为后续类似工程的顺利实施提供了宝贵经验。

参 考 文 献

[1] 李海, 朱长松. 接收车站封闭条件下盾构拆机解体技术探究[J]. 隧道建设, 2016, 36(5): 619-625.

[2] 张东, 崔海涛. 盾构机在地铁隧道接收端洞内脱壳解体技术研究[J]. 市政技术, 2017, 35(2): 5.

[3] 寇鼎涛, 孙健. ϕ6680mm 盾构在狭小暗挖隧道内解体技术研究[J]. 隧道建设 (中英文), 2020, 40(1): 404-412.

[4] 黄建军. 盾构机脱壳 (解体) 施工风险管理研究[D]. 北京: 北京交通大学, 2022.

[5] 黄建军. 狭小空间盾构机脱壳拆解技术研究[J]. 铁道建筑技术, 2023(4): 136-138.

[6] 北京盾构工程协会. 盾构机解体技术规范: T/DGGC 020—2023[S]. 北京: 中国标准出版社, 2023.

液氧爆破在盾构井破岩作业中的应用研究

郭　海　李　智　金德启　刘金燕　凌　健

（中国建设基础设施有限公司　北京　100044）

摘　要：地下工程中常使用爆破方式破除坚硬岩层，目前传统的爆破方法受安全性、周边环境等条件限制，应用场景受限。近年来液氧爆破以其安全性高、破坏力强、操作简便等优点得到广泛应用。本论文以广州市芳白城际项目一个深盾构井为依托，将液氧爆破岩层首次应用于盾构井开挖破岩作业中，并研究液氧爆破技术在复杂工程地质环境下、大工程量的应用方法。本工程盾构井底部为坚硬的灰岩，爆破面积超 2000m²，爆破石方工程量约 30000m³，工程量巨大；盾构井内设置有复杂的支护结构，周边紧邻商业区和居民区，爆破工作环境复杂。现场采用台阶式分层爆破开挖方法，解决了深盾构井大工程量石方爆破清除难题，保证了盾构井及附近构筑物安全，提高了工作效率，取得了良好的实践效果，形成了液氧爆破深盾构井岩层的研究成果，可为类似工程提供借鉴。

关键词：液氧爆破；深盾构井；复杂环境；破岩；开挖

1　引言

随着城市地下空间开发的不断深入，爆破技术在地下岩体开挖工程中得到广泛应用。目前我国在深基坑的破岩作业中，多使用传统爆破方式。传统爆破方式存在一定危险性，在周边环境较为复杂时，传统爆破常被限制使用。除此传统爆破外，还常使用机械法和静态膨胀法进行破岩作业。机械法包括液压炮锤、切削等，施工时噪声较大，静态膨胀法使用膨胀剂挤裂岩石进行破岩作业。机械法和静态膨胀法的工期较长，且施工效率较低，需要消耗大量的人力物力，不利于提高整个工程的经济效益。近年二氧化碳爆破应用在岩体开挖工程中，但是二氧化碳爆破步骤烦琐、成本较高且存在较大安全环境污染隐患。

在特定的工程地质条件下，液氧爆破以其独特的优势得到了广泛的应用。液氧本身不可燃烧且易爆，爆破时可以对周围物体可产生强大冲击，所以液氧爆破具备安全性高、破坏力强的特点。对比传统炸药爆破，液氧爆破还具备操作简便、适用范围广等优点，在采矿业和地下工程的一些易燃易爆场景中得到了广泛应用。

目前在液氧爆破相关研究中，鲜有涉及使用液氧爆破进行盾构井的破岩施工的研究。本文以广州芳白城际铁路盾构井施工过程为例，研究液氧爆破在复杂条件下深盾构井破岩作业中的应用。

2　工程概况

本工程应用液氧爆破段为盾构井段，盾构井基坑长度 62.6m，宽度 33.3m，端头井基坑开挖深度 38.567m、标准段开挖深度 36.446m，见岩深度约 22.5m。石方爆破工程量约为30000m³。盾构井周边环境复杂，东侧为夏茅商业大街、南侧为海口商业街。盾构井基坑南

作者简介：郭海（1975—），男，硕士研究生，教授级高级工程师，主要从事隧道与地下工程的施工管理工作。电子邮箱：haiguo@21cn.com。

侧距海口商业街最近距离为20.3m,北侧距民房最近距离16.69m,基坑安全等级为一级。除此之外,基坑内部存在支撑等多种重要支护结构,液氧爆破还需要保证基坑支护结构安全。

基坑内岩层为不同风化程度的灰岩,灰岩之上主要是耕植土、淤泥质土、中粗砂、砂砾和残积土,上部分土层开挖完成后进行较硬岩层的液氧爆破开挖,爆破的对象为基坑开挖中的强风化、中分化、微风化灰岩,见图1。

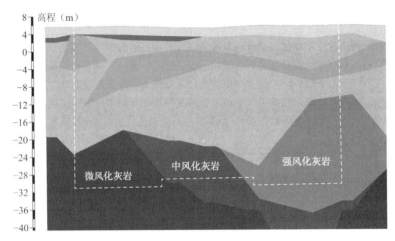

图1　盾构井区域地质剖面图（虚线为基坑轮廓线）

强风化石灰岩,呈灰黑色、灰褐色,半岩半土状、碎块状,含少量粉粒及灰屑,韧性低。层厚1.30～25.60m,平均厚度9.95m,层顶埋深13.00～32.00m,层底埋深20.80～42.60m。

岩石中等风化带主要是中等风化石灰岩,溶蚀现象明显,近似岩石质量指标（RQD）=0%～10%。揭露到层厚0.10～10.80m,平均厚度1.64m,层顶埋深24.90～42.60m,层底埋深25.00～53.40m。饱和状态岩石抗压强度取样试验范围值为16.1～62.0MPa,平均值为39.7MPa,为较硬岩,岩体破碎,岩体基本质量等级为IV类。

岩石微风化带主要为微风化石灰岩,中厚层至厚层状构造,节理裂隙稍发育。近似RQD=65%～95%。该层在本场地广泛分布,平均厚度9.13m,层顶埋深17.10～48.60m,层底埋深23.80～56.10m;饱和状态岩石抗压强度范围值为30.4～107.0MPa,平均值为67.0MPa,为较硬岩～坚硬岩,完整性指数为0.61,为较完整岩体,岩体基本质量等级为II～III类。

3　液氧爆破施工技术

3.1　液氧爆破原理

液氧爆破是利用液氧受热后发生剧烈相变,体积瞬间膨胀,高压气体对炮孔做功,使岩体内产生大量裂缝,同时伴随"气锲"效应,使岩体分裂破碎,最后在残余气体作用下,破裂的岩石形成破碎成堆。液氧爆破设备由杜瓦罐、柔性致裂器和智能充装机组成,见图2。其中,杜瓦罐用于液氧的运输和储存,柔性致裂器是破岩的主要器材,智能充装机用于控制充入柔性致裂器中液氧的体积和速度。

柔性致裂器由外套管、充液管、排气管、点火元件、可燃介质组成（图3）,现场进行装配。外套管一般是柔性普通塑料管,临时存放液氧和可燃介质,具备一定的韧性和强度,保证液氧充入后不泄漏;充液管用于填充液氧,一般使用铝管;排气管材质为塑料管,其作用是防止致裂器内部压强过大;点火元件一般为电阻丝。

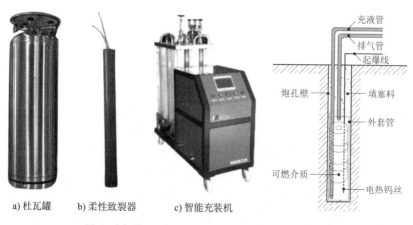

a) 杜瓦罐　　　b) 柔性致裂器　　　c) 智能充装机

图 2　液氧爆破设备

图 3　柔性致裂器结构组成

柔性致裂器的爆炸原理为：电阻丝通电以后点燃套管内部的可燃介质，可燃介质在液氧助燃作用下剧烈燃烧，释放出大量的热，液氧受热瞬间发生剧烈相变，由液态转化为气态，理论上体积可膨胀 860 倍，受炮孔大小限制，高压气体使岩石破裂，达到破岩效果。

3.2　液氧爆破开挖方案设计

土层以下的坚硬强风化、中风化和微风化灰岩采用液氧爆破方式进行破岩作业，为防止液氧爆破时冲击波、地震波、岩体挤压盾构井支护结构，保证盾构井内支护结构的安全，在距离支护结构 1.5m 处布置减振孔，并且爆破孔远离井内结构物。距围护结构及支撑立柱 2m 内的岩体，采用静态破碎（膨胀剂）结合机械破碎方法施工。

为避免爆破施工对其他施工工序的干扰，液氧爆破施工时间初步选定在中午 11:30～12:30 和下午 17:30～18:30，需要根据周边学校放学和交通情况，对时间进行适当调整。爆破期间实施短暂的交通管制，解除警戒后方可通行；爆破点周边设置警戒点与安全警戒范围，保护好周边居民、建筑、设备的安全。

由于石方爆破工程量大，液氧爆破总体方案是"纵向分段、竖向分层、平衡对称、先撑后挖"，由上往下逐层开挖，对灰岩进行台阶式的分层爆破，即水平方向分段、竖向分层爆破开挖至盾构井底部，上一层灰岩爆破清除后，进行下一层的爆破，每层开挖高度控制在 3.0m 左右，见图 4。使用台阶式分层爆破可以在灰岩中形成临空作业面，达到更好的爆破效果，同时可以减少爆破振动，有助于保护盾构井周围老旧建筑物。对于存在显著自然高差的岩层，由于地形优势，存在临空面，可以直接使用液氧爆破进行破岩作业；如无自然高差优势，则利用液压炮锤进行岩石掏槽作业，开挖出一条与层高相同的沟堑以增加临空面，再进行液氧爆破破岩。破岩产生的大块、孤石和根底处理采用液压破碎锤处理。

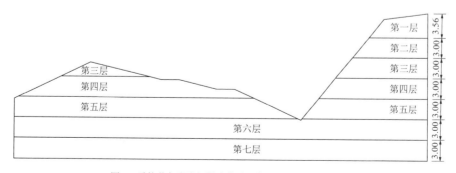

图 4　盾构井灰岩液氧爆破分层示意图（尺寸单位：m）

3.3 液氧爆破物料准备

本次爆破除了用到杜瓦罐、智能充装机外，主要部件为现场组装的柔性致裂器（图5），所使用到的器材主要包括塑料外套管、充液铝管、排气软管、起爆线可燃介质、点火元件等，可燃介质选择专用卷纸，点火元件使用电热钨丝串联网路。

图5 智能充装机、杜瓦罐（左）和柔性致裂管组装（右）

柔性致裂器的组装过程为：把专用卷纸装在直径70mm塑料管中，充液管和排气管插在纸卷中心位置，把电热钨丝连接好起爆线后，固定在塑料管内适当的位置，将塑料管两头封闭，确保注入液氧后不会泄漏。

3.4 挖槽破岩液氧爆破参数设计

本工程爆破采用矩形布孔方式，钻孔直径$d = 76$mm，孔间距$a = 1$m，选用潜孔钻进行垂直钻设，孔深L为台阶高度H（或沟槽深）与超深h之和，超深h取H的0.1～0.15倍范围内，填塞高度L_2一般为1.5～2m，装药长度$L_1 = L - L_2$，本次施工参数选取见表1，炮孔水平布置见图6。

液氧爆破直径76mm孔施工参数   表1

台阶高度（m）	3	3.5
最小抵抗线（m）	0.8	1
孔距（m）	1	1
排距（m）	0.8	1
超深（m）	0.3	0.4
堵塞长度（m）	1.5	1.5
装药长度（m）	1.8	2.4

图6 炮孔布置示意图（孔间距$a = 1$m，排间距$b = 0.8$m）

柔性致裂器内部约 40%空间用于放置可燃介质，约 60%空间用于存放液氧。1.8m 长柔性致裂器单次充氧量约为 4.2L，2.4m 长柔性致裂器单次充氧量约为 5.6L，每次爆破需要根据具体情况选择爆破范围与台阶高度，进而确定炮孔数量及充氧量。

根据工程经验，破碎粒径应该基本满足不大于 80cm，确有个别大粒径块石，采用机械法进行二次破碎。

3.5 液氧爆破施工

按照炮孔布置使用潜孔钻进行炮孔钻设，将组装好的柔性致裂器放入炮孔中，首先使用水泥结合固化剂进行孔的密封，然后点火网路。上述步骤检查无误后，使用"炮被＋孔口加压沙包"的全覆盖的近体防护与基坑口遮挡防护，现场施工情况见图 7。然后在做好覆盖防护后连接到储氧设备，完成清场警戒工作后进行充氧及点火作业。

图 7　潜孔钻钻设炮孔（左）和炮被（右）

由于本工程覆盖范围广、石方量巨大、爆破次数多，爆破完成后，使用挖掘机清除石方，依据爆破清除效果，再进行下一次爆破具体的掏槽与布孔工作。

3.6 爆破效果

使用液氧爆破可以顺利破除盾构井内部的坚硬灰岩，结合支撑结构附近的静态爆破，实现了坚硬灰岩的有效清除。对比传统炸药爆破，提高了安全性，并减少了过程管理的复杂性和难度；对比使用机械法和膨胀剂法破岩，极大提高了工作效率、缩短了工期。

4　结论

复杂条件环境下的液氧爆破清除岩体，是一个系统性工程。本研究将液氧爆破技术首次应用于深盾构井开挖工程中，验证了在复杂周边条件与坑内环境下，液氧爆破清除坚硬岩体的可行性，得到以下结论：

（1）液氧爆破威力大，具有很高的安全性和可控性，爆破速度快，不涉及管制物品，可应用场景多，应用前景广阔。

（2）在竖直向下的破岩作业中，水平方向分段、垂直方向分层的台阶式液氧爆破方式具有很高的工作效率，可极大缩短工期。可以充分利用地形优势或人工创造临空作业面，提高液氧爆破的效率。

（3）液氧爆破可以在限制传统爆破方式的情况下应用，尤其是在复杂周围环境下，通过技术手段和管理措施，能显著降低对周边环境的影响。

（4）对于盾构井内部存在复杂支护结构的情况，使用液氧爆破结合静态爆破，设计减振孔，可以在有效保护支护结构的前提下，实现岩石的破除，能够有效保证基坑的安全。

本次工程实践为液氧爆破在复杂周边条件和复杂内部环境下的盾构井开挖应用的首次尝试，通过技术措施和管理手段，顺利实现了盾构井的液氧爆破开挖。现场采集的液氧爆破施工数据和研究成果可为类似工程提供参考借鉴，并随着推广应用该技术将不断完善。

参 考 文 献

[1] 荆哲, 冀玉豪, 张阳阳, 等. 近接穿越引水隧洞中硬岩层机械劈裂开挖施工技术[J]. 西部交通科技, 2023(8): 82-85.

[2] 何思锋. 坚硬岩石静态爆破致裂技术实验研究[D]. 徐州: 中国矿业大学, 2022.

[3] 隋奕, 王箫鹤, 王岩松. 静态破碎剂配比优化及其膨胀性能测试研究[J]. 能源与环保, 2023, 45(10): 311-318.

[4] 李亚东. 二氧化碳爆破作用下砂岩裂隙扩展规律研究[D]. 石家庄: 石家庄铁道大学, 2023.

[5] 许小泉. 基于LCA方法的二氧化碳爆破环境影响分析[J]. 矿冶工程, 2022, 42(3): 36-40.

[6] 张太林, 于世杰, 杨志彬, 等. 液氧致裂爆破技术在露天矿山的应用[J]. 现代矿业, 2024, 40(7): 249-251, 256.

[7] 方莹, 李国良, 朱振海, 等. 液氧相变气体膨胀技术在隧洞开挖中的应用研究[J]. 爆破, 2024, 41(2): 232-237.

富水岩溶地段盾构小净距下穿高铁施工技术研究

郭 海 黄 洋

（中国建设基础设施有限公司 北京 100044）

摘 要：深圳地铁 14 号线和 21 号线项目盾构区间"双线四洞"并行叠落下穿厦深铁路横岗特大桥，洞身最小间距为 1.79m。穿越区域下伏可溶性基岩碎屑灰岩，发育溶洞、溶蚀裂隙等岩溶地质。在多重风险因素影响的情况下，通过多阶段全方位管控成功实现盾构穿越。掘进前采取岩溶处理、隔离桩设置、脚手架支撑架设等措施；掘进中采取设置试验段，严格控制掘进参数，洞内深孔超前注浆，全天候自动化监测等措施；掘进后采取加强二次注浆、地面跟踪注浆、持续跟踪监测等措施，多重施工措施与辅助工艺的严格执行确保了盾构下穿重大风险源时的连续快速掘进。本文以富水岩溶地段盾构小净距下穿高铁施工为研究背景，其成功穿越的经验和成果可为类似工程提供借鉴。

关键词：岩溶地段；下穿高铁；小净距隧道；盾构掘进

1 引言

地铁施工中使用盾构机进行隧道施工，具有自动化程度高、施工速度快、开挖时可控制地表沉降、确保地面建（构）筑物结构安全等优点，故盾构法施工已经成为各个城市隧道施工中的主要施工方法。但是，在广深地区地质复杂，地下施工过程中常见岩溶地质，盾构法在岩溶地质施工具有较大的风险，可能造成地表塌陷、刀盘刀具异常损坏、盾构机载头、整体下沉、隧道涌水涌泥等。因此，本文依托深圳地铁 14 号线和 21 号线项目，探究岩溶地段下穿高铁小净距隧道施工关键技术。

2 工程背景

深圳地铁 14 号线和 21 号线项目盾构区间"双线四洞"并行叠落下穿一级风险源厦深铁路横岗特大桥。深圳地铁 21 号线白泥坑站—坳背站区间与地铁 14 号线四联站—坳背站区间线路并行，平面上地铁 21 号线位于地铁 14 号线隧道的内侧，竖向上位于地铁 14 号线隧道的上方，洞身之间的最小间距为 1.79m。区间下穿厦深高速铁路 45 孔，位置在 44 号和 45 号桥墩之间，下穿段桥梁为 40m + 56m + 40m 三跨预应力连续梁桥。穿越区域下伏可溶性基岩碎屑灰岩，发育溶洞、溶蚀裂隙等岩溶地质，地质勘察过程中在 44 号和 45 号桥墩之间揭露 4 处溶洞，如图 1 所示。

3 技术特点

通过掘进前的溶洞探测、预注浆加固及效果检测，设置隔离桩，采用扣件式脚手架进行支撑等措施；掘进过程中设置试验段，严格控制掘进参数，洞内深孔注浆、超前注浆、24h 自动化监测等措施；掘进完成后的加强二次注浆、地面跟踪注浆、持续跟踪监测等措施，多重施工措施与辅助工艺的保障确保了盾构机的连续快速掘进，沉降控制满足设计要求。技术特

作者简介：郭海（1975—），男，硕士研究生，教授级高级工程师，主要从事隧道与地下工程的施工管理工作。电子邮箱：haiguo@21cn.com。

点和原理主要有以下五个方面。

（1）对地表风险源采取预加固、隔离桩施工等措施降低盾构掘进对建（构）筑物的影响。

（2）在小净距并行叠落隧道部分架设洞内钢支撑，提高隧道的结构稳定性。

（3）在相对安全的溶洞发育区做好试验段掘进并制定好掘进参数。

（4）施工过程中用超前注浆的形式来规避未知溶洞的风险。

（5）采取持续监测与跟踪注浆的形式来确保成型隧道管片质量及风险源安全。

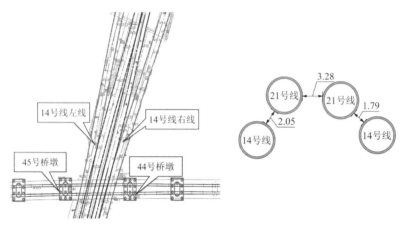

图1 区间线路位置关系图（尺寸单位：m）

4 关键施工工艺

4.1 施工顺序

根据深圳地铁14号线和21号线区间线路位置关系综合安排盾构始发掘进顺序，盾构掘进遵循"先下后上"原则进行施工。14号线四联站—坳背站区间左线优先始发，然后右线始发。到达坳背站后开始21号线白泥坑站—坳背站区间盾构施工，左线优先始发，然后右线始发，最终从白坳到达竖井中吊出。

4.2 岩溶处理

溶洞预处理措施根据溶洞规模、填充物性质等因素确定，选择合理方式进行处理。规模较大的半填充、无填充溶洞采用压注砂浆、填充低强度等级混凝土、填充碎石＋注水泥浆的方法处理；规模小于3m的半填充或无填充溶洞，采用注水泥浆处理；全填充溶洞采用注水泥浆处理。溶洞处理的施工顺序遵循：探边界→溶洞预注浆→处理效果检测。注浆施工时，先从外排注浆孔开始注浆，将处理范围内溶洞与外界洞体隔离，再处理中间区域。若发现浆液流失严重时先在外排注浆孔注水泥-水玻璃双液浆，形成止水、止浆帷幕，以确保注浆效果。中央区域注浆孔采取跳跃施工，以防止窜浆。周边孔控制压力建议为0.3～0.8MPa，中央孔控制压力建议为0.8～1.0MPa，施工前进行现场注浆试验，注浆量和注浆有效范围通过现场试验确定。

对于钻孔揭示岩溶洞穴规模不大于1m溶洞，在已揭露溶洞的勘探钻孔处布置钻孔1孔；对于钻孔揭示岩溶洞穴规模1～2m的溶洞，围绕已揭露溶洞的勘探钻孔呈三角形布置钻孔3孔，间距2m×2m；对于钻孔揭示岩溶洞穴规模大于2m的溶洞，围绕已揭露溶洞的勘探钻孔呈梅花形布置钻孔，间距2m×2m。对于洞高小于3m的溶洞充填注浆分一段进行，注浆孔伸入溶洞底板以下不小于0.5m；对于洞高大于3m且无填充溶洞和半填充溶洞，填充孔直接伸入空洞内不小于 1.0m，注浆孔伸入溶洞底板以下不小于 0.5m，分段注浆，注浆长度为 1～2m，最大段长不大于 3m；对于洞高大于 3m 全充填溶洞，注浆孔伸入溶洞底板以下不小于 0.5m，分段注浆，注浆长度为 1～2m，最大段长不大于 3m。所有注浆孔与检查孔注浆（或压水）结束后紧接着进行注浆终孔。注浆终孔采用"压力注浆终孔法"，浆液采用水灰比为 0.5∶1 的浓水泥浆。

根据地质情况，在溶洞高度大于 3m 的无填充溶洞采用灌注水泥砂浆。采用步履液压钻机进行钻孔（孔径 146mm），钻至溶洞底 0.5m 为止，共施作 4 个，孔与孔之间的净距离为 500mm。砂浆孔成孔 4 个为一组，中间为灌浆孔、其余 3 个为排气孔，确保灌浆期间至少有 1 个排气孔不堵塞。三个排气管均埋设 ϕ110mm 聚氯乙烯管（PVC 管），灌浆孔再预埋 ϕ108mm 孔径钢套管，埋设至洞底上不大于 1.5m，上端预留 0.5m，上部预留足够长度与混凝土泵车连接，如图 2 所示。上部灌浆管与泵车管连接后，直接泵送水泥砂浆（M5），在灌浆前，先对灌浆管泵通气，间隔进行通气保持灌浆孔灌通。第一次灌浆完成后，对排气孔继续灌注水泥砂浆，作为第一次灌浆的补充并封孔。

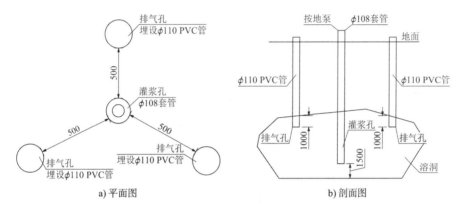

图 2 灌砂浆埋管示意图（尺寸单位：mm）

4.3 隔离桩施工

根据设计图纸，隔离桩规格为直径 600mm，间距 1000mm，隔离桩沿隧道方向布置 34m，隔离桩沿隧道布置长度超过承台的长度均大于 1.5 倍隧道宽度。隔离桩中心与高铁桥梁桩基中心间最小距离为 4.83m（大于 0.6 倍隔离桩桩径），隔离桩深度为 14 号线区间隧道底板下 1m，桩顶设置 800mm×1000mm 的冠梁，桩顶锚入冠梁，将隔离桩连接为整体。隔离桩靠近区间左线一侧桩长为 23.27m，靠近区间右线一侧桩长为 22.15m，隔离桩布置如图 3 所示。

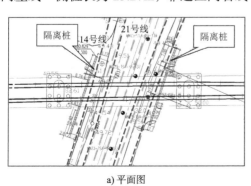

a) 平面图

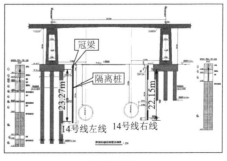

b) 剖面图

图 3 隔离桩布置示意图

4.4 洞内架设支撑

隧道施工过程中，对施工隧道盾体下方的先期已完成隧道洞内小净距段架设临时内支撑，架设范围为施工隧道盾体竖向投影范围 + 前后 3m 内管片，临时内支撑采用扣件式脚手架。钢管规格：ϕ48.3mm（$t = 3.6$mm），木方截面尺寸为 100mm × 100mm。管片环宽 1.5m，每环设置 2 排脚手架，脚手架排距 900mm，加密区水平间距 600mm，水平钢管与支撑架立杆之间采用防滑扣件连接牢固，并设置剪刀撑加固。横断面剪刀撑每 6 跨搭一幅，设置纵断面剪刀撑（一幅）。洞内临时支撑如图 4、图 5 所示。

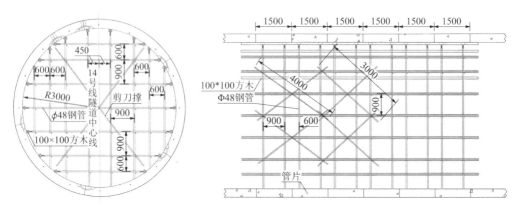

图 4　洞内临时支撑示意图（尺寸单位：mm）

图 5　洞内临时支撑实景图

4.5 施工前准备

对螺旋输送机仓门及控制系统进行全面检查，保证螺旋输送机及仓门的完好。做好盾尾油脂的压注工作，在掘进过程中及时加注盾尾密封油脂，保持盾尾密封良好，保证盾构后部不会发生漏水漏沙现象。下穿溶洞及高铁前，对电瓶车、门式起重机、拌浆系统、浆车等配套设备进行全面检查，做好维护保养、故障检修工作，保证在盾构下穿溶洞及高铁期间配套设备正常工作。

提前完成对周边建（构）筑物、管线、地表等位置监测点的布设，测出初始值，并做好监测点的保护，保证监测数据的真实有效。提前组织项目部管理人员及现场施工人员进行应急演练，按相关文件要求进行应急物资配备，做好隧道、地面注浆准备。

4.6 试验段参数确定

在盾构下穿高铁桥桩前设置一段试验段，位置为穿越高铁影响范围前 100m。在穿越前的试验段，主要采集的参数包括：土压、推力、扭矩、刀盘转速、掘进速度、出土量以及注浆量。试验段掘进完成后，及时统计分析数据，为后续掘进提供依据。

试验段掘进地层为全断面微风化碎屑灰岩，为敞开式常压掘进，拟定在进入岩溶区域后进行保压掘进，土压值不低于理论压力值 0.1bar。推进速度控制在 10～20mm/min，保证盾构匀速、连续推进，减小对土体的扰动，减少地表沉降。岩溶段全断面硬岩掘进时，为提高中心刀自传能力增加刀具的破岩能力，减少中心刀偏磨，刀盘转速控制在 2.0～2.5r/min；进入上软下硬掘进时为减少基岩对刀具的冲击，刀盘转速控制在 1.3～1.7r/min。在软土地层掘进时，刀盘转速控制在 0.8～1.3r/min。刀盘扭矩尽可能保持与贯入度平衡，波动控制在 800kN·m 以内。

4.7 小净距段洞内注浆加固

针对区间与既有隧道小净距段，施工隧道盾构通过小净距段前，通过既有隧道注浆孔向隧道外围非中、微风化地层打设注浆管注浆加固。注浆方式为从既有隧道自下往上进行土体注浆加固，注浆深度为 2.5m，注浆范围为 150°，如图 6 所示。盾构在岩溶段地层掘进过程中掌子面不稳定，溶洞之间串联导致盾构开仓困难，且地表加固时由于地层松软，导致加固质量较差。为保证盾构连续施工性与安全性，采取盾构超前加固施工工艺，来确保盾构在岩溶段掘进时的地层稳定性与带压、常压开仓的安全性。通过中盾 11 点位和 1 点位的超前探测孔注浆，对刀盘上方土体进行加固。

针对区间左右线小净距段，管片设计增加注浆孔，并对该范围内右线管片进行纵向拉紧，如图 7 所示。注浆采用双液浆进行注浆，配合比为水泥浆液∶水玻璃液 = 1∶1；现场根据加固深度对浆液配比进行调整，将浆液初凝时间控制在 30～45s。注浆压力控制在 0.2～0.5MPa（根据注浆深度进行调整）。进行注浆时，先打开水泥浆注浆管，然后打开水玻璃浆注浆管。注浆结束时先停止水玻璃浆注浆管，10～15s 后再停止水泥浆注浆管。为了避免因卸除球阀而造成浆液外漏，在进行注浆的过程中，使用一次性球阀。注浆完毕后，用泵送剂对注浆管进行清洗，避免堵管现象发生。注浆时，为避免因一侧注浆压力过大致使管片变形，严格按照同时对称注浆的原则进行注浆。

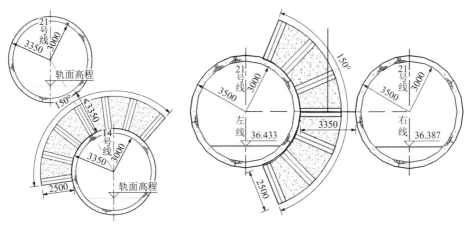

图 6　既有隧道注浆加固示意图（尺寸　　　　图 7　小净距左线隧道注浆示意图（尺寸
单位：mm；高程单位：m）　　　　　　　　　单位：mm；高程单位：m）

4.8 洞内二次注浆

对同步注浆不足及超挖的地方进行补充注浆。根据监测数据，对沉降点进行补浆，遵循只要有沉降，就补浆的原则。每掘进 5～7 环，拼装时在 11、12 点位预装注浆头并打通管片，以便二次注浆时加快施工组织。管片脱出盾尾 5 环以上并达到初凝时间后即开始二次补浆，通过同步注浆罐向管片壁后注入。钻孔深度 1～2m，注入量为每个点 2～6m³，根据注浆压力进行调整。

4.9 施工监测

监测点沿隧道轴线上方地表布设，高铁桥梁结构外边界线外前后 50m 范围内设置，监测点间距为 10m，并每隔 20m 设一主监测横断面，监测断面不少于 9 个监测点。水准基点不少于 3 个，并位于施工变形影响范围以外。

根据相关规范、规程规定，所有监测点在使用前至少观测 2 次，取其平均值作为初始值。下穿过程中 2～3 次/d，下穿前 1～2 次/d，之后 1 次/2d。现场监测将采用定时观测与跟踪观察相结合的方法进行，当监测数据有突变时，监测频率适当加密。每次监测完成后及时进行数据分析来指导盾构施工。本工程采用的监测控制基准和预警值如表 1 所示。盾构施工过程中，最大沉降量控制在毫米级，各位置监测数据均满足变形控制要求。

本工程采用的监测控制基准和预警值　　　　　　　　　　　　　　　表 1

监测项目	变形警戒值	变形速率警戒值	变形控制值	变形速率控制值
地表沉降	隆起 8mm、下沉 24mm	2.4mm/d	10mm	−30mm/3d
建筑物沉降	房屋建筑 16mm	1.6mm/d	房屋建筑 20mm	2mm/d
管线沉降	刚性压力管 16mm，其余管 24mm	1.6mm/d	刚性压力管 20mm，其余管 30mm	2mm/d
管片净空收敛	24mm	2.4mm/d	30mm	3mm/d
管片拱顶下沉	16mm	2.4mm/d	20mm	3mm/d
厦深高速铁路墩台变形	横向水平位移、纵向水平位移及竖向位移：2.1mm，倾斜率 1.4‰	—	横向水平位移、纵向水平位移及竖向位移：3mm，倾斜率 2‰	—

5 结语

在多重风险因素影响的情况下，岩溶地段下穿厦深高铁小净距隧道施工技术通过多阶段全方位管控成功实现盾构穿越。掘进前采取岩溶处理、隔离桩设置、脚手架支撑架设等措施；掘进中采取设置试验段，严格控制掘进参数，洞内深孔超前注浆，24h 自动化监测等措施；掘进后采取加强二次注浆、持续跟踪监测、地面跟踪注浆等措施，很好地解决了在岩溶发育区因为地层的复杂性、重大风险源的安全性导致的盾构掘进缓慢，降低了地表及高铁桥桩、既有隧道沉降变形超限的风险，很大程度的提升施工功效，月进尺可增加 20%～30%，月产值增加的同时，减少了机械消耗 20% 以及人工成本 20%～30%。施工过程中地表监测正常，既有隧道、高铁桥桩沉降变形均在控制值以内，未发生沉降预警抢险情况，隧道管片成型质量正常，连续施工性较强，保证了施工的安全和质量，加快了施工进度，是在岩溶强发育地段小净距隧道施工工艺的突破。

参 考 文 献

[1] 陈馈, 杨延栋. 中国盾构制造新技术与发展趋势[J]. 隧道建设, 2017, 37(3): 276-284.

[2] 何川, 封坤, 方勇. 盾构法修建地铁隧道的技术现状与展望[J]. 西南交通大学学报, 2015, 50(1): 97-109.

[3] 洪开荣. 我国隧道及地下工程发展现状与展望[J]. 隧道建设, 2015, 35(2): 95-107.

[4] 殷颖, 田军, 张永杰. 岩溶隧道灾害案例统计分析研究[J]. 公路工程, 2018, 43(4): 210-214, 273.

[5] 谢琪, 段智博, 马少坤, 等. 岩溶区盾构隧道开挖的稳定性分析[J]. 湖南大学学报 (自然科学版), 2018, 45(S1): 156-160.

[6] 杨育僧, 吴昊, 许建飞, 等. 岩溶地层中的盾构隧道施工[J]. 铁道工程学报, 2007 (7): 56-60.

[7] 陈建. 地铁隧道穿越溶洞的施工处理技术[J]. 城市轨道交通研究, 2005 (3): 52-55.

[8] 廖景. 地铁盾构区间岩溶处理[J]. 广东土木与建筑, 2011, 18(11): 25-28.

[9] 刘建友, 赵振华, 韩琳, 等. 盾构隧道下穿高速铁路路基沉降控制标准研究[J]. 隧道建设 (中英文), 2020, 40(2): 256-260.

[10] 方东明, 李平安. 小间距长距离上下重叠盾构隧道施工关键技术[J]. 隧道建设, 2010, 30(3): 309-312.

[11] 杨志勇, 杨星, 江玉生, 等. 盾构近距离上跨既有运营隧道施工控制技术[J]. 隧道建设 (中英文), 2019, 39(11): 1898-1904.

[12] 叶飞, 毛家骅, 纪明, 等. 盾构隧道壁后注浆研究现状及发展趋势[J]. 隧道建设, 2015, 35(8): 739-752.

圆砾地层切削群桩条件下盾构机选型与适应性分析

吴钦刚

（北京市市政四建设工程有限责任公司　北京　100048）

摘　要： 随着城市轨道交通的快速发展，盾构隧道施工中经常遇到切削桩基的情况，在盾构切削桩基施工中可能会对既有建筑和新建隧道带来影响。盾构机的刀盘及刀具是保证盾构顺利推进的核心部件。在盾构机成功切割大直径钢筋混凝土桩的过程中，合理选择和设计刀具至关重要。以沈阳地铁 6 号线一期工程市图书馆站—沈水路站区间的盾构隧道下穿既有地铁 2 号线市图书馆站的桩基切削工程为例，对盾构机的推力和扭矩进行了详细的计算，并对盾构机的刀盘和刀具进行了必要的适应性调整，其中包括采用辐条式刀盘的设计和改进刀具布置。结合盾构机的选型，利用现场施工监测数据，分析了盾构机的推力和扭矩设计是否符合实际施工需求，以及刀盘和刀具是否能够适应特定的地层条件。以期为今后类似工程提供参考。

关键词： 盾构隧道；切削群桩；推力；扭矩；刀盘刀具；地层适应性

1　引言

随着城市化的脚步日益加快，地下空间的开发利用变得日益频繁，盾构技术因其高效性和安全性，在地下隧道建设中得到了广泛的应用。由于城市建筑密集区域，地下结构错综复杂，地铁隧道的建设经常面临穿越现有桩基等建筑物的挑战。然而，在传统方法中，往往采用开挖竖井凿除桩基、改线避让等方式，这不仅成本极高而且严重影响工期。相比而言，通过改造盾构机使其能直接切削桩体，可以在提高施工效率的同时减少对周围环境的影响，为隧道线路设计提供更灵活的选择，具有重大工程意义。近年来，国内外在盾构机直接切割桩基方面的成功案例日益增多，为盾构机直接切桩技术积累了宝贵的经验。王飞以苏州地铁盾构穿越桥梁桩基工程为研究对象，使用有限元仿真技术与现场试验对比验证，验证了盾构机直接切削大直径桩基的可行性和有效性。王禹椋以深圳地铁 9 号线盾构长距离连续切削群桩为背景，采用数值模拟及实测分析，研究盾构切削穿越桩基对地表沉降和桩基的影响。李景茂以兰州地铁盾构隧道穿越现有桥梁工程为研究案例，利用有限元数值模拟盾构施工过程中切削桩基所引起的桩基承载特性的变化。研究发现，直接切削桩基对现有桥梁桩基的承载特性有显著影响，因此在盾构施工前应采取相应的加固措施。越来越多的施工案例验证了盾构直接切削桩基的可行性，然而，鲜有盾构在圆砾地层直接切削群桩下穿既有隧道的研究。圆砾地层施工时经常因盾构机选型不当而带来施工问题。因此，盾构法施工的顺利进行与推力扭矩、刀盘刀具的选型密切相关。目前，针对该地层缺少系统性研究，因此，本文以沈阳地铁 6 号线一期工程市图书馆站—沈水路站盾构机选型为例，根据地层地质条件计算推力、扭矩关键参数，并对盾构机刀盘刀具进行适应性改造，顺利完成了切桩穿越施工。

作者简介：吴钦刚（1983—），男，大学本科，高级工程师，目前主要从事城市轨道交通施工与管理工作。电子邮箱：274344678@qq.com。

2 盾构机刀盘刀具选型原则

2.1 盾构机刀盘分类

盾构机是一种专门用于地下隧道工程挖掘的大型机械设备,它通过电机或液压马达驱动刀盘使其旋转,同时利用安装在刀盘上的多种刀具进行切削和推进。盾构机是掘进、排渣和衬砌等多功能集于一体的机械设备,施工速度快、安全性高、对周围岩层影响小。盾构刀盘作为盾构机掘进过程中的关键部件,其设计和性能直接影响到盾构机的整体作业效率。选择合适的刀盘类型不仅可以显著提高盾构机的掘进效率和施工质量,还能进一步增强盾构机的工作效能。根据开口率的不同,刀盘分为辐条式刀盘、面板式刀盘以及复合式刀盘,常用刀盘特性见表1。

常用刀盘特性 表 1

刀盘种类	开口率	适应性分析
辐条式	60%左右	结构简单,刀具磨损率低,开挖面土压易控制,造价较低;一般仅安装齿刀、刮刀、撕裂刀,适用于软土地层,开挖时需严格控制稳定的土压力,实施满仓掘进
面板式	30%以下	刀盘扭矩大,刀具磨损率高,面板对开挖面有一定机械支撑作用;面板和刀梁上安装滚刀刀箱,刀箱内安装滚刀,适用于岩石地层,也可用于软土地层,但易结泥饼,开挖面压力不易控制
复合式	35%左右	刀盘扭矩大,强度和刚度要求高,适用于从软土到硬岩的均质或软硬不均的大部分地层,刀盘安装滚刀或撕裂刀可以根据不同地层进行不同刀具互换

2.2 盾构机常用刀具分类及布置

以破岩方式为依据进行分类时,盾构机的刀具大致可以分为三类:滚压刀具、切削刀具和辅助刀具,其适应性分析详见表2。

常用刀具分类及特性 表 2

破岩方式	刀的种类	布置位置	作用
滚压破岩	齿形	刀盘开口槽两侧	滚压破碎岩石
	盘形	刀盘开口槽两侧	
切削破岩	切刀	刀盘开口槽两侧	切削软土
	先行刀	辐条中心刀箱	提前松动地层,击碎卵石
辅助刀具	边缘刮刀	刀盘外圈	清除边缘渣土,确保开挖直径
	仿行刀	刀盘外缘	控制开挖超挖深度

盾构机刀具的布局通常有两种设计方法:同心圆布局和阿基米德螺旋布局。阿基米德螺旋布局在理论上被认为是最高效和迅速的布局方式,它能够将所有刀具集中在一个螺旋线上,使刀具围绕中心轴线进行圆周运动,实现连续的圆周切削。然而,在实际施工操作中,这种布局方法可能会导致刀盘的制造和装配变得更加复杂,并且可能对土壤的有效流动造成负面影响。因此,在施工实践中,更倾向于使用同心圆布局。为适应不同施工段的地质特性,可以在施工过程中设置刀具更换点,对刀盘上磨损严重的刀具及时进行更换。

3 盾构机动力系统计算

3.1 盾构推力计算

盾构施工现场环境恶劣,盾构机的推力和扭矩是盾构法施工所需的重要参数,其与刀盘刀具关系密切。刀盘掘进过程中,刀盘所受荷载主要通过刀盘作用到掌子面,因此,可以将掌子面上岩土抵抗刀盘推进的反作用力视作施加在刀盘结构上的外部荷载,即刀盘推力。正面推力主要通过刀盘、传力环和轴承等传递到盾构前壳体。刀盘径向土压力由图 1 所示计算而成。盾构施工过程中所需推力大小F的计算公式为:

$$F = F_1 + F_2 + F_3 + F_4 + F_5 + F_6 \tag{1}$$

式中: F_1——盾构外壳与周围地层间的摩擦阻力;

F_2——盾构机正面阻力;

F_3——管片与盾尾间的摩擦力;

F_4——盾构机切口环的切入阻力;

F_5——变向阻力;

F_6——后接台车的牵引阻力。

根据盾构机顶力推导方法,并考虑地下水浮力对盾壳受力的影响,对盾构机盾壳进行受力分析。盾壳的受力如图 1 所示。

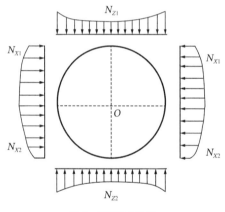

图 1 盾壳受力分析

盾构机受力左右对称,因此在计算时仅对盾壳右侧受力进行计算,在角度为θ的圆周上取微面ds,对应ds的圆心角为dθ,则作用在ds上的垂直土压力N_{Z1}、N_{Z2}的计算公式为:

$$N_{Z1} = \gamma'\left(H + \frac{D}{2} + \frac{D}{2}\sin\theta\right) \quad \left(\theta = 0 \sim \frac{\pi}{2}\right) \tag{2}$$

$$N_{Z2} = \gamma'\left(H + \frac{D}{2} + \frac{D}{2}\sin\theta\right) - \rho\,g\sin(\theta - \pi) \quad \left(\theta = \frac{3\pi}{2} \sim 2\pi\right) \tag{3}$$

积分可得上部垂直土压力和水平土压力产生的正压力计算公式为:

$$N_{Z1} = \frac{\pi}{8}\gamma'D\left(H + \frac{D}{2}\right) - \frac{1}{6}\gamma'D^2 \tag{4}$$

$$N_{X1} = \frac{\pi}{8}\gamma'KD\left(H + \frac{D}{2}\right) - \frac{1}{12}\gamma'D^2 \tag{5}$$

下部垂直土压力和水平土压力产生的正压力为计算公式为:

$$N_{Z2} = \frac{\pi}{8}\gamma'D\left(H+\frac{D}{2}\right) - \frac{1}{6}\gamma'D^2 - \frac{1}{3}\gamma'D^2K\rho \tag{6}$$

$$N_{X2} = \frac{\pi}{8}\gamma'KD\left(H+\frac{D}{2}\right) - \frac{1}{12}\gamma'D^2 - \frac{1}{6}\gamma'D^2K\rho \tag{7}$$

$$F_1 = \gamma'Df\frac{\pi}{2}\left[(1+K)\left(H+\frac{D}{2}\right) - \frac{D}{3}(2+K) - \frac{D}{3}D\rho g(2+K)\right] + f\left(m - \frac{\pi}{4}D^2L\right) \tag{8}$$

式中：γ'——土体浮重度；

$\quad N_{Z1}$——盾壳上部土压力；

$\quad N_{Z2}$——盾壳下部土压力；

$\quad m$——盾构机自重；

$\quad L$——盾壳长度；

$\quad f$——盾壳与土体的摩擦系数，取值 0.15。

盾构机推进过程中的正面阻力，水浮力仅仅影响土体重度，因此 F_2 的计算公式为：

$$F_2 = \frac{\pi}{4}\gamma'D^2(1-\alpha_0 H)KH_C \tag{9}$$

式中：K——静止土压力系数；

$\quad H_C$——地面到盾构机轴线的距离；

$\quad \alpha_0$——刀盘开口率。

盾构推力 F 中，F_1 与 F_2 占总推力的 90% 以上，为简化起见，盾构总推力的简化计算公式为：

$$F = \frac{F_1+F_2}{0.9} \tag{10}$$

3.2 盾构扭矩计算

在盾构机掘进时，刀具扭矩是一个非常重要的控制因素。一般情况下，刀盘的扭矩需要在一个合理的范围内，这反映了刀盘能够切削所遇到的地层，或者刀盘适合地层。盾构机刀盘扭矩及其计算方法的研究对于土压平衡盾构掘进机的设计制造及施工都具有非常重要的意义，土压平衡盾构机的刀盘扭矩计算采取以下经验公式：

$$T = \alpha D^3 = \alpha_1\alpha_2\alpha_3 D^3 \tag{11}$$

$$T' = BT \tag{12}$$

式中：D——刀盘半径；

$\quad \alpha_1$——支撑系数；

$\quad \alpha_2$——扭矩系数；

$\quad \alpha_3$——稳定掘削扭矩系数；

$\quad T'$——实际扭矩；

$\quad B$——安全系数，取值 1.7。

4 工程案例

4.1 工程概况

沈阳地铁 6 号线一期工程市图书馆站—沈水路站区间（简称"市沈区间"）采用盾构法施工，区间右线长 1196.629m；左线长 1186.886m，最小曲线半径 350m，区间自市图书馆站起，沿青年大街与科普路交口往西北拐至文体路南侧；后往西南拐至三好街，之后区间左右线上下叠落，竖向净距 3m。根据地铁 6 号线规划，市沈区间盾构将下穿 2 号线区间隧道，区间结构处于砾砂层/圆砾层中，地下水丰富，地质条件较为复杂，区域上方存在两根 2200mm ×

1800mm 砖石排水管线，且市图书馆周边环境复杂，人流量密集，交通流量大，盾构选择直接切削群桩通过，其中左线切削 26 根桩体，右线切削 27 根桩体，根据切桩区域分为 4 个部分〔图 2a）〕，各区域盾构切桩统计见表 3。

各区域盾构切桩统计 表 3

线路	切桩区域	切桩数量	桩型及配筋
地铁 6 号线右线	A 区	7	φ800@1200 钻孔灌注桩，主筋 12φ22，箍筋 φ10@200
	B 区	10	φ800@1200 钻孔灌注桩，主筋 12φ22，箍筋 φ10@200
	C 区	10	φ800@1200 钻孔灌注桩，主筋 12φ20，箍筋 φ10@200
地铁 6 号线左线	D 区	26	φ800@1200 钻孔灌注桩，主筋 12φ22，箍筋 φ10@200

地铁 6 号线市沈区间盾构切桩区域地表高程介于 21.7～22.2m 之间。新建隧道上覆土主要由杂填土、砾砂及圆砾地层构成，覆土厚度约为 19.5～28.5m。区间左、右线切桩段盾构穿越地层为圆砾地层，切桩段具体土层分布详见图 2b）。其中切桩处地层均为圆砾地层，矿物成分以石英、长石为主，圆砾的粒径一般为 2～20mm，最大粒径为 50mm，为强透水层。

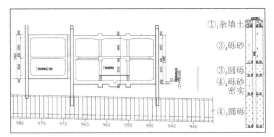

a) 切桩区域平面分布   b) 盾构下穿 2 号线市图书馆站地层情况

图 2　盾构切桩概况

4.2　刀盘选型设计

根据相似地层盾构施工经验，在沈阳地区典型的圆砾和砾砂地层中，采用土压平衡盾构机施工。在穿越建筑物以及部分桩基等障碍物的施工过程中，通过采取有效的辅助措施，其在控制地面沉降和防止喷涌等方面表现良好。刀盘选型应主要考虑地质条件和刀具因素影响，由于该区段穿越地层为圆砾地层，盾构刀盘应选择利于砂土流动、土压平衡容易控制的辐条式刀盘，有助于维持地层的稳定性。为确保在盾构切削大直径钢筋混凝土群桩的过程中能够顺利且迅速地排出，刀盘的开口率被设定在大约 60%。这样的设计有助于提高排土效率，从而加快施工速度。同时考虑切削群桩时的刀具布置，选择箱形辐条。现场刀盘实物如图 3 所示。

图 3　现场刀盘实物

4.3 刀具选型设计

刀盘设计时考虑到常规掘进段与切桩区域掘进段需同时兼顾，对盾构刀盘及刀具布置进行了创新性设计。将中心鱼尾刀替换为采用把合方式连接的中心撕裂刀，此种刀具相比于中心鱼尾刀更不易崩刃。主切刀采用双层合金，强化耐磨性。先行刀采用加重型，增大合金块，增强抗撞击性能，延长刀具使用寿命。周边保径刀采用重型撕裂刀，分层布置，其在切桩时起到关键的作用，避免因刀具磨损而导致保径失效。

4.4 动力系统计算

（1）推力计算

在不同的地质条件下，盾构机所需要的推力、扭矩也不相同。同样的情况下，盾构机掘进所用推力、扭矩超出刀盘刀具设计最大负载时，会造成盾构机的异常损坏。所以需要根据地层变化、岩层强度，适当控制刀盘挤压力，调整掘进推力和扭矩。将实际计算参数代入式(10)，计算出此区间盾构机施工过程中所需的最小推力，由计算可知，施工过程中，盾构机推力至少应达到21000kN。

（2）扭矩计算

在不同的地质正常工作状态下，盾构机刀具中心的扭矩会略小于额定扭矩，工作扭矩大于额定扭矩值时，会产生刀盘卡顿现象。其中，刀盘扭矩利用经验公式，计算可知，理论扭矩为885kN·m。考虑盾构过程中脱困所需扭矩以及机械损耗扭矩，实际扭矩T'大小按式(12)计算。

取$B = 1.7$，故$T' = 1504.5$kN·m。经计算，盾构机推力应大于 21000kN、扭矩大于1504.5kN·m 方能保证盾构机顺利施工。综合考虑切桩时破碎混凝土的冲击荷载，钢筋切拉断裂及缠绕等影响，对盾构机的性能参数要求高，尤其是对扭矩的需求在选型时应充分考虑动力储备，避免刀盘切桩时被卡住，故选用的盾构机最大推力为46000kN，额定扭矩为8250kN·m。

5 盾构机选型依据

5.1 盾构机的技术要求

（1）具备高度稳定和精确的土压平衡调节能力，确保隧道施工过程中土压力稳定。

（2）拥有密闭防水特性，有效防止地下水渗透，具有止浆功能，防止泥浆泄漏。

（3）拥有先进的土壤改良技术和高效的渣土改良系统，提高土壤的稳定性和流动性，降低施工难度。

（4）配备足够强度的刀盘并合理配置刀具，满足长距离掘进及切桩时对刀具的要求。

（5）选择合理的掘进参数，降低刀盘转速，减小盾构掘进对地层的扰动。

（6）加强盾构姿态调整与控制，保证盾构掘进方向满足规范及设计要求。

（7）提供可靠的安全装置，保护开仓清理或换刀操作人员安全。

本工程选取配置较强大的土压平衡盾构机，该机具备切割钢筋混凝土桩基的能力。与一般配置的盾构机相比，具有更大的推力和扭矩，且盾构机刀盘为适应切割混凝土桩基的能力，配备了足够数量的加重型刀具。

5.2 刀盘形式和刀具布置与地层适应性分析

进行刀盘结构设计时，在受力关键部位的主梁加焊筋板，可以保证刀盘有足够的刚度和强度，以支撑开挖面和承受掘进过程中的推力和扭矩。配置足够种类和数量的刀具，开口率达到60%，以保证掘进过程中渣土顺利进入土压仓。考虑盾构机切桩对刀具的要求，刀具均采用加重型，并在刀体加焊耐磨材料，延长其使用寿命。

6 盾构掘进效果分析

图4、图5为939～984环总推力和刀盘扭矩的工程实测数据，其中，最小推力为22110kN，最大推力为29443kN；最小扭矩为1676kN·m，最大扭矩为3987kN·m，基本为配置盾构机性能的50%～60%，所选盾构机完全满足切削群桩的要求。

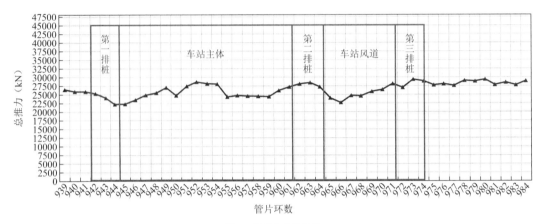

图4 总推力变化曲线

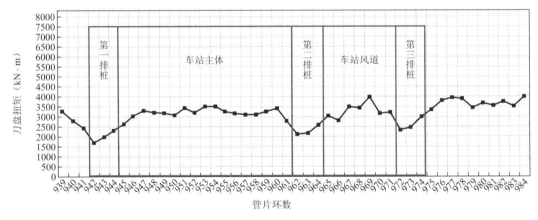

图5 刀盘扭矩变化曲线

7 结论

本文通过对沈阳地区土体特性和切桩的研究提出了切实可行的刀盘刀具设计方案，同时，对该区段盾构机施工过程中所需部分参数进行简略计算，得出如下结论。

（1）针对沈阳地区圆砾地层选用盾构机时，应优先选取大开口率的辐条式刀盘，切桩时应配置足够数量的加重型刀具，提高刀具使用寿命。

（2）切桩时对盾构机性能参数要求高，应选用大推力、高扭矩的盾构机，最大推力应在40000kN以上，额定扭矩应在6000kN·m以上。

（3）圆砾地层中盾构掘进时应重点做好土体的塑流化改造，改造以膨润土为主，在保证土压力稳定的同时减小刀具磨损，延长刀具寿命，满足切桩时对刀具的要求。

参 考 文 献

[1] 王立新, 王强, 苗苗, 等. 盾构隧道下穿高铁路基变形影响规律及加固优化研究[J]. 铁道标准设计, 2024, 68(2):126-134, 142.

[2] 张建华, 王宏伟, 陈培新, 等. 杭州地铁 4 号线盾构下穿电力隧道直接切桩沉降分析[J]. 工程力学, 2022, 39(S1): 144-152.

[3] 孙波, 肖龙鸽, 孙正阳, 等. 深圳地铁盾构穿越建筑群及切削桩基施工[J]. 隧道建设, 2015, 35(6): 571-578.

[4] 王飞, 袁大军, 董朝文, 等. 盾构直接切削大直径钢筋混凝土桩基试验研究[J]. 岩石力学与工程学报, 2013, 32(12): 2566-2574.

[5] 王禹椋, 李继超, 廖少明. 深圳地铁 9 号线盾构切削群桩数值模拟与实测分析[J]. 隧道建设, 2017, 37(2): 192-199.

[6] 李景茂, 王旭, 王博林, 等. 盾构切削桩引起的桩基承载特性变化及可行性研究[J]. 中国安全生产科学技术, 2021, 17(5): 26-32.

[7] 王哲, 吴淑伟, 姚王晶, 等. 盾构穿越既有桥梁桩基磨桩技术的研究[J]. 岩土工程学报, 2020, 42(1): 117-125.

[8] 李东海. 盾构直削始发接收支护结构变形机理与控制技术研究[D]. 北京: 北京交通大学, 2019.

双洞隧道盾构下穿高速桥梁沉降控制及影响研究

章 卫

（扬州市交通建设管理有限责任公司　扬州　225002）

摘　要：本文依托广佛环线盾构隧道下穿广河高速公路工程，系统介绍了双洞隧道盾构下穿高速公路桥梁沉降控制方法，提出采用袖阀管预注浆加固技术加固隧道，并通过在地层条件相近的试验段试掘进确定掘进参数，掘进过程则根据沉降曲线的四个阶段安排施工工艺，并根据监测结果调整施工参数。结合三维有限差分数值模拟软件验证了设计施工方案的可行性，总结了盾构施工对既有桥梁的影响范围，结果表明桥墩的竖向沉降以及水平差异沉降均满足设计要求，盾构下穿高速桥梁方案切实可行。

关键词：双洞隧道；盾构；高速桥梁；沉降控制；数值模拟

1　引言

近年来，区域一体化建设逐渐成为大中型城市协同共建的发展趋势。在此过程中，交通一体化至关重要，其主要通过交通基础设施建设，缩短城市空间距离，形成高速公路、城际快速通道、城际铁路和高速铁路客运专线相互融通的交通网络。交通网络的互联互织不可避免地会出现建设冲突，如地铁隧道与高速公路交汇问题，隧道开挖所产生的变形严重危及公路安全运营，因此研究地铁隧道下穿高速公路、桥梁的沉降控制技术至关重要。冯慧君等采用 FLAC3D 软件验证了双线隧道盾构掘进对地表沉降具有叠加效应。毛远凤等通过分析盾构下穿高速公路的路面变形特征，认为盾构掘进过程中，路面沉降变形在纵向呈现抛物线形态，在横向上沉降槽呈现为 U 形。程雄志结合数值分析、理论计算以及现场监测多种手段，论证了盾构下穿高速铁路过程中桩板结构和路基注浆联合加固方法的应用效果。陈聪等研究了盾构下穿既有铁路桥梁过程中，不加固、桩基周围土体注浆加固、采取隔离桩防护三种加固手段的应用效果。本研究依托广佛环线双洞隧道下穿广河高速桥梁工程，系统介绍了盾构施工过程中需要采取的沉降控制措施，结合数值模拟手段验证了设计方案的可行性，研究成果对类似工程施工具有重要借鉴意义。

2　工程概况

东环隧道属于城市地下隧道，在龙洞站至大源站区间上行线 DSK30 + 268～DSK30 + 312 段、下行线 DXK30 + 269～DXK30 + 313 段以双洞单线隧道形式下穿广河高速高架桥，夹角约为 85°，采用盾构法施工。上行线在广河高速左幅 39 号～40 号桥墩、右幅 38 号～39 号桥墩间穿过；下行线在广河高速左幅 40 号～41 号桥墩、右幅 39 号～40 号桥墩间穿过。下穿段隧道埋深约为 42.1m，线间距为 25.1～26.2m，隧道拱顶距离桥墩底部 9.15m，隧道边线距离桥墩水平距离 6.15～8.83m。盾构隧道与广河高速公路位置关系见图 1。

作者简介：章卫（1983—），男，大学本科，高级工程师，目前主要从事城市轨道交通施工与管理工作。电子邮箱：15854416@qq.com。

盾构隧道采用单层装配式平板型混凝土管片，外径 8.8m、内径 8.0m、环宽 1.8m；采用通用楔形环布置，双面楔形，楔形量 40mm。用 6＋1 分块模式错缝拼装，根据管片接缝防水设计方案，接缝外侧设置一道弹性密封垫，并在管片内侧预留嵌缝槽，在管片接触面设凹凸榫槽。盾构管片均采用注浆孔型管片，管片沿圆周方向共设 7 个孔，根据监测情况可及时在隧道内对周边土体进行多点、多次、少量的均匀注浆加固。

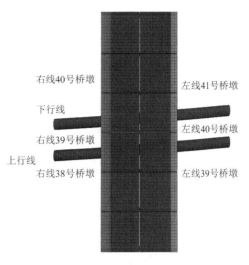

图 1　盾构隧道与广河高速公路位置关系图

本工程共投入 2 台铁建重工 ZTE9100 复合式土压平衡盾构机，该盾构机主要由刀盘、主驱动、前中盾、尾盾、连接桥、拼装机、六节后配套拖车等部件组成，开挖直径 9150mm，并可实现正反双向旋转出渣。

盾构穿越地层自上而下依次为素填土、黏性土、粉质黏土、全风化花岗岩、强风化花岗岩、中风化花岗岩，补勘钻孔岩芯揭示隧道开挖面及开挖面以上 23m 均为全风化花岗岩地层。

3　盾构下穿桥梁沉降控制技术

3.1　袖阀管定向注浆预加固土体

（1）加固区域确定

隧道拱顶埋深约 42m，为提升施工工效，采用地质钻机引孔＋袖阀管注浆的方式进行定向注浆加固。将桥面及其两边 5m 范围确定为加固区域长度约 54m，按照隧道距桥桩距离的远近采用不同的注浆参数：隧道外周（近桥桩）钻孔深 48.5m，注浆区域为拱顶以上 4.5m、以下 6.5m（厚 11m），浆液采用双液浆；隧道中间钻孔深 46.5m，注浆区域为拱顶以上及以下各 4.5m（厚 9m），采用单液浆。注浆区域至地表为打孔注浆填充区域。注浆孔采用梅花形布置，间距 1.3m，上、下行线各 9 排，土体注浆加固布置见图 2。

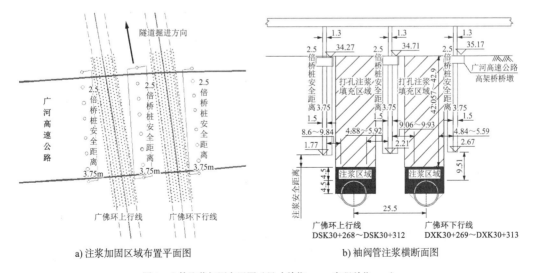

a) 注浆加固区域布置平面图　　　　b) 袖阀管注浆横断面图

图 2　土体注浆加固布置图（尺寸单位：m；高程单位：m）

（2）加固施工

施工前先对沿线管线进行调查，而后根据图纸测量放线定出孔位并钻取孔径为 100mm 的注浆孔。钻机就位后，应准确调整钻杆方向，用罗盘、水平尺和辅助线检测立轴方向和倾斜角度，同时在钻孔钻进过程中对钻孔方向或垂直度进行检查，发现偏差，及时纠正。钻孔至设计深度后用清水洗孔，而后立即将袖阀管插入孔底。袖阀管注浆段上每隔 20cm 钻一排（4 个）孔眼，梅花形布置，孔眼直径 5mm。待孔口段止浆料凝固后方能灌浆，注浆从孔底自下而上进行，压力为 1.5～2.5MPa，并由下而上逐渐减小。施工时为防止发生窜浆现象，采用跳孔注浆，注浆量接近设计量或注浆压力达到 2.5MPa 时停止注浆。整个注浆结束后采取水泥砂浆对钻孔进行封堵处理。

3.2 下穿前试验段试掘进

由于盾构下穿高速引发工程事故后果不堪设想，下穿前需选取试验段进行试掘进施工。试验段目的在于优化推进施工程序，磨合掘进、二次跟踪注浆等人员、设备操作，验证各项施工参数设置情况，并结合监测情况对相关参数进行总结分析、优化调整。其中试验段掘进控制管理主要有六个方面，并将其作为主要的控制指标：土仓压力、推进速度、总推力、排土量、刀盘转速和扭矩、注浆压力和注浆量。选取类似地质 DXK30＋082～DXK30＋204 长度 116m 作为试验段，该段隧道埋深 37.3m，试验段地质图与下穿广河高速桥地质图自上而下相对比地层非常接近，因此选取此段作为试验段具有指导意义。表 1 为通过试验段施工获取的掘进参数。

试验段掘进参数表　　　　　　　　　　　　表 1

参数	试验值	依据
推进土压（bar）	2.7～2.9	土仓内泥土压力＝主动土压＋水压＋富余压力
刀盘转速（r/min）	1.8	—
推力（kN）	38000～41000	—
扭矩（kN·m）	4500～5200	—
推进速度（mm/min）	40～45	—
注浆压力（bar）	3～3.5	—
延米注浆量（m³）	13	注浆量＝1.5×单延米设计理论量×1.8；注浆扩散系数取 1.5，每循环掘进长度 1.8m
延米出土量（m³）	189	实际出土量＝1.6×单延米设计理论量×1.8；每循环掘进长度 1.8m，土体扩散系数取 1.6

3.3 下穿期间施工控制

（1）盾构掘进施工地表沉降规律

蒋卓和张希杰等通过现场实际监测发现，盾构掘进过程中，地表沉降大致经历图 3 所示的四个阶段：盾构到达前、盾构通过中、盾尾脱出以及盾构通过后一段时间。第一、二阶段沉降变化较小，主要与掘进主控参数土仓压力、推力、刀盘扭矩、推进速度等有关；第三阶段是盾尾通过测量断面 0～12m，这段时间沉降速率最快，主要与管片脱出盾尾产生盾尾间隙，未及时注浆有关；第四阶段盾尾通过测量断面 30m 后，沉降速率变得非常小，趋于稳定。

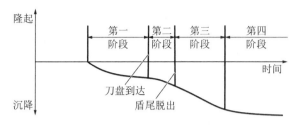

图 3 沉降历时曲线示意图

（2）盾构下穿期间沉降控制

根据广河高速公路技术标准和下穿范围地层的特点，结合盾构施工沉降规律，将盾构掘进施工对地面沉降影响分四个阶段进行控制：

第一阶段：通过前地面沉降控制。主要通过设定合理的土仓平衡压力控制前期地面沉降。盾构下穿广河高速公路高架桥前 30m，应提前开仓检查刀具，对磨损的刀具进行更换，避免盾构下穿高架桥时停机换刀。

第二阶段：穿越期间的沉降控制。主要通过合理的掘进参数，掘进时注入膨润土、泡沫剂等改良盾体周围土体，降低掘进对土体的扰动。这一阶段是施工控制的主要阶段，导致沉降的主要原因是地层扰动。

第三阶段：盾尾脱出管片后 1~4d，是土体扰动后重新固结引起地表沉降的主要阶段，加之车辆运行，加速土体的沉降，同步注浆、二次补浆是本阶段控制地面沉降的主要措施。

第四阶段：穿越完成后 5~15d 内，根据盾构施工地层沉降规律，本阶段地层沉降占最终累计沉降的比重较小，但是考虑到车辆行驶产生的动荷载效应，本阶段也作为控制地面沉降的重点阶段。

（3）施工原则

盾构下穿高速桥梁期间，盾构参数按试验段进行设置，但需要根据具体工程情况进行适当调整。总体遵循以下四点原则：

①保土压、控出土为下穿广河高速段控制的核心参数，合理选择土压力和控制出土量，以减小盾构即将到达监测面以及监测面开挖过程中的沉降。

②低扰动，控制总推力和刀盘扭矩，减小对周围地层扰动。

③合理选择推进速度，减小穿越段沉降。

④勤注浆，及时填补盾尾间隙，减小盾尾通过监测面后由于盾尾土体应力释放造成的沉降。

4 监控量测

施工过程中需要通过监测掌握上部桥梁的变形情况，及时反馈信息，调整施工参数和采取相应的施工措施，保证整个工程安全顺利地进行。盾构施工影响范围为盾构前 30m，盾构后 50m。盾构施工中采取"保头护尾"多线措施控制，分穿越前、穿越中、穿越后 3 个区域进行监控。地表变形监测点主要布置在盾构隧道穿过的地表，一般沿线路长度方向每隔 10m 在隧道中心线布置一个纵向地表变形监测点，并每隔 50m 设置一个监测横断面，横断面监测范围为隧道中线两侧各 30m，盾构下穿广河高速地面沉降量控制指标按照地表沉降曲线的四个阶段设定，见表 2。

表 2

对应阶段	对应时间	日沉降量（mm）	累计沉降控制值（mm）
第一、二阶段	监测点离刀盘 30m 开始到管片拖出盾尾	0.5～1	2
第三阶段	监测点对应管片脱出盾尾后 4d	1	6
第四阶段	管片脱出盾尾后 5～15d	0.5～1	8

通过在桥墩上埋设半圆头弯曲钢筋监测标以及在桥墩上贴反射片的方式监测桥墩的沉降和倾斜位移，每处桥墩设 2 处测点，分别位于桥墩底部及桥墩以上不低于 3m 的位置，桥墩测点布置示意图如图 4 所示。桥墩桩基的均匀沉降累计值应小于 10mm，纵向相邻墩台的差异沉降量应小于 5mm。

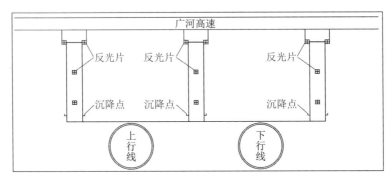

图 4 桥墩测点布置示意图

5 数值模拟沉降分析

5.1 模型构建

根据实际情况利用有限差分软件模拟隧道开挖对地表的影响，为充分模拟隧道的三维空间效应，计算模型沿纵向取 200m，横向取 105m，深度取隧道仰拱下方 80m，见图 5。模型侧面受水平约束，底面受竖向约束，顶面设置为自由面；计算中地层采用弹塑性实体单元模拟，衬砌管片和桥梁结构采用弹性实体单元，盾构机采用壳单元，每次推进长度为一环管片宽度，模型选用材料物理力学参数见表 3。

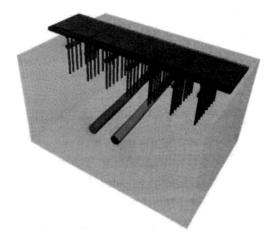

图 5 三维模型图

材料物理力学参数
表 3

材料	重度（kN/m³）	弹性模量（GPa）	泊松比	黏聚力（kPa）	内摩擦角（°）	厚度（m）
杂填土	18.0	0.06	0.40	16	18.3	0～10
黏土	19.6	0.09	0.38	90	21.0	10～25
全风化花岗岩	21.0	1.0	0.38	100	22.0	25～60
强风化花岗岩	21.0	1.3	0.35	200	27.0	25～60
盾构管片	25.0	35.5	0.22	—	—	—
盾壳	78.0	250.0	0.20	—	—	—
桥梁及桥墩	25.0	30.0	0.22	—	—	—
桩基	25.0	10.0	0.25	—	—	—

5.2 隧道开挖对桥梁纵向变形影响分析

由图 6 可知，采用设计方案施工时：随着掌子面向既有桥梁推进，既有桥梁沉降逐渐增加，上行线隧道开挖完成后左幅桥梁最大沉降为 1.02mm，最大差异沉降为 0.64mm，右幅桥梁最大沉降为 1.03mm，最大差异沉降为 0.65mm；下行线隧道开挖完成后左幅桥梁最大沉降为 1.25mm，最大差异沉降为 0.49mm，右幅桥梁最大沉降为 1.26mm，最大差异沉降为 0.49mm，故按设计方案施工能够满足桥梁变形标准。曲线在 −150～−50m 之间出现明显转折，故可认为盾构隧道施工对既有桥梁的影响范围约为 100m。

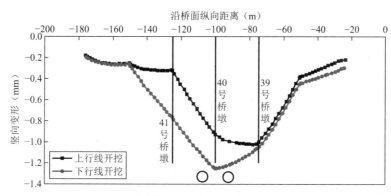

a) 随隧道开挖左幅桥梁竖向变形曲线

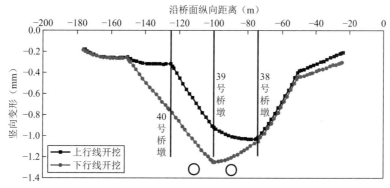

b) 随隧道开挖右幅桥梁竖向变形曲线

图 6　随隧道开挖桥梁竖向变形曲线

6 结论

本文依托广佛环线东环隧道下穿广河高速工程，系统介绍了双洞隧道盾构下穿高速桥梁沉降控制方法，结合数值模拟手段验证了设计方案的可行性，得到如下主要结论：

（1）双洞隧道盾构下穿高速桥梁沉降控制施工主要包括设备选型及管片设计、袖阀管定向注浆预加固土体、地质结构相近试验段试掘进确定掘进参数、下穿期间根据沉降阶段安排工序以及"保头护尾"分阶段设置监测控制指标五个方面。

（2）数值模拟结果显示上行线隧道开挖完成后左幅桥梁最大沉降为 1.02mm，最大差异沉降为 0.64mm，右幅桥梁最大沉降为 1.03mm，最大差异沉降为 0.65mm；下行线隧道开挖完成后左幅桥梁最大沉降为 1.25mm，最大差异沉降为 0.49mm，右幅桥梁最大沉降为 1.26mm，最大差异沉降为 0.49mm。盾构隧道施工对既有桥梁的影响范围约为 100m。

参 考 文 献

[1] 黄言，宗会明，杜瑜，等. 交通网络建设与成渝城市群一体化发展——基于交通设施网络和需求网络的分析[J]. 长江流域资源与环境，2020, 29(10): 2156-2166.

[2] 冯慧君，俞然刚. 双线隧道盾构掘进对地表沉降影响的数值分析[J]. 铁道工程学报，2019, 36(3): 78-83.

[3] 毛远凤，沈宇鹏，马建南，等. 地铁盾构下穿高速公路的路面变形特征分析[J]. 铁道标准设计，2013(8): 84-88.

[4] 程雄志. 地铁盾构下穿高速铁路情况下的路基加固与轨面控制[J]. 城市轨道交通研究，2013, 16(2): 89-94.

[5] 陈聪，蹇蕴奇，鲁茜茜，等. 盾构隧道下穿既有铁路桥梁桩基的加固措施[J]. 铁道建筑，2019, 59(3): 60-63.

[6] 蒋卓. 土压平衡盾构掘进地表沉降规律及控制方法[J]. 山西建筑，2011, 37(7): 146-148.

[7] 张希杰，刘夏冰，姚文博，等. 砂卵石地层泥水盾构掘进地表沉降规律及影响因素研究[J]. 施工技术，2019, 48(6): 129-133.

岩溶发育区海域大直径盾构施工安全风险分析研究

高 墅

（大连公共交通建设投资集团有限公司　大连　116000）

摘　要： 大直径泥水盾构机应用于我国水下隧道工程已有十年左右的时间，多数为市内公路隧道，随着城市轨道交通向着区域更广、多地联通的不断发展，大直径泥水盾构机开始应用于单洞双线地铁隧道工程。本文依托北方某沿海城市跨海大直径泥水盾构工程项目，工程岩溶发育强度分级为中等～强烈发育。本泥水盾构工程海域环境敏感、穿越地层复杂，且工程存在大直径、长距离、岩溶发育、下穿重要设施重难点施工难度大，通过从周边环境风险、设备风险、地质风险、施工风险等方面对跨海工程安全风险进行论述，提出针对性安全风险管控原则，从盾构机设备设计、施工图设计、辅助施工措施等方面进行专项研究，采取有效措施降低本跨海大盾构工程的安全风险，并提出了信息化施工建议，为后续类似工程项目提供一些借鉴。

关键词： 大直径；泥水盾构；跨海；安全风险

1 引言

陆路交通的重要阻隔，严重桎梏互联互通，海底隧道成为重要纽带，世界各国高度重视，我国跨江、跨海大盾构的数量增长速度越来越大。大连为海域岩溶地层，致灾风险更高，更具代表性，本文依托国内第一条岩溶强发育区海域大直径盾构隧道——大连地铁 5 号线火车站—梭鱼湾南站区间（简称"火梭区间"）工程，就跨海大盾构施工中涉及的安全风险进行分析。

2 工程概况

2.1 工程简介

本大盾构区间全长 2882m，其中海域段长度 2310m，水深 9～14m，海底距隧道顶部为 12.2～22.8m，区间最小曲线半径为 800m，纵向坡度最大 28‰。管片内径为 10.8m，外径为 11.8m，环宽 2m，楔形量 60mm，错缝拼装，管片 5 + 2 + 1 形式，二次衬砌厚度 30cm。

本工程地质条件（图 1）具备以下 3 个特点：

（1）岩溶发育强烈：岩溶见洞率为 49.5%，溶洞密度大。

（2）周边环境复杂：船厂、航道、高层建筑等密集分布。

（3）围岩强度高：围岩最大强度达 118MPa。

图 1　火梭区间纵断面地质分布示意图

作者简介：高墅（1988—），男，研究生学历，高级工程师，主要从事地铁技术管理工作。电子邮箱：875178098@qq.com。

2.2 盾构机及配套设备

本工程盾构机采用气垫式泥水加压平衡盾构，盾构机整机长度约 158m，总质量约 2840t。刀盘开口率 22%，刀盘开挖直径 12.26m，主要结构件材质 Q345R，总质量约 420t。刀具有 19 英寸常压可更换滚刀双轴双刃 48 把、19 英寸常压可更换单刃滚刀 2 把、常压可更换刮刀 32 把、边刮刀 36 把。

3 工程特点和施工重难点

3.1 工程特点

本工程是国内首条大直径的海底岩溶区地铁盾构隧道，工程具有大直径，地质条件复杂（岩性多样及岩溶发育），周边环境复杂等特点。

（1）海域环境敏感

盾构始发掘进 180m 后正式进入海域段，盾构下穿香炉礁航道、军港码头、侧穿军用优酷、侧穿航母制造基地，周边环境敏感。

（2）穿越地层复杂

盾构掘进地层岩性复杂多变，部分地层强度较高，勘察显示多段岩溶发育异常，需提前进行加固处理，盾构施工过程中可能出现不可预见因素，造成施工缓慢。

3.2 施工重难点

本区间工程的施工重难点主要如下：

（1）海域岩溶探查治理难，海水对电磁波屏蔽、探测精度受限。

（2）大直径盾构需穿越超大溶洞群，盾构失稳风险高。

（3）大直径、长距离海底盾构掘进，安全风险极高，工期控制难度大无经验可循，风险极高。

（4）隧道结构全域监测难，高水压岩溶复合条件下结构变形。

4 安全风险分析

4.1 周边环境风险

本盾构工程周边环境风险清单见表 1。

周边环境风险 表1

序号	风险名称	风险因素
1	大盾构下穿疏港铁路	铁路为路基段，采用有砟道床，区间隧道拱顶埋深 19m，引起路基沉降，造成轨道不平顺
2	大盾构下穿码头管理处 4 层房屋	4 层混凝土框架结构，推测为桩基，嵌入中风化岩层，约 14m。易引起基础沉降，上部结构变形开裂
3	大盾构非常接近军港公寓	16 层混凝土剪力墙结构，桩基，嵌入中风化岩层，约 14m，与桩基水平净距约 2m，盾构施工易对桩基产生扰动
4	大盾构下穿军港码头	军港码头采用沉箱基础，距离基础底面 10.5～11.4m，掘进易对地层产生扰动，引起码头沉降
5	大盾构下穿军港码头房屋	1～2 层混凝土结构，推测为浅基础
6	大盾构侧穿民用加油站	加油站存在地下油库。区间埋深 22m，加油站距离线路 17.9m
7	大盾构下穿香炉礁海域	航道疏浚水深 13.1m，区间埋深 19.5～22.8m，海域为航母及军舰建造基地及活动范围，可能引起社会影响

4.2 大直径、长距离盾构机设备风险

本工程盾构机为气垫式泥水平衡盾构机，常压换刀刀盘，刀筒直接与掌子面相连，发生损坏时直接危及掌子面；管片安装为真空吸盘式，发生管片脱落时造成的后果极其严重；泥水循环系统的安全正常运转，离不开保压系统的正常工作，也离不开泥浆门、碎石机的配合，还与泥浆软管、软连接以及输送泵等息息相关。

主要风险有：主轴承密封系统失效、盾尾密封系统失效、常压刀具螺栓断裂、常压刀筒密封失效、常压刀闸密封失效、管片安装机吸盘密封失效、泥浆软管、软连接损坏、气垫仓堵仓滞排、P2.1泵堵管滞排、泥浆门、碎石机故障、保压系统失控、双回路供电单路停电、双回路供电双路停电、同步注浆堵管、泥浆管路磨损、管片安装机油缸内泄、失压，详见下表2。

大直径、长距离盾构机设备风险   表 2

序号	风险名称	风险因素
1	主轴承密封系统失效	EP2、HBW油脂注入不足或压力不均衡、外部泥水压力超过设计密封压力、密封质量欠缺等问题均可导致主轴承密封系统失效
2	盾尾密封系统失效	盾尾刷焊接不牢、盾尾刷磨损过大、油脂加注不足、同步注浆压力过高击穿盾尾密封、盾构机姿态不良导致局部盾尾间隙过大等，均可造成密封效果降低、失效
3	常压刀具螺栓断裂	掘进不良地层，刀盘振动大、振动频繁，导致常压刀具刀箱、刀筒、刀筒盖板螺栓断裂；螺栓未按照规定力矩紧固
4	拆除常压刀筒密封失效	拆除刀筒作业操作不规范所致，泥浆返涌入中心锥
5	常压刀闸密封失效	闸门密封长时间使用造成磨损、密封质量缺陷所致
6	管片安装机吸盘密封失效	管片吸附前未清理吸附面，导致吸盘密封破损失效；管片安装机吸盘定位销缺失，导致管片吸附过程中吸盘密封拉裂
7	泥浆软管、软连接损坏	（1）泥水循环作业时，管路压力变化频繁，管路震动频繁，对软连接、泥浆软管造成冲击，致使软连接、泥浆软管破损漏浆。 （2）盾构掘进转弯、变坡时，泥浆软管、软连接发生变形，造成橡胶法兰处拉裂。 （3）掘进施工过程中泥浆管磨损检测不到位，未及时发现泥浆管磨损部位，在泥浆循环过程中出现爆裂漏浆
8	气垫仓堵仓滞排	掘进过程中如出现大量石块容易在泥浆门前方堆积而无法通过碎石机进行破碎，造成泥浆门或碎石机前方堵塞滞排
9	泵堵管滞排	较大石块或金属物造成P2.1泵叶轮阻塞
10	泥浆门、碎石机故障	碎石机、泥浆门油缸或液压管路损坏；碎石机、泥浆门前方或下方有强度较高的石块或金属异物
11	保压系统失控	保压系统设备故障；保压系统遭受外界因素损坏；动力气压或控制气压不稳定
12	双回路供电单路停电	市电电网停电、配电室和变压器温度过高导致温度报警停电、高压电缆和高压电缆接头爆裂导致的停电、高压电器元件的受潮及灰尘过多导致的短路跳闸等
13	双回路供电双路停电	市电电网停电、配电室和变压器温度过高导致温度报警停电、高压电缆和高压电缆接头爆裂导致的停电、高压电器元件的受潮及灰尘过多导致的短路跳闸停电等
14	同步注浆堵管	同步注浆砂浆采用水泥砂浆时，砂浆拌制质量差在管内出现离析、砂浆等待时间过长出现砂浆在管内初凝、砂浆用砂内存在较大的砾石颗粒等原因会引起同步注浆系统管路出现堵塞
15	泥浆管路磨损	泥浆管路中的石块、渣土以一定的角度和速度与管道内壁进行接触[8]，对管壁产生冲击，导致管壁材料发生变形、破裂和剥落
16	格栅堵塞	出浆格栅堵塞易造成外排不流畅，泥水仓压力不稳定

4.3　跨海岩溶段地质风险

岩溶地层作为典型的不良地质条件,同时岩溶段地处海湾下,对盾构机掘进施工产生很大困难,岩溶地层如不提前进行处理,将给地铁隧道盾构法施工及后期运营带来巨大的风险,本工程主要地质风险见表3。

跨海岩溶段主要地质风险　表3

序号	风险名称	风险因素
1	岩溶地质	盾构掘进至空腔时易造成开挖异常、压力波动大,甚至盾构机突陷、栽头
2	硬岩掘进	盾构机卡机、刀具磨损
3	地质不均	大直径盾构机在地质不均地层中掘进中,易造成刀盘个别部位刀具磨损异常、掘进困难、姿态控制困难
4	浅覆盖	掘进过程中泥水仓压力控制不当或波动较大,造成覆盖击穿,海面冒浆
5	破碎岩	岩体破损,节理发育,存在水力连通、渗透性强
6	潮汐影响	受潮汐影响,水位每变化1m,泥水仓对应调整0.1bar,涨落潮高差为2～4m

4.4　跨海大盾构施工风险

盾构始发和到达存在的主要风险见表4。

盾构始发和到达存在的主要风险　表4

序号	风险名称	风险因素
1	场外运输	大件运输涉及占道、超宽、超重物品运输
2	盾构机组装与拆解	盾构机组装、拆卸的施工风险主要为起重吊装造成人员伤害的风险
3	组装、调试工艺控制	工艺控制不当易造成盾尾密封不佳,刀具固定不良
4	洞门凿除时涌水涌砂	端头加固质量差、加固长度不足,变形大、涌水涌砂
5	洞内水平运输	物料运输过程中材料放置不稳、溜车、司机误操作、人料同车、无证上岗等
6	负环、反力架等临时构件安装、拆除	后背结构开裂、反力结构变形、始发姿态不佳,吊装、高空、动火作业,非标工器具破坏
7	洞门密封失效	盾构机主机未完全进入土体时,盾构泥浆循环出渣所需泥浆压力、流量较大,对洞门密封要求高
8	盾构机始发"栽头"	始发基座前端与洞门圈距离过大,盾构向前空推时重心失衡,导致盾构机栽头
9	刀具磨损、刀盘被卡、刀具掉落	刀盘刀具的磨损严重、刀具掉落,产生的大块石会卡刀盘,堆积在舱底导致滞排
10	掘进面上方土体坍塌、冒顶(不良地质段)	基岩突起段、软土段等不良地质段盾构掘进过程中,土体自稳性能差;受仓内压力波动影响或仓内建压不足,导致开挖面或盾构上方土体坍塌
11	盾构穿越海堤等构筑物沉降过大	泥水压力设置不当,注浆不及时或不足导致海岸沉降变形
12	盾构始发阶段盾体旋转	盾构机始发阶段(盾构主机未完全进入地层之前),外部摩阻力不足以满足刀盘切削掌子面土体扭矩
13	管片上浮、变形、渗漏水	同步注浆不饱满、地下水压大、管片直径大、管片螺栓未复紧到位等原因会引起管片上浮、错台;盾构掘进过程中,盾壳对错台管片造成局部挤压,引起管片较大破损错台
14	盾构掘进姿态超限、管片变形内净空超限	软硬不均地层等不良地层,盾构掘进姿态控制难度大,易造成盾构掘进姿态偏离轴线或管片变形严重

序号	风险名称	风险因素
15	常压进仓	（1）掌子面塌方、涌水； （2）触电，作业期间未按照要求使用防爆灯； （3）中毒，未实时对仓内存在有毒有害气体进行监测； （4）火灾，因消防措施不到位、线路老化、电焊、切割和静电等造成易燃物出现火情； （5）砸伤、摔伤
16	带压进仓	（1）刀盘前方坍塌、涌水等； （2）泥膜失效； （3）突发断电或设备故障无法保压； （4）带压进仓发生火灾； （5）发生作业人员窒息或中毒
17	盾构尾刷更换	盾构组装期间盾尾刷焊接不牢、盾尾间隙差盾尾刷磨损过大、同步注浆压力过大击穿盾尾密封等因素可能导致盾尾密封局部失效
18	盾构机维修时吊装及临边高空作业	（1）超大直径盾构机内结构尺寸大，存在临边高空作业，若防护不到位，存在作业人员跌落风险； （2）吊具固定不稳、吊点位置不合理等原因会造成吊物倾倒、掉落
19	口子件临边防护	在施工边箱涵之前切口字件两侧为临边高空，口字件宽度有限，在车辆在口字件上行驶时有车辆跌落的风险
20	二衬交叉作业	二衬施工与洞内水平运输存在交叉作业风险
21	盾构机火灾	大功率电机、电气元器件、液/气压管路较多，空间狭小，易发生火灾
22	盾构掘进有害气体	盾构掘进过程中有害气体溢出对作业人员造成的伤害
23	恶劣性天气、大风、雷电	雷电大多发生在 5～8 月份温高湿重的天气，常伴有强烈的阵风和暴雨，造成人员伤亡、设备损害，引发火灾
24	冬期施工	冬期施工涉及烧火取暖、通道湿滑、人员行动不便、管路结冰堵塞等问题

5 安全风险控制措施

5.1 安全风险管控原则

建设工程安全管控必须做到"管生产必须管安全"，其控制的首要目标是规避重大、这样的安全事件。固有风险源及作业风险的甄别既要保证高风险的风险源真正被识别出来，又要避免过多地罗列或随机挑选现有施工活动。风险源识别出来后，应根据作业活动所涉及的工艺步骤及工作内容，逐一分析每个风险源的风险因素，一个风险源所涉及的风险因素一般不止一个，应进行排序并找出关键的风险因素分别制定预防措施。

5.2 技术措施

针对工程的特点及难点，从盾构机设备设计、施工图设计、辅助施工措施等方面进行专项研究，采取有效措施降低本跨海大盾构工程的安全风险，具体措施见表5。

专项技术措施　　　　　　　　　　　　　　　　表5

序号	措施名称	措施内容
1	常压刀盘	可随时根据旋转检测装置更换刀具，减少进仓作业的次数，提高换刀效率
2	双破碎机	为防止滞排，在泥水仓内外设置双破碎机；在气垫仓前舱设计直排管路
3	超前地质钻机	可向掌子面前方进行钻孔探测

序号	措施名称	措施内容
4	仓内高压冲刷系统防滞排设计	高压冲洗系统，包括泥浆门前部冲刷、泥浆门后部冲刷、破碎机前部冲刷、格栅内冲刷、中心块冲刷、面板冲刷等
5	盾构机高推力、高扭矩设计	为满足盾构掘进基岩凸起需求，加强了盾构机推进系统、主驱动系统的功率设计
6	高强度碎石机	破碎机可破碎小块孤石，防止气垫仓堵塞
7	SSP超前探测装置	可以根据超前探测装置预估基岩具体方位、大小、产状
8	高强破岩滚刀配置	加强盾构机滚刀设计破岩能力，完全满足盾构基岩段硬岩破除需求
9	三维地震波超前探测装置	可以根据超前探测装置预估基岩具体方位、大小、产状
10	刀具实时受力检测装置	增设刀具实时受力检测装置，以确保掘进刀具不过载损坏
11	3道焊接盾尾+2道螺栓固定盾尾刷	盾尾密封为3道焊接盾尾刷+2道螺栓固定盾尾刷，可方便进行更换
12	铁路扣轨	针对穿越铁路线，对有砟轨道进行临时扣轨措施加固，并加强监测
13	始发、接收加固	在始发、接收端对地层进行旋喷桩强/弱加固区分段加固
14	双层止水帘布+注浆管+盾尾刷	在洞门处设置双层止水帘布，设置多个注浆管，在钢环内侧焊接盾尾刷涂抹油脂加强止水效果
15	预埋注浆袖阀管	被穿越的建筑物埋设袖阀管，加强监测，及时进行注浆
16	岩溶注浆	使用驳船在海上对溶洞进行注浆加固
17	管片接缝防水措施	管片接缝设置内、外两道密封垫；外侧为多孔弹性橡胶，内侧为遇水膨胀密封垫
18	冬季电伴热保温	冬施期间，采用电伴热带及保温棉包裹泥浆管路，放置结冰
19	临边防护	严格按照规范要求设置临边防护

5.3 管理措施

（1）动态管理

①在施工准备阶段，主要通过地质核查、环境核查、设计交底、风险深入识别、风险评估、风险分级调整与审查等手段实现。

②在施工过程中，主要通过风险监控（监测、巡视、视频监控）、预警、处置等手段，对风险控制方案的实施效果进行跟踪。

③及时了解、沟通工程风险信息，施工阶段风险管理程序见图2。

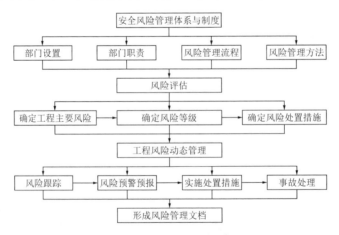

图2　施工阶段风险管理程序

（2）盾构施工精准信息化管理平台

隧道盾构施工精准信息化管理平台包含盾构智能监控系统、人员精准定位系统、隧道结构实时监测系统三个系统，通过应用地理信息系统（GIS）、AD0 数据、轻量化建筑信息模型（BIM）信息技术；第四/五代移动通信技术（4G/5G）、工业无线网络通信技术（Wi-Fi）、超宽带（UWB）无线通信技术；随身穿戴设备、点式传感器、分布式光纤传感器等物联网感知技术；B/S、AD0、数据趋势分析等大数据技术，实现盾构设备参数实时监控、人员设备定位跟踪、结构服役状态实时感知及预警等功能，具备系统运营维护成本低、数据传输实时性高、定位精度高覆盖距离远、布置位置灵活、自动化程度高等特点，能够从人、机、料、法、环几个方面解决大型机施工现场管理难题，提升设备施工效率、提高人员管理水平。信息化技术框架如图 3 所示。

图 3　信息化技术框架

6　结语

本文通过对本跨海大盾构工程特点及重难点进行介绍，然后从周边环境风险、大直径长距离盾构设备风险、跨海岩溶段地质风险、跨海大盾构施工风险四个方面对进行分析论述，针对风险源及风险作业提出了安全风险管控原则和专项技术措施，并就盾构信息化施工措施进行论述，从盾构智能监控系统、人员精准定位系统、隧道结构实时监测系统 3 个系统介绍其技术路线和功能，可为后续工程提供借鉴。

参 考 文 献

[1] 李鸿博, 贾峰, 李靖, 等. 大连地铁 5 号线跨海隧道设计关键技术[J]. 岩土力学, 2017, 38(S1): 395-401.

[2] 周华贵, 何一韬. 海底岩溶盾构隧道勘察、设计及岩溶处理关键技术研究——以大连地铁 5 号线火梭区间海底隧道为例[J]. 隧道建设 (中英文), 2018, 38(11): 1830-1835.

[3] 黄学军, 杨艳玲. 南昌地铁泥水盾构穿越赣江风险分析及其控制措施[J]. 公路交通技术, 2016, 32(2): 112-116, 126.

[4] 吴世明, 林存刚, 张忠苗, 等. 泥水盾构下穿堤防的风险分析及控制研究[J]. 岩石力学与工程学报, 2011, 30(5): 1034-1042.

[5] 张迪. 水底大型泥水盾构盾尾密封失效的应对技术[J]. 铁道建筑技术, 2011(5): 1-6.

[6] 郑刚, 朱合华, 刘新荣, 等. 基坑工程与地下工程安全及环境影响控制[J]. 土木工程学报, 2016, 49(6): 1-24.

[7] 张治国, 张孟喜. 软土城区土压平衡盾构上下交叠穿越地铁隧道的变形预测及施工控制[J]. 岩石力学与工程学报, 2013, 32(S2): 3428-3439.

[8] 熊炎林. 深圳地铁盾构下穿建筑物施工技术[J]. 建筑机械化, 2012, 33(S2): 58-60.